U0515888

莲开敦煌

揭开敦煌的神秘面纱

Blooming lotus in Dunhuang

Unveil the mystery of Dunhuang

胡同庆 著

文物出版社

图书在版编目（CIP）数据

莲开敦煌：揭开敦煌的神秘面纱 / 胡同庆著. --北京：文物出版社，2021.5

（敦煌艺术书系 / 刘铁巍主编）

ISBN 978-7-5010-6581-3

Ⅰ. ①莲… Ⅱ. ①胡… Ⅲ. ①敦煌学－通俗读物 Ⅳ. ① K870.6-49

中国版本图书馆 CIP 数据核字 (2021) 第 077733 号

莲开敦煌——揭开敦煌的神秘面纱

著　　者：胡同庆

选题策划：刘铁巍
责任编辑：陈　峰
封面设计：马吉庆
责任印制：陈　杰

出版发行：文物出版社
社　　址：北京市东直门内北小街2号楼
网　　址：http://www.wenwu.com
制版印刷：天津图文方嘉印刷有限公司
经　　销：新华书店
开　　本：710mm × 1000mm　1/16
印　　张：16.5
版　　次：2021年5月第1版
印　　次：2021年5月第1次印刷
书　　号：ISBN 978-7-5010-6581-3
定　　价：98.00元

前 言

说起敦煌，人们大多会联想到敦煌壁画和彩塑，也知道壁画中描绘有很多身姿优美的飞天，还描绘有很多有趣的佛教故事；也有不少人知道1900年王道士发现藏经洞，里面的大量文物被外国人劫走。许多人赞叹敦煌是世界艺术宝库，但不知道敦煌不仅是艺术宝库，同时也是文化宝库；知其为宝，但不知其何以为宝。

如今，到敦煌参观的游客日益增加，关注敦煌的人也愈来愈多，但是几十年来，介绍敦煌的图书看起来似乎很多，然而大多仍是对敦煌艺术的简单介绍。

实际上，敦煌文化的内容非常丰富，它不仅包含众所周知的敦煌石窟艺术，还包括敦煌藏经洞出土的大量文物，以及敦煌地区遗留下来的其他古代人文遗迹和遗物，如古代城址、长城、关隘、驿站、冢墓、道路、河渠、寺庙等。这些内容和石窟艺术、藏经洞出土文物之间有着千丝万缕的联系，是一个不可分割的有机体，它们共同反映了当时人们的社会生活，涉及政治、经济、军事、法律、哲学、宗教、民族、语言、文学、艺术、科学技术、文化教育等诸多方面。

另外，敦煌地区传承的一些非物质文化遗产，如敦煌曲子戏、剪纸、民歌、民间谚语、民间笑话、民间故事和庙会、社火，以及传承了两千年的敦煌灌溉用水制度等，是古代敦煌文化的延续，对我们今天思考如何推陈出新、古为今用提供了非常充分的素材。

俗话说："一方水土养一方人。"所谓"水土"，具体地说就是该地区的自然环境和社会环境，即包括人们日常生活面临的物质环境和精神环境。因此，一个地区的地方特产和名胜古迹，便自然形成了该地区的地方特色，对于该地区人们的风俗习惯、精神面貌等所产生的影响，便形成该地区文化的一部分。如敦煌特有的水果李广杏和特有的自然景观月牙泉，便对敦煌人的精神文化有着不可忽视的影响。

为此，本书分为“弹指一挥间——五千年历史”“一叶一菩提——敦煌石窟艺术”“无言的述说——藏经洞出土文献”“穿越时空——敦煌地区的遗迹、遗物”“吾国之伤心史——文物被劫录”“绿洲新貌——名胜古迹与地方特产”“莺歌燕舞——传承非物质文化遗产”等七个部分，从不同角度有序地介绍敦煌文化，期望读者能借此对敦煌有一个比较全面的了解。除了介绍一些必要的常识外，同时尽量举一些具体实例，介绍一些有故事性、趣味性和可读性的内容，由浅入深，循序渐进，以满足广大读者的阅读需求。

本书所介绍的内容，仅仅是敦煌文化中的冰山一角而已，只能谓之蜻蜓点水、浮光掠影。

目录

Contents

第一章

弹指一挥间

——五千年历史

大漠荒野，虽然偏僻，虽然凄凉，但有人在这里生存发展，有人在这里繁衍子孙，有人在这里悠然自得，挥毫泼彩。不经意之间，便给世人留下灿烂辉煌的宝贵财富！

舜窜三苗于三危

远古尧、舜、禹时代，各部族之间相互掠夺财富和人口的战争经常发生。在这种弱肉强食的形势下，各亲近部落自然结成部落联盟。尧、舜、禹作为中原部落联盟最强大的首领，则经常对周围弱小部落发动征服性战争。

图 1-1　远眺三危山

据《尚书》记载："流共工于幽州，放驩兜于崇山，窜三苗于三危，殛鲧于羽山，四罪而天下咸服。"《通典》卷174"沙州条"也记载："沙州，昔舜流三苗于三危，即其地也。其后子孙羌戎，代有其地。"其中的"三苗"，即是曾经生活在长江流域"彭蠡之波""洞庭之水"的三苗部族，由于在与中原部落的战争中遭遇失败，却又不服，时时反抗，"为政不善"，故被舜、禹先后放逐之。

战败的三苗族一部分成员作为"四凶"之一，就这样从江淮地区被押解到偏僻荒凉的大西北，被放逐到河西敦煌一带（图1-1）。从此开始了新的生活，同时亦为敦煌历史谱写了崭新的一页。

周穆王西巡

据《列子·周穆王》记载："穆王不恤国是，不乐臣妾，肆意远游，命驾八骏之乘……遂宾于西王母，觞于瑶池之上，西王母为天子瑶，王和之，其辞哀焉。"当年，穆天子以诸侯进献的八骏神马为御驾，一路往西征讨，抵达昆仑之丘。西王母

图1-2　隋代第305窟窟顶北披　东王公（周穆王）

出来阻止他，请他观黄帝之宫，迎他上瑶池，设宴款待，两人诗歌相和，穆天子“得四白狼四白鹿以归”。西王母回访，穆王在昭宫款待西王母。不论这段佳话是否属实，但当时中国与西域进行了非常重要的交流，应该是没有疑问的（图 1-2）。

图 1-3　初唐第 323 窟北壁　张骞出使西域

传说西王母曾住在敦煌的三危山上，并有三青鸟为其取食。据《山海经·西山经》记载：“又西二百二十里，曰三危之山，三青鸟居之。”郭璞注：“三青鸟主为西王母取食者，别自栖息于此山也。”史书中关于西王母的居住地有多处，敦煌的三危山应该是其中一处。周穆王西巡和西王母回访的路途都非常遥远，长达数万里，三危山很有可能是他们途中的栖息地之一。

张骞出使西域

汉武帝时，经汉初“与民休息”的政策和“文景之治”，国力大增，这时“天下殷富，财力有余，士马强盛”。在这种形势下，汉武帝改变汉初以来的和亲政策，采取抗击匈奴的方针，为了阻止和切断匈奴与西羌的联系，以断“匈奴右臂”，决定遣使西联月氏共击匈奴，招募使臣，于是有张骞应募两次出使西域之举（图 1-3）。

建元二年（前 139 年）至元朔三年（前 126 年），张骞第一次出使西域，往返途中曾两次被匈奴抓获拘禁，历尽艰险，经大宛（今费尔干纳）、康居（今撒马尔罕）到达定居大夏故地的大月氏，但定居于此的大月氏生活安乐，无意东归。张骞未能完成与月氏结盟夹击匈奴的使命返回。元狩四年（前 119 年）张骞第二次出使西域，“厚赂乌孙，招以东居故地”，到达乌孙赤谷城，副使还到了大宛、康居、大夏（今阿富汗）、安息（今伊朗）、身毒（今印度）等地。由于乌孙内乱，也未能实现结盟的目的。

张骞两次出使西域，虽未达到政治目的，但其对河西、西域以及中亚等许多地方的历史性访问，为汉王朝开辟通往西域、中亚的通道，提供了极为重要的信息，具有重要的意义。这一历史事件，史称“张骞凿空”。张骞作为一个伟大的先行者；为开拓丝绸之路，发展中西交通、中外文化交流建立了不朽的功勋。

河西四郡

在张骞出使西域的同时，汉武帝发动了对匈奴的三次大战役，即元朔二年（前127年）的河南战役、元狩二年（前121年）的河西战役和元狩四年（前119年）的漠北战役，重创匈奴，迫使“匈奴远遁，而幕（漠）南无王庭”。并于占领河西的元狩二年设置武威、酒泉两郡。元鼎六年（前111年）又分武威、酒泉地更置张掖、敦煌郡，是为“河西四郡”。在置酒泉郡的同时（图1-4），又建阳关、玉门关两个军事关隘为通西域的门户，故史称“列四郡、据两关焉”。

图1-4　酒泉鼓楼

汉代的敦煌郡，据《汉书·地理志》记载，共统辖六县，即敦煌、冥安、效谷、广至、龙勒、渊泉。到西汉末年，已是有11200户，38335人的要郡了。

汜胜之、张芝、侯瑾

汉代以来对河西的经营，除在军事上修长城、列亭障以确保河西安全外，同时采取徙民实边的政策，屯田垦殖。作为西域前线后方基地的敦煌，承担了较大规模的屯垦任务，不仅实行军屯，还迁来了不少内地移民。这样就把内地的生产技术带到了敦煌，有效地促进了生产的发展。如著名的农学家氾胜之晚年定居敦煌，从事农业技术的研究和著述，所著《氾胜之书》十八篇，并在敦煌推广先进农业生产技术。后世评说“汉时农书有数家，氾胜（之）为上”。

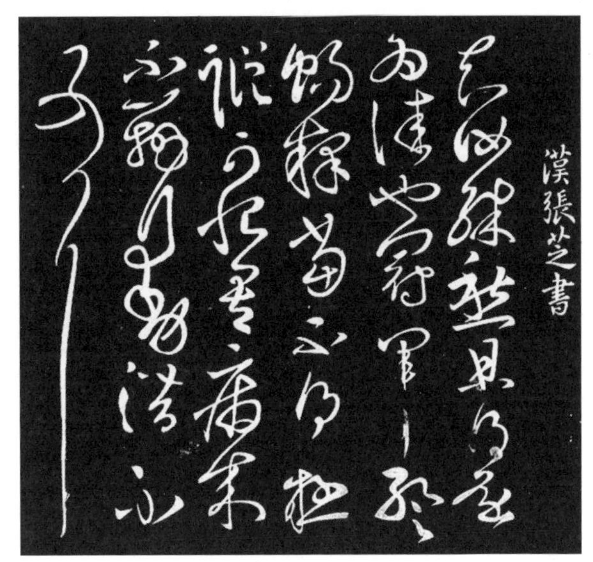

图 1-5　张芝书法作品

随着军事征伐和经济的开发，敦煌在接受中原的文化的基础上，吸收西域文化，发展了本地区的文化事业，文人辈出。如敦煌张奂“著尚书记难二十万言”，张奂之子张芝、张昶为当时著名的书法家。张芝书法精劲绝妙，尤善草书，其书气脉通联，连缀不断，如惊蛇入草，飞鸟投林，时人称为“草圣”。晋代大书法家王羲之推崇说：“汉魏书迹，独钟（繇）张（芝）两家。”（图 1-5）

侯瑾，东汉敦煌人，品学兼优，崇尚气节，不与黑暗势力同流合污，“徙入山中，覃思著述”，《隋书·经籍志》著录有他的《汉皇德记》卅卷、《侯瑾集》二卷。由于他在文学上的成就，所以河西人“敬其才而不敢名之”，尊称他为侯君。

敦煌五龙

西晋时敦煌索靖与同乡氾衷、张甝、索紾、索永一同在洛阳太学读书，才艺绝人，驰名海内，俱以文学闻名当世，被称为“敦煌五龙”。可惜，其他四人相继早亡，独索靖一人博览经史，兼通内纬，驰名海内，在文学和书法上都造诣很深。索靖尤善章草，是著名的书法家，并撰成《索子》《晋诗》各廿卷和论述草书形体结构的专著《草书状》，曾经还在敦煌莫高窟“题壁号仙岩寺”。

魏晋十六国时期由于中原动荡混乱，大批中原人士流寓河西，促进了河西以及敦煌地区文化事业的迅猛发展，“敦煌五龙”便是其中的代表人物。另外当时著名的人物还有段灼、郭瑀、刘昞、宋纤、索袭等经学家、教育家和天文学家。

敦煌菩萨竺法护

尽管十六国时期战火连绵，社会动荡，但河西地区经济、文化繁荣昌盛，加上统治者的倡导扶持，因此佛教得到迅速的发展。五凉时期的河西地区，尤其是敦煌，佛教更为流行，《魏书・释老志》说：“凉州自张轨后，世信佛教。敦煌地接西域，道俗交得。其旧式村坞相属，多有塔寺。”

这一时期，由于世称“敦煌菩萨”的高僧竺法护及其弟子竺法乘的影响，河西的佛教传播已具有相当的基础。

竺法护，月氏人，世居敦煌，曾随师游历西域诸国，通晓天竺语和西域诸国语言。他在敦煌、长安等地组织译场，翻译佛经，“德化四布，声盖远近，僧徒千数，咸来宗奉”，是中国佛教史上早期著名的译经大师。弟子竺法乘协助译经，跟随法护往来于长安敦煌间。后法乘“西到敦煌，立寺延学，忘身为道，诲而不倦。使夫豺狼革心，戎狄知礼，大化西行，乘之力也”，其在敦煌的影响超过了法护。

东阳王元荣和建平公于义

公元439年北魏灭北凉，酒泉太守沮渠无讳西奔敦煌继续抵抗，后其残部撤离敦煌远度流沙逃往鄯善。北魏为经营西域，防御柔然与吐谷浑的侵扰，废郡置镇，但孤处危境几不自保，曾一度有放弃敦煌之议。后柔然势力衰弱，丝绸之路畅通。孝昌年间（525～527年）北魏在敦煌罢镇建瓜州，以宗室东阳王元荣任瓜州刺史，元荣任刺史历北魏、西魏两代。北周时期敦煌是宇文王朝的西部重镇，武帝灭佛虽曾波及瓜州，但并未影响敦煌佛教的发展。

北朝时期是敦煌佛教石窟蓬勃发展的第一次高潮。东阳王元荣任瓜州刺史期间，在敦煌莫高窟开凿石窟，并将中原深受南朝文化影响的佛教艺术移植而来。同时东阳王元荣还广写佛经，以为功德。如在建明元年（530年）一次就写《仁王护

图 1-6 北周第 428 窟内景

国般若波罗蜜经》三百部；普泰二年（532 年）又写《无量寿经》一百部；永熙二年（533 年）又写《涅槃》《法华》《大云》等经百余部。

北周时期，虽曾有武帝宇文邕的灭佛活动，但并不影响在莫高窟等地镌龛造像。莫高窟北周时期的第 428 窟，其规模之大、内容之丰富，都超过了前代（图 1-6）。该窟据推测为北周瓜州刺史“一门十大将”的建平公于义所修。因此《武周圣历碑》在叙述乐僔、法良之后说：“复有刺史建平公、东阳王等各修一大窟，而后合州黎庶造作相仍，实神秀之幽岩，灵奇之净域也。”

二十七国交易会和隋炀帝西巡

公元 581 年，隋文帝杨坚取代北周政权，“削平天下，统一海宇”，结束了近三百年南北分裂的局面，建立了统一的隋王朝（581 ~ 618 年）。由于隋文帝采取一系列改革措施，实行均田、薄赋之策，减轻了由常年战乱带给人民的苦难，使人民得到了休养生息的机会，因此很快出现了“人物殷阜，朝野欢娱”的新局面。当隋文帝平定了南方的陈朝之后，立即进军西北，抗击突厥，打通丝路，经营西域。这不仅解除了来自西北的一大威胁，还打开了中西通道，推动了国际贸易的繁荣。

大业三年（607 年），隋炀帝杨广曾派黄门侍郎裴矩到张掖筹办二十七国交易会。隋炀帝亲自出巡河西，各国使者“皆令佩金玉，被锦罽，焚香奏乐，歌舞喧噪。复令武威、张掖士女盛饰纵观，骑乘填咽，周亘数十里，以示中国之盛”，引得“蛮夷嗟叹，谓中国为神仙”。隋炀帝西巡，极大地促进了丝路贸易的繁荣。

国际商贸大都会

初盛唐时期，由于西域交通的畅通，商旅信使往来不绝，丝绸之路安宁兴旺。敦煌出现了“村坞毗连，鸡犬相闻，佛塔遍地，市场广大，家给人足，焉然富庶”和“男耕女桑不相失，百余年间未灾变”的繁荣景象，故有“元宵灯会，长安第一，敦煌第二，扬州第三”的说法。应该说，唐代的敦煌进入了封建时代发展的顶峰。在唐代的沙州城内，不仅建有州县两级学校，还设有不少私立学校。唐代敦煌民歌中的“三农五谷，万庚子箱，载兴文教，载构明堂”“乡土济济，流水漾漾”“昔靡单裤，今日重裳”等，就描绘了当时敦煌的安定、繁荣景象。诗人张籍的《凉州词》生动地描绘了当时南北贸易往来频繁、丝路无比兴盛的景象：“边城暮雨雁飞低，芦笋初生渐欲齐。无数铃声遥过碛，应驮白练到安西。”

图 1-7　莫高窟北区出土波斯银币

当时的敦煌已经具有国际贸易城市的三大特点：一、从商人员国际化，敦煌地区居住有大量外来从事商业贸易的居民，这些人中以粟特人居多；二、商品国际化，市场上的商品有出产于中亚的胡粉、金青，也有出产于西域的胡椒、高良姜，还有来自于阗的玉石、玉器，以及印度进口的香料等；三、货币国际化，既有金银钱币和金银为主的硬通货，也有少量的波斯银币，还有以实物作为支付物价的补充手段（图 1-7）。所以说，当时的敦煌是名副其实的“华戎所交一都会”。

图 1-8 中唐第 359 窟北壁 吐蕃装供养人像

吐蕃统治

敦煌的中唐时期也称吐蕃时期（781～848 年）。在唐朝兴盛的同时，强大的吐蕃王朝在西部兴起。

天宝十四年（755 年），安史之乱起，唐朝政府被迫将河西精锐部队调往中原平定叛乱，吐蕃大军乘虚而入，很快占领河西各州。沙州（敦煌）军民奋力抵抗，坚持抗战十一年，最后寡不敌众，于建中二年（781 年）沦为吐蕃属地，河西走廊全部为吐蕃所占领（图 1-8）。

此后，蕃汉之间，民族矛盾相当尖锐，时有汉人起义。但是在压迫、反抗的同时，藏汉人民之间也存在着团结、融合的一面。吐蕃统治者控制这一地区以后，为了巩固自己的统治，也启用汉人和其他少数民族的上层人物为各级行政机构的官吏。

吐蕃本来信奉佛教，统治河西以后，统治者大力支持当地的佛教活动，放回被俘僧尼，鼓励民众出家，于是佛教大为兴盛，寺院林立，僧尼日增。同时，吐蕃统治者还不断派人到中原求取佛经，加以翻译，当时便有许多汉藏文佛经互译流行。

张议潮率众起义

大中二年（848 年），沙州人张议潮趁吐蕃内讧，联络其他沙州豪族，率众起义，占领敦煌、晋昌（今安西县）二郡。张议潮“自领州事”，一边且耕且战，一

图 1-9　晚唐第 156 窟　张议潮统军出行图（局部）

边遣使者与唐王朝联系，并以瓜沙二州为根据地，厉兵秣马，扩大队伍。从公元 850 年开始，张议潮率领义军向吐蕃发起大规模进攻，收复河西十一州，于是，“西尽伊吾，东接灵武，得地四千里，户口百万之家，六郡河山，宛然而归”。大中五年（851 年），唐朝政府在河西建置归义军，任命张议潮为归义军节度使。从此，敦煌的历史进入晚唐时期，即所谓的“归义军张议潮时期”，直至公元 907 年。

张氏家族笃信佛教，尊礼名僧。汉僧洪辩、慧苑和吐蕃僧法成等，都受到优待。这一家族不仅控制了政权，同时也控制了神权。在这种情况下，河西一带佛教的兴旺发展是必然结果（图 1-9）。

曹氏归义军政权

五代时期，中原丧乱，敦煌归义军政权自立于西陲一隅。归义军政权于 914 年由曹议金掌握，此后曹氏统治敦煌长达 120 余年。这时的归义军政权面临东有甘州回鹘称雄、西有于阗强盛的形势，已失去河西广大地区，只辖有瓜、沙二州和紫亭、悬泉、雍归、新城、石城、常乐六镇，人口不过万数，势单力薄。在这种形势下，生存于夹缝中惨淡经营的曹氏政权采取了一些有效的措施维持其在瓜沙的统治。

曹议金任节度使期间，在处理同中原和周边民族关系上，给后代子孙留下两个重要原则：一是无论中原政局如何变化，始终号称“归义军”，奉中原为正朔，朝贡不断；二是归义军政权与境内各民族分掌政权。因此，曹氏政权一直与中原保持密切的关系，始终使用中原年号，保持着中原的制度和文化。同时，曹氏政权东结回鹘，西联于阗，用联姻通婚的办法与之修好（图 1-10）。

曹氏时期的敦煌，社会相对安宁，丝路畅通，商业繁荣，使者往来不绝，“自瓜沙抵于阗，道路清谧，行旅如流”，敦煌更是“六蕃之结好如流，四塞之通欢似雨”，曾一度出现“风调雨顺，岁熟时康，道塞清平，歌谣满路”的升平景象。

图 1-10　五代第 98 窟东壁　于阗国王皇后曹氏供养像

曹氏家族十分崇尚佛教，开凿了一批规模巨大的洞窟，并且还建置了隶属于官府的“画院”，大大促进了当时佛教艺术的发展。

沙州回鹘

在瓜沙归义军曹氏统治的晚期，曾是归义军政权附属部落和臣民的沙州回鹘崛起于敦煌，一跃而为瓜沙地区的主宰，控制过瓜沙地区的局势。西夏击败回鹘，于公元 1036 年陷肃、瓜、沙州后，一度忙于立国和与北宋抗衡，无暇西顾瓜、沙二州，

图 1-11　五代第 98 窟东壁北侧　回鹘公主供养像

图 1-12　榆林窟西夏第 29 窟南壁　女供养人

对其统治是比较松散的。此时沙州回鹘和曹氏的势力还较强大，他们积极联络，密谋共破西夏。还向北宋政权“七贡方物”，争取朝廷的声援和支持。随着西夏对瓜沙二州的统治加强，到 12 世纪 20 年代以后，沙州回鹘才完全销声匿迹，退出历史舞台。

处在中西交通咽喉之地的沙州回鹘，由于长期接受“善国神乡”的熏陶，而且“奉释氏最盛”，在莫高窟、西千佛洞、榆林窟大肆修窟造像，遗留有不少回鹘文佛经、佛画以及大量的回鹘文题记等，其佛教艺术深受高昌回鹘佛教艺术的影响（图 1-11）。

西夏统治

西夏是古代党项羌族政权，唐时受吐蕃排挤，迁至河套地区。北宋初与甘州回鹘频繁冲突，争夺河西地区。公元 1036 年，西夏占领瓜、沙二州，从这年起直到西夏失国，统治敦煌 191 年（其间虽有沙州回鹘的崛起，但未有政权建立，只是一股较为强大的势力），是敦煌建郡以来历时最久的一个少数民族政权。

西夏政权一方面以武力征服境内各族，另一方面大力提倡佛教，以佛教安定人心。西夏统治者曾多次向宋朝请求《大藏经》，并广建寺院佛塔，贮存经藏，又请各族僧人演讲和翻译经文，广为流传。因此在西夏有效统治敦煌的百余年间，在敦煌莫高窟、西千佛洞和瓜州榆林窟留下了大量的佛教艺术品（图 1-12）。

蒙元统治

公元 1227 年，成吉思汗的蒙古铁骑攻破沙州，自此至元宣光二年（1372 年）统治敦煌 145 年。蒙元帝国十分重视西北交通和敦煌这个战略重镇的经营，移民与田，恢复水利。至元十七年（1280 年）置沙州路总管府。

元朝统治者除了宣扬儒家思想外，也重视道教、佛教，大搞所谓“三教平心”，“以佛治心，以道治身，以儒治时”，甚至对伊斯兰教、基督教、犹太教也都兼收并蓄。在佛教中，又以喇嘛教最受尊崇，特别是八思巴于 1246 年出任忽必烈国师，藏传佛教萨迦派十分得势。与此相应，密宗曾盛行于敦煌，在莫高窟留下了藏传密宗艺术（图 1-13）。

莫高窟现存的汉、蒙、藏、梵、西夏、回鹘六种文字的《六字真言碑》，就是当时治镇沙州的西宁王速来蛮于至正八年（1348 年）刻立的，是当时民族大融合的实证。

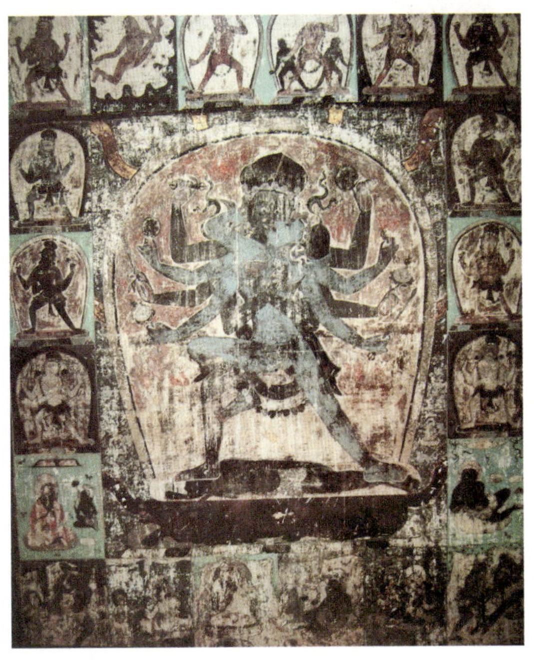

图 1-13　元代第 465 窟　双身像

孤悬关外

公元 1368 年，朱元璋建立明朝。在中原局势初步稳定之后，1372 年，明朝征西将军冯胜出西道取甘肃，攻兰州、西凉、永昌和瓜、沙二州，敦煌归属明朝。

明朝据河西之后，为经营西域的需要，永乐二年（1404 年）于敦煌置沙州卫，后并入罕东左卫，以

图 1-14 藏经洞（第 17 窟）外景

对抗吐鲁番。正德十一年（1516 年）敦煌为吐鲁番所占。嘉靖三年（1524 年），明朝关闭嘉峪关，敦煌孤悬关外，莫高窟“佛像屡遭毁坏，龛亦为沙所埋”。此时的敦煌已是“风摇柽柳空千里，月照流沙别一天”了。

图 1-15 藏经洞写经

白彦虎起义

清朝康熙帝经营西北，嘉峪关外的地域渐次得到恢复，至雍正元年（1723 年）“复立沙州所。三年，旋升所为卫”。关内移民屯田，敦煌经济开始复苏。由于移民中有不少人信奉佛教，莫高窟的香火又兴旺起来。

但是，此时的莫高窟已是“字落残碑在，丛深蔓草缠”。特别是同治年间，陕西回民白彦虎起义军被清军追击，退至敦煌莫高窟时，烧毁莫高窟洞窟前的木构建筑和栈道，“遂将佛龛半付灰烬，令人有不忍目睹之状”，后敦煌士民“有好善信士，或纠诸同志，或募诸众人，鸠工庇材，次第修葺，渐复旧时之规”。

发现藏经洞

1900 年，长期守护敦煌莫高窟的道士王圆禄雇人清理洞窟积沙。一天，清沙的人将三层楼（现编号第 16 窟）清扫完毕，甬壁裂开了一条缝隙，但并未引起人们注意，后来，王道士又雇文士杨河清抄写佛经，清光绪二十六年五月二十六日，杨河清像往常一样在抄经休息之余，点燃旱烟吸了起来，当他把燃剩的芨芨草插进甬道北壁的裂缝时，芨芨草竟插不到底。杨河清异常惊诧，用手敲了敲墙壁，感觉里面是空的，便立即将此事报告给王道士。等到夜深人静之时，王、杨二人打开墙壁，发现了堆满写本、绢画、法器、石碑和塑像等物的藏经密室。震惊世界的敦煌藏经洞，就这样被王道士等人在无意间偶然发现了（图 1-14、1-15）。

白俄破坏

1922 年，在“十月革命”中战败的白俄军官阿连阔夫率残部五百余人逃至敦煌后，被当地官员拘押在莫高窟。这些白俄官兵在莫高窟驻扎的 5 个多月中，莫高窟惨遭蹂躏和破坏。这些白俄心理极

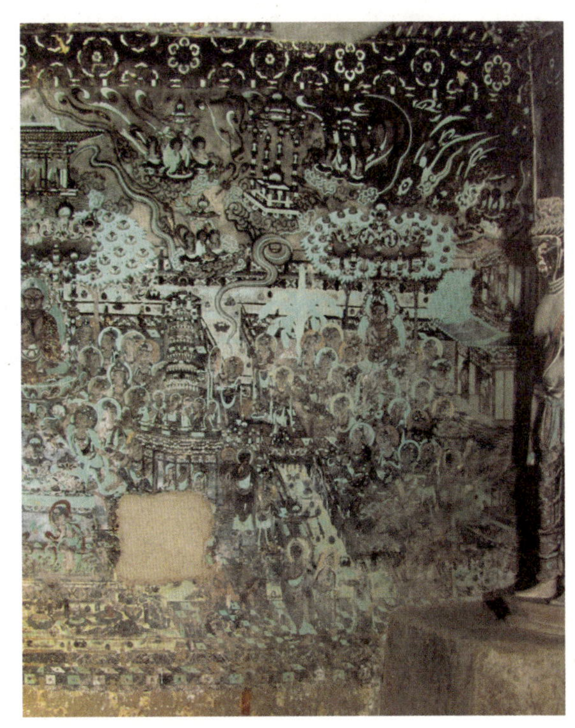

图 1-16 盛唐第 445 窟南壁 被白俄烟熏火燎和破坏后的壁画（部分）

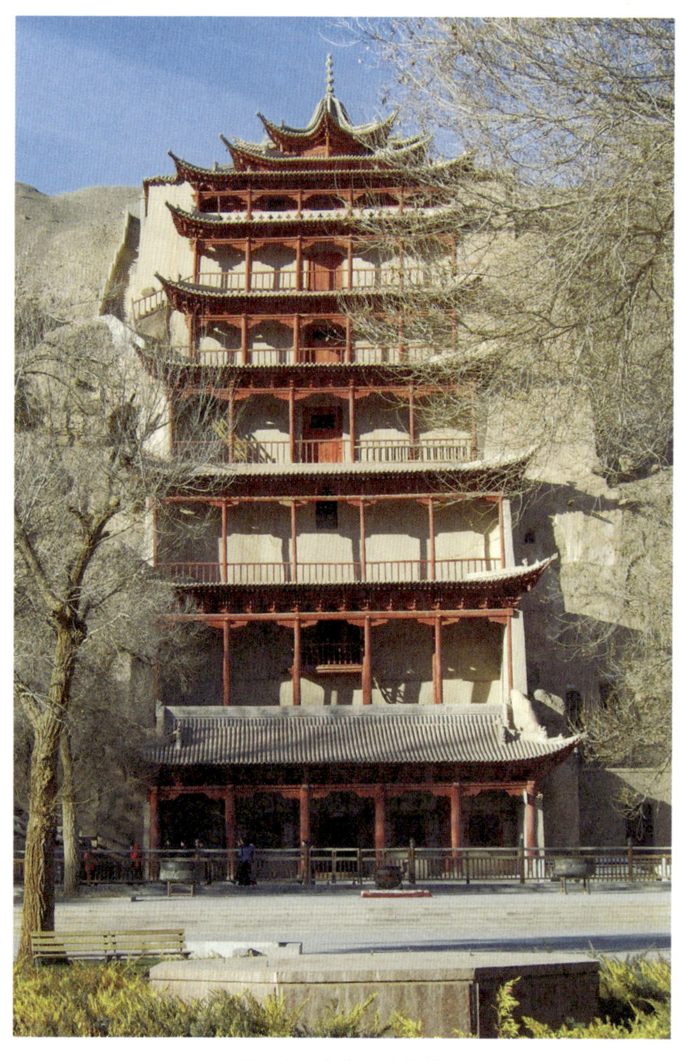
图 1-17　莫高窟九层楼

度扭曲，他们将洞窟和寺院中的木质门窗、牌匾尽行拆卸，刀砍斧劈，当成烧火的木柴，在洞窟内架锅、生火、做饭，烟熏火燎。这些形同丧家之犬的白俄，将潦倒绝望、几近疯狂的心情全发泄到壁画与塑像上，还将大量泥塑断手凿目，挖心掏腹，对壁画则胡乱涂抹，乱刻乱描，在莫高窟留下了难以抹去的耻辱印痕（图 1-16）。

巍峨九层楼

面对莫高窟沙压像毁、楼阁倾圮、法像暴露、荒刹隐索、不蔽风雨的残破景象，1928 ~ 1935 年，敦煌寺庙僧人集合“官绅农商各界”“八易春秋，用金一万二千余元”，将北大像的木构建筑由残破的五层楼改建为“工程巩固，巍峨壮观”的九层楼（图 1-17）。

第二章

一叶一菩提

——敦煌石窟艺术

敦煌石窟，指以莫高窟为主体的古敦煌郡境内的所有石窟。它包括今甘肃省敦煌市境内的莫高窟、西千佛洞，瓜州县境内的榆林窟、东千佛洞、水峡口，肃北蒙古族自治县境内的五个庙、一个庙等石窟。在古代，上述石窟都位于敦煌郡境内，其内容及艺术亦同属一脉，因此总称为敦煌石窟。

敦煌石窟艺术是一种由洞窟建筑、雕塑、壁画三者紧密结合而成的综合体艺术。

洞窟建筑，主要是指根据一定的宗教需要开凿在山崖间的石窟寺庙，它既是设置宗教雕塑和壁画的神殿，也是佛教徒（僧人或居士）从事宗教活动的场所。另外，其建筑也包括出于装饰、加固或其他宗教需要等原因修筑于石窟内外的木结构殿堂和古塔、窟前栈道等。

洞窟的主体是佛的塑像，位置显著。一般情况下，两侧都陪衬有弟子、菩萨的塑像，共同成为佛教徒顶礼膜拜的对象。

壁画是石窟艺术的重要组成部分。它在石窟寺中的作用主要有两种，一是用形象的图画向佛教徒宣传、阐述佛教义理；二是以强烈的装饰性效果来感染信徒。

（一） 佛窟的产生

佛教石窟源于印度，一般开凿在偏僻山野之中，据说这是为了方便僧侣修行。但另有一种说法：在公元前 185 年，一位信仰婆罗门教的将领，杀害了信仰佛教的孔雀王朝国王，建立了巽伽王朝。被赶走的佛教僧侣为了生存和发展，只好逃亡到远离城市的高原地区，在陡峭的岩壁上开凿石窟，一面继续自己的修行，一面向旅途中的商人宣传佛教。

大概是缘于修行和弘扬的需要，出现了两种不同类型的佛教石窟，一种叫毗诃罗，也叫精舍，是专为僧侣修行而开凿的僧房；另一种叫支提窟，即供佛教信徒绕塔巡礼的塔庙。

古代西域的石窟寺，受印度石窟影响，也多开凿在荒僻山谷，早期洞窟也多是“毗诃罗”和“支提”的形制。

古代敦煌是中西交通的枢纽，华戎相交的都会。佛教凿窟造像艺术，由印度经西域传到敦煌。所以莫高窟、榆林窟、西千佛洞等石窟，亦和印度、西域石窟一样，开凿于偏僻山野间。

三危佛光与乐僔开窟

莫高窟第一个洞窟的诞生，似乎缘于一件偶然的事件：前秦建元二年（366 年）某日，有位叫乐僔的和尚手持锡杖，西游来到敦煌。一日黄昏时刻，太阳快要沉落在茫茫戈壁之中，乐僔此时身处三危山与鸣沙山之间的大泉河畔，他面对眼前的潺潺流水，似乎正想发一番人生感叹：“逝者如斯夫！”蓦一抬头，只见对面三危山上一派金光耀眼，霞光万道，闪烁的光芒中，仿佛有千万身佛像向他显现……

乐僔，顿时被三危山的奇异佛光所感悟。他清楚地看到三危山金光中，显示的不是“天上地下，唯我独尊”的一身佛像，而是代表过去、现在、未来三世三劫千佛的千万身佛像；他清醒地感悟到，并非只有释迦才是佛，而是“众生平等，人人皆有佛性”，人人皆能成佛。

乐僔想：太子、国王能成佛，我这个游方和尚也能成佛；不仅我这个和尚能成佛，所有的平民老百姓，不管男女老幼都可能成佛。善哉，善哉！我要成佛！我要帮助一般老百姓也成佛！

相信众生平等，相信人人皆有佛性，这就是由三危佛光撞击出的乐僔灵光。

乐僔长期云游四方，渴望找到一处适合自己修禅静虑的地方，眼前的自然环境，“实神秀之幽岩，灵奇之净域也。西连九陇坂，鸣沙飞井擅其名；东接三危峰，泫露翔云腾其美。左右形胜，前后显敞，川原丽，物色新”。真是一处修行宣教的好场所。

顺其自然，适应自然，融于自然，这便是成佛的途径，这便是“禅”。乐僔获此灵感，立即在身后的鸣沙山崖壁上，“架空凿险，造窟一龛”。这便是莫高窟第一窟的缘起。

此后不久，又有一位叫法良的禅师，来到乐僔的窟旁，又开凿了一个洞窟。自此之后，历代修造不绝，到唐时便计有窟龛一千余，其规模真所谓“洞上有洞洞下洞，洞中复向洞中搜。大洞之中有小洞，小洞大洞鞔珠球。其数何止有六百？更上大佛九层楼。两魏隋唐观之遍，宋元西夏无遗留”。

至于乐僔、法良所开凿的洞窟是哪两个，目前尚难以确定，一般推测可能是第268、275号两个洞窟。其实，乐僔、法良所开之窟究竟是否仍在，并不重要，重要的是乐僔所感悟的“众生平等”思想是否为广大民众接受，是否得到发扬光大。这一点倒是令人欣慰，君不见在尚存的492个洞窟中，随处可见历代绘制的大量反映众生皆有佛性的千佛图？君不闻莫高窟又俗称“千佛洞”？俗称，来自于民间，这恰恰反映了“众生平等、众生皆有佛性”的观念早已深入敦煌民众心中。

同时，为了纪念道行和功绩都“莫高于此”的乐僔和尚，人们又有意识地将该石窟群定名为“莫高窟”。

凿窟的方法和工具

进入洞窟后，个别留心的游客会注意到，莫高窟的洞窟有的很小，仅能容纳一个人在里面，有的很大，面积相当于一个小礼堂，而高度竟有二三十米；大多数洞窟则相当于我们现在居住的大客厅或起居室的大小。

但是很少有人注意到这里的岩层土质，而笔者在偶然中发现这里的岩层土质很奇怪，看上去是一些泥沙夹小颗粒石头，似乎很松散一捏就碎，似乎很容易挖掘。然而，当笔者在附近一个建筑工地上，试着用钢钎、铁镐等工具戳、挖岩土时，不禁惊叹：好坚硬呀！一戳，一挖，只能一小块，好像现代用水泥、石子、沙浇灌的质量稍次的混凝土。

试想，如此岩土，古代人是怎样开凿洞窟的，不能使用炸药（当时可能没有，有也不能用），也不能像开采石料那样整条整块地采取，只能一锤一錾地凿，一点一点地挖。所以，每次进洞，我常常会想象古代敦煌人开凿这个洞窟时的情景，并推算和感叹开凿完成这个洞窟需要多少岁月。

那么，古代人究竟使用什么方法和工具开凿洞窟的呢？开凿一个洞窟又需要多少时间呢？

根据石质情况和窟形来推测，估计古人是采用下挖法施工的。首先，这样做比较安全；其次，用力方向朝下省力方便；再次，从上往下挖时可用水浸泡以使石质松散，易于挖凿。因此，打窟匠人很可能是开完甬道即斜上凿导洞至顶，扩大窟顶后再逐渐下挖成形（图 2-1）。

关于开窟所用工具，据有关碑记的描述，主要有绳、钩、锤、錾等，均是很原

图 2-1　北区残窟

始的工具，全是靠人工一点一点地凿挖而成，由此可见当年开窟造像之艰难。

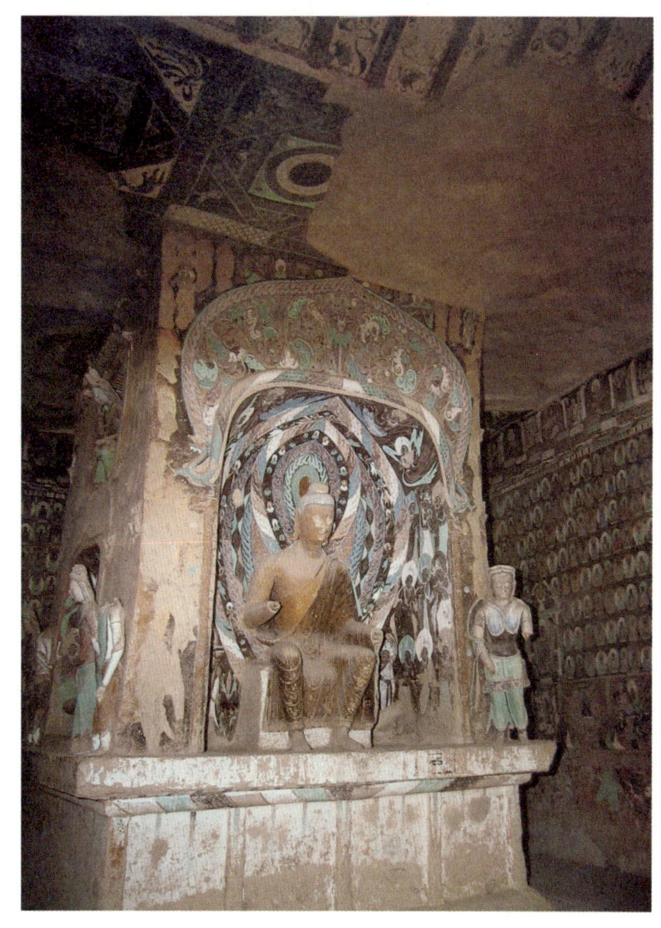

图 2-2　北魏第 257 窟窟室内景

各窟开凿所用时间，因用工多寡和洞窟大小而不同。莫高窟第 130 窟，动工于唐开元九年，而开元十三年的发愿文幡已经被裹在窟内崖体与泥皮地仗的夹缝中，证明当时已开凿完毕。也就是说，第 130 窟这座大像窟，大约用了四年时间才凿成。

莫高窟第 156 窟，营造于 9 世纪中期，据敦煌文献 P.2762《张淮深碑》载："三载功充。"这里包括了从开凿到绘塑等全部工程完工的时间，不过绘塑与修建窟檐的时间应该是几个月以内的事，可以推测其开凿所花时间应在两年半左右。

另外，我们注意到各洞窟的内部空间均有一定的比例关系。如敦煌北魏时期的中心塔柱窟，墙面的高宽之比多为 4∶6，正合于"黄金分割"的法则。特别是北魏第 257 窟与其他北魏窟相比，其墙面高度正好多出该窟中《沙弥守戒自杀因缘》《九色鹿王本生》《须摩提女因缘》环形条状壁画的高度，证明开凿此窟前预先考虑要增绘这一环形条状壁画（图 2-2）。因此有理由说，这些洞窟在开凿之前还需要有精心设计的施工方案。

图 2-3　盛唐 194 窟西壁龛内南侧天王残手露出的骨架

彩塑的制作过程

敦煌石窟的造像，因窟址大多位于不宜雕刻的砾岩崖壁上，故多为泥塑像或石胎泥塑像。

从一些已经残破的彩塑上，可以看到敦煌石窟的泥塑骨架制作非常巧妙（图 2-3）。小型的彩塑，是先用木头削成人物的大体结构，使木胎显示出人物的基本造型和动态，然后表面塑以细质薄泥，刻画细部，最后上色而成；中型彩塑的骨架，一般是根据塑像姿势动态选用适当弯曲的圆木，或根据情况砍削，如将脖子位置砍细，另外有的以木板制作手掌，以方形铁条做手指，也有以圆木削制成有榫的手臂形象的构件，很似木胎包纱的制作方法，十分精细；高过二三十米的大型塑像，则不用木质骨架，而是在开窟时预留塑像石胎，然后在石胎上凿孔插桩，再于表层敷泥塑成。

对于大多数彩塑，即中型塑像，上泥前需用芨芨草或芦苇捆扎成人物大体结构，既省泥又可减轻圆木立柱的负重。用泥大多只有两种，即粗泥和细泥。粗泥用澄泥加麦秸，塑作人物大样；细泥用澄板泥七成，细沙三成，加水和成稠泥，加麻丝或棉花，塑人物表层和五官、衣褶、佩饰等。

泥塑的敷彩，都是重彩平涂或加叠晕。至于许多泥塑失去原先的敷彩，其原因是多方面的，如地处山林、雨多气候潮湿以及火灾等，绝非这里的古代匠师不重视上彩。当然失去敷彩的雕塑可使观者着重于形体方面的欣赏，突出了雕塑在造型方面的特点和技艺。直至今日，我国民间彩塑艺人还十分注意塑与彩的紧密配合，尤其强调上彩的重要性。“三分塑七分彩”之说似乎有些过分，其实这正是我国传统泥塑注重装饰美的一个重要方面。

图 2-4　西魏第 248 窟中心柱南向龛　菩萨

石窟雕塑都是彩塑，不管是泥塑还是石雕，只有敷彩后才是完成的作品。甘肃各地石窟造像在敷彩上，所用颜料大体上差不多，北朝敷彩比较简朴沉着，主要用土红、石绿、石青、白、黑等颜色。佛像多以土红大面积平涂通肩衲衣，菩萨的裳、裙、飘带多用石青、石绿等色，调出深浅，叠染而成。面部及手脚，则用白色或肉色。发髻、眉毛、眼睛、胡须、眼睑和人中，则描以石青、石绿、黑、土红等色。隋代彩塑出现许多织锦图案和五光十色的瓔珞装饰。唐代彩塑的敷彩更加富丽，许多地方装金，至今还闪烁着光彩。五代、宋等晚期彩塑，在敷彩上演变成比较清雅的色调。另外，许多石窟造像，为了使塑像更加鲜明生动，根据人体肌肉的起伏变化上色，凹处用重色，凸处用浅色，强化了塑像的立体感。在塑造过程中，还有意不把胡须、铠甲、飘带等细节塑刻出来，而是留给敷彩时最后完成。有些菩萨像身上的飘带在连接到壁画之后就不用泥塑了，而是画在壁面上，将塑像与壁画完全融合成一个整体（图 2-4）。

壁画的制作过程

敦煌石窟开凿在酒泉系砾岩上，地质结构粗糙又易风化疏松，岩壁极不平整，无法直接绘制壁画。因此首先要制作壁面，一般是用掺入麦秆的粗泥抹到凿好的石壁上，捶紧压平，然后再抹一层细沙泥，形成光滑的壁面。

然后是在壁面上勾画轮廓，也可谓作壁画起稿上墙。即用长线以土红粉末纵横弹出各大部分的大体轮廓，将墙面分割成若干小平面，然后在各小平面内确定形象的具体比例关系，在规定的范围内，用土红描成人形或其他形象。

除了使用弹线定位的方法外，更多的是使用粉本。粉本是专供复制用的画稿，敦煌粉本是多层厚纸制成的，为耐久之目的，在多数情况下，于纸上画墨线，并沿墨线打小洞，或覆盖于另一纸上打孔。复制稿没有原稿那样的墨线。在实际应用中，粉本置于所要绘制的表面上，红色墨粉通过粉本的小孔，在下面就出现了一系列红色斑点连成的轮廓。

勾画好轮廓后，便是涂刷底色。底色又叫地色，即要用一定覆盖力的颜色刷底，使全窟壁面有一个统一的基调，而形象的轮廓仅隐约可见。也有以粉底为底色，即先在草泥地仗上涂白粉，然后在粉壁上起稿敷彩；还有在草泥地仗上起稿并敷彩完毕后，对泥壁的其余部分遍涂红色掩盖之。壁面上大片的红色或白色，各自衬托出不同的壁画效果；其他类似的衬托色，也叫底色或地色。红、白两种底色，各时代都有，北朝时期涂红底色的壁画更普遍，隋唐时期则以粉壁为底色更流行，宋、西夏、元代壁画中还出现了青、绿底色。

赋彩上色，即根据壁画内容和当时人们审美观念的需要，细致地将各种颜色描绘到相应的壁面位置上，特别处理好色与色之间的交接关系，使晕染时的重色与浅色形成自然的过渡。古代佛教寺院和石窟中的壁画，一般都是由师徒相承集体合作完成，绘制之初由师傅起样定稿，决定色彩分布，师傅将应涂之色用符号写在画上，助手按符号布色。根据壁画色彩与符号印证，敦煌壁画中已发现的布色符号有“夕”（绿）、“工”（红）、“*”（青）三种，各取字形中的局部为代号。

在大多数情况下，壁画人物在敷彩以后，轮廓模糊不清，尚需最后用墨线或赭色线精心勾勒人物五官、手足、衣饰等细部，使形象更加清晰完整。这最后一次描出轮廓的线称为定型线，这个过程叫作勾定型线。敦煌莫高窟北魏第 263 窟、西魏第 285 窟等，随处可见清晰的定型线。唐代壁画色彩富丽，同样需描线定型，如莫高窟第 329 窟东壁说法图下的女供养人像，供养人身穿质薄的罗衣，犹能清晰辨认起稿线与定型线的区别。

最后的一道工序是提神点睛。勾定型线之后，画面形象已完整清晰，但有时画家为了使形象更加生动传神，往往于人物的眼、鼻等处勾描“高光”，收到形象鲜明、生动传神的艺术效果。

灿烂辉煌的敦煌壁画就是这样在许多工匠的互相合作中，通过一道一道的工序逐步创作出来的（图 2-5）。

（二） 洞窟建筑艺术赏析

以莫高窟为主体的敦煌石窟，其洞窟建筑形制，一般首先分洞窟前室和洞窟

图 2-5　石窟艺术的创造者　潘絜兹绘

主室。

洞窟前室形制大致有三种：1. 敞开式（不完整式）。2. 封闭式（完整式）。3. 甬道式（厚前壁）。

洞窟前室，是外部空间与洞窟空间之间的过渡，人们从人的世界进入到佛的世界的时候，在这里产生情绪上的转化。

洞窟主室形制主要有六种：

1. 中心塔柱式。又称“塔庙窟”，其形制为：平面作长方形，前部有“人字披”屋顶，后部平顶中心凿留一方形塔柱，塔柱的左右形成通道。

2. 毗诃罗式。意译为“精舍”“僧院”“住所”，主要是供僧侣坐禅修行用的，因此这类洞窟又叫“禅窟”。其形制为：在主室两侧对称各开小窟（四个、八个不等），小窟一般见方一米余。

3. 覆斗式。又称“佛殿窟”，其形制为：平面呈方形，覆斗顶（即窟顶为倒“斗”形），后壁（西壁）开龛造像。

4. 涅槃窟。将涅槃像作为洞窟的主体，前面没有遮挡而使卧像赫然横陈在观众面前。该形制平面一般都作横长方形。

5. 大佛窟。容纳大佛的洞窟是一个高耸的空间，下大上小，下部平面呈方形，石窟向上弧转收小。窟底佛像前的地方并不宽阔，人在窟底仰视大佛。

6. 背屏式。四壁都不开龛，而将佛、菩萨等造像安置于窟内中央靠后的坛上，坛四周与四壁之间保持一定的距离，可作通道。所谓“背屏”，是凿窟之时在坛后沿正中留出的一面石壁，石壁由坛上直通窟顶。

除上述六种主要窟形外，另有一些次要的形制，如第 275 窟平面纵长，顶作左右双披盝顶形。

最早的禅窟

对敦煌的历史背景有所了解，并对莫高窟开凿的缘由等基本情况略作探讨后，现在可以进入洞窟了。

莫高窟第 268 窟是莫高窟最早开凿的三个洞窟之一，属北凉时期的洞窟，虽然可能不是乐僔、法良所开凿，但从洞窟的形状来看，其功能是供僧人坐禅修行则是无疑的，所以我们到里面巡礼一番，或许能找点当时乐僔、法良坐禅修行时的感觉。

第268窟很小，很窄，主室实际上是一条通道，大约1米宽,4米多深，约2米高，正面的西壁开一尖楣圆券形龛，内塑一身交脚佛像。

当我们低下头，猫着身，小心翼翼地走进窟内，尽管头部离窟顶还有一点距离，但感觉很压抑。如果四五个人同时在里面，就显得非常拥挤。

令人感兴趣的是左右两壁各有两个禅室，这四个禅室都很小，每个禅室大约 1 平方米多一些，高约 1.3 米，正好供人弯腰进去坐着盘腿修禅（图 2-6）。

禅室地面距主室通道地面，高 20 厘米左右，坐在里面，微微低头，略有一种俯瞰人间的感觉；微微抬头，望着高约两米的通道式主室窟顶，会有一种深邃、高远的感觉。

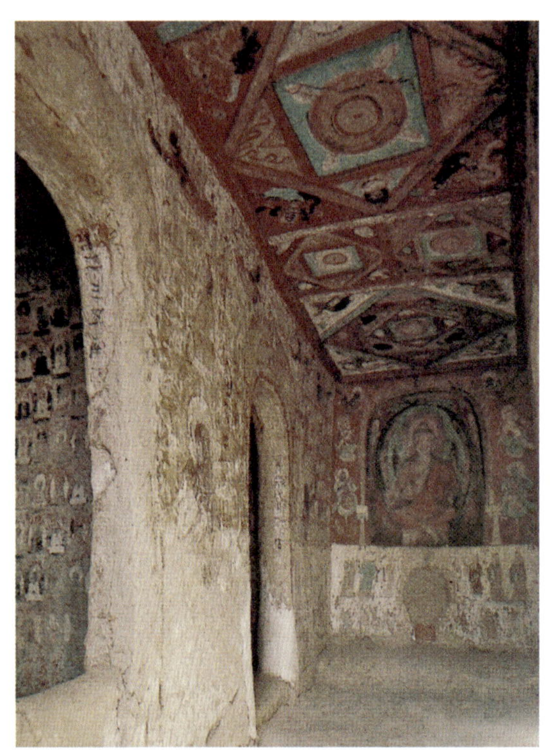

图 2-6　北凉第 268 窟内景

特别是窟顶所绘的平棋藻井图案，采用四方岔角套叠形式，共画有三个大小相异的藻井纹样，逐层缩小叠涩幅度，形成三个向上升腾的视觉空间，冲破了洞窟建筑内界面的空间限制，减少了由洞窟低矮造成的压抑感；而正中莲花的圆形，周围套叠的方形，方形错位叠压而成的三角形，构成渐次展开的丰富变化；旋转飞舞的飞天，则给静态的几何形以强烈的动感，使禅修后的僧人心胸豁然开朗。同时，其心灵也会随着层层往上的藻井图案而向上升腾，并在想象的天国世界中得到净化。

实际上，禅修的目的不仅仅是为了净化心灵。佛教的禅修实际上源于古印度婆罗门的苦行，与中国道教的辟谷、导引、服丹等修炼方法类似，也和中国儒家宣传的饿其体肤、劳其筋骨、磨其心志的修身方法类似。“梅花香自苦寒生”“吃得苦中苦，方为人上人”，是千百年来人们激励自己的至理名言。

盘腿坐在那窄小的空间里，日复日，月复月，年复年，究竟是为了什么？乐僔开凿第一个洞窟，是因为见了对面三危山上状如千佛的金光；法良“又造一龛”，是发现此地“多诸神异”。又如《高僧传·玄高传》中说僧人玄高率徒众三百居住的河北林阳堂山，是“群仙所宅”，“禅慧弥新，忠诚冥感，多有灵异”，“应真仙士，往往来游”，而玄高的“学徒之中，游刃六门者，百有余人”，其中“有玄绍者，秦州陇西人，学究诸禅，神力自在，手指出水，供高洗漱，其水香净，倍异于常”，并且“灵异如绍者又十一人”。如此等等，均与具备超常能力的仙、神有关。

一般说来，修禅的目的是为了成佛，但对于一般老百姓来说，成佛的境界并不只是辞典中解释的觉悟而已。佛教进入中国初期，人们把“佛”看作神，人们欢迎具有超人能力的神佛。成佛的目的实际是为了成神，这和中国道教修炼的目标是为了成神成仙的情况类似，也是佛教为中国广大民众接受的主要原因。

坐禅修行的目的，是为了使自己具有超人的能力。有了超人的能力，就能解救自己，也能解救他人。

有失才有得，禁欲是为了更大或更多的欲望。禅定的目的不是定，而是为了悟，所谓禅机即是。

幽闭的修炼之所

有些游客一到莫高窟，就迫不及待地急于进洞窟参观。其实，稍微驻足几分钟，观察欣赏一下洞窟的外貌和周边的环境，会感受到更多的情趣。

到过其他石窟并留心的游客都会注意到，在吐鲁番柏孜柯里克、敦煌莫高窟等石窟，佛、菩萨像几乎都塑放在封闭的深深的洞窟之中，而在龙门、大足等石窟，佛、菩萨像则大多雕刻在露天开放的浅浅的摩崖龛内。在炳灵寺、麦积山等石窟，则两种情况大致各半。

假如将从西往东的洞窟外貌，用照片一张一张地连接起来观赏，就会发现佛、菩萨造像似乎正在一步一步地慢慢地从洞内走向洞外，颇为有趣。

佛、菩萨像是人们顶礼膜拜的主要对象。所谓佛、菩萨像，实质上是神像。以不同的艺术形式表现同一内容，给人的感受也会有所不同，因此洞窟内和洞窟外的神像赋予人们的感受也就可能不一样。洞窟外的造像和自然环境融为一体，人的视野开阔了，然而此时人的心灵却变得狭窄了。因为窟外摩崖龛的造像是开放性的，其功能是弘扬佛法，人们在其面前只能是被动地接受，不管你是想看还是不想看。当你走到四川的大渡河和岷江、青衣江汇合处，睁开眼睛就会看到巨大的乐山大佛；一走到麦积山前，东崖高大的隋代佛、菩萨像也自然会进入您的眼帘。撇开巨大的佛、菩萨像不论，还有炳灵寺、北石窟寺和龙门等石窟那遍山的蜂窝状摩崖小龛，都自然而然地吸引住人们的眼球，将视线从一个龛转向另一个龛，好像看电视时转换频道一样，人们实际上很少有自己的选择权。龛中的造像内容，则好像那电视播放的各类节目与广告，观众的视觉心理基本上是被动的。

然而，当人们要进入那封闭式的洞窟中时，却是有选择的，因此观看窟内造像的视觉心理便带有主动性。何况，一个洞窟即是一个天国世界。人们进入这个世界里，不仅要膜拜正壁龛内的佛、菩萨造像，更多的是巡礼观想四壁的佛教故事画、经变画等等纷繁复杂的画面。然而，究竟是先观想哪一幅画中的哪一块画面，人们面临着许许多多的选择，并且即使观看某一具体的画面，人们各自所体会的，即所想的也各不相同，观想的时间长短也不一样。这一块块任意而定的画面，就好像现代电脑中的许许多多窗口，从这扇窗口进去，你可能进入游戏天地，从那扇窗口进去，你会和一些不相识的人聊天，等等。

封闭的空间有时更有利于激发人的想象力，这也好像现代餐厅中的包厢，许多活动都是在里面进行的；而开放的环境有时却阻碍人的思维，如餐馆大厅中的散座，

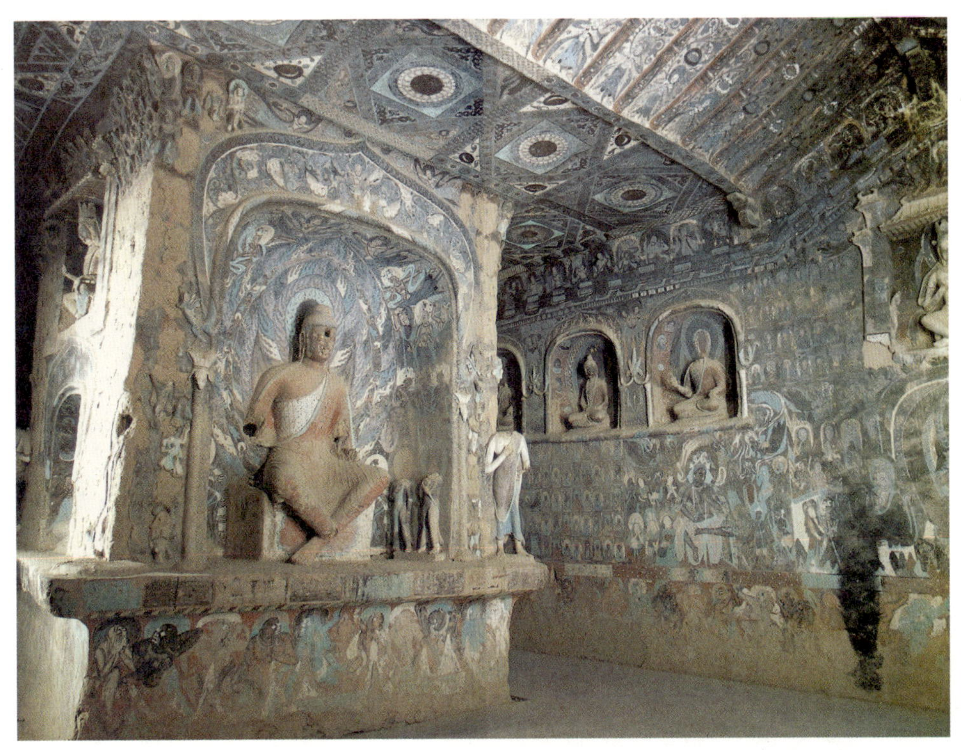

图 2-7　北魏第 254 窟内景

人们在喧闹中增添的是更多的食欲。所以，窟内更有利于个体的内心观想活动，窟外更有利于集体的顶礼膜拜活动。窟内是个人世界，窟外是人人世界（图 2-7）。

从古代造龛者（施主）的目的来看，摩崖龛的功能主要是积功德，并且有表白张扬的意味；而洞窟除了有积功德和表白张扬的功能外，还可能有修禅、巡礼、观像、礼拜的功能。并且从经济情况来看，浅小的摩崖龛为各阶层，特别是普通百姓以独立形式积功德提供了机会，同时也更有利于佛教的弘扬、传播、发展，因为洞窟需要人进入里面才能受到佛教的影响，而摩崖龛则不需要人进入，在有意无意之间人们就会受到佛教的影响。

窟内观想，窟外礼拜，一切随意，不必固定某一模式。有诗云：

一切去矣，曰止则止；

万般来了，思观便观。

因此，当我们到各佛教石窟巡礼时，首先要了解其洞窟形式是窟还是龛，并注意观察其周围的环境，才能真正品尝其不同之趣味。

大千世界与须弥山

莫高窟第303、304、305窟这几个洞窟相邻，并且都开凿于隋代初年，然而洞窟的建筑形制却颇不一样，各具特色，从中可以看到隋初那种竭力追求变革、刻意创新的探索精神。

当人们从北朝洞窟走进隋代洞窟，特别是进入宽3.6米、深4米的第303窟中，看到那造型奇特的须弥山形中心柱，立刻会有一种焕然一新的感觉（图2-8）。

这里的中心柱，虽然仍位于主室正中稍偏后处，虽然其下半部仍保留方形四面龛的北朝模样，虽然其柱顶也连通窟顶，但中心柱的上半部却改作须弥山状，为上大下小的圆形七级倒塔，上面六级尚存残损的影塑千佛，最下一级塑仰莲及四龙环绕。

图2-8　隋代第303窟内景

形状不同，功能自然也不同。北朝在窟内设中心塔柱，主要是利用塔柱与南、北壁后部及西壁形成的通道，作为一种“绕行”“礼拜”的殿堂式空间；而隋初的这种须弥山形中心柱窟，虽然也有可“绕行”“礼拜”的殿堂式空间意味，但更多的是在展示一种宇宙观念，即展示以须弥山为中心的佛教宇宙观。

佛教的宇宙观，是以须弥山为中心，七山八海交互绕之，再以铁围山为外郭，此为一小世界，合此小世界一千为小千世界，合此小千世界一千为中千世界，合此中千世界一千为大千世界；所谓三千大千世界实际上就是十亿个小世界。

第 303 窟的须弥山形中心柱，便暗示这个洞窟是一个以须弥山为中心的小世界。中心柱代表须弥山，窟顶周围的圆形垂幔和中心柱座沿所绘水纹，可能表示“七山八海”，窟顶垂幔周围的垂角纹，可能表示铁围山；南、北、西壁的天宫栏墙、飞天及窟顶千佛等，可能表示须弥山顶上的三十三天；四壁的千佛画，可能暗示十方诸佛并意味大千世界的无限性；四壁下方的供养人和山林，及中心柱座四面所绘供养人，可能表示世人所处的阎浮提世界；中心柱座下方所绘药叉，可能暗示阿鼻地狱，也可能表示药叉在须弥山间守护诸天城门；窟顶前部人字披所绘《法华经·观世音菩萨普门品》，也与佛教宇宙观有一定关系，因为如果有人书写《法华经》，“是人命终”时，即可上升到须弥山顶的“忉利天上”。

第 304 窟是主室平面为各宽约 1.6 米的小窟，其洞窟的建筑形制和北周第 296、299 窟大体相同，为西壁开圆券形大龛的覆斗顶式殿堂窟。信徒在这里面不再进行绕塔回行的礼仪，只是面朝西壁的佛像作供奉礼拜。

第 305 窟主室平面为各宽 3.8 米的正方形，其窟形既继承了北周第 296、299 等窟的覆斗顶和平面呈方形的特点，同时又将第 303 窟中的须弥山形中心柱，改造为方形中心佛坛，另外又在西、南、北三壁开圆券形小龛。如果说第 303 窟的中心视点是窟中的须弥山形中心柱，那么第 304 窟的中心视点是西壁圆券形大龛，而第 305 窟则有两个中心视点，一是窟内中心佛坛，二是西壁圆券形小龛。中心佛坛上的佛、菩萨像，给观者一种亲近感，而西壁龛内的佛、菩萨像，则给观者一种距离感，有“若即若离”的效果。

由此可见，第 303、304、305 窟的不同洞窟建筑形制，正体现了隋代初年力图变革创新的探索精神。

所以，在参观佛教石窟时，既要观察窟群所在的周边环境，也要注意单个洞窟的外景和内景，并与其他洞窟一起进行纵横比较，如此必然会有更多、更有趣的发现。

（三） 彩塑艺术赏析

敦煌石窟中的塑像，由于开凿石窟的崖壁是粗糙的砾岩，不易雕刻佛像，古代匠师就地取材，发展了敷彩的泥塑，故敦煌雕塑又称敦煌彩塑。

据不确切统计，莫高窟现存自北凉至民国时期近1600年的历代彩塑3000多身。敦煌彩塑的题材内容大体可以分为以下10类：

1. 佛像。有释迦牟尼坐像、释迦多宝并坐像、涅槃像、弥勒佛像、阿弥陀佛像、药师佛像、过去七佛像、三世佛像、千佛像等。

2. 菩萨像。有弥勒菩萨像、文殊菩萨像、普贤菩萨像、观音菩萨像、大势至菩萨像、胁侍菩萨像、供养菩萨像等。

3. 弟子像。两弟子像，即塑于释迦佛两侧迦叶、阿难；十大弟子像，即舍利弗、目犍连、摩诃迦叶、阿那律、须菩提、富楼那、迦旃延、优婆离、罗睺罗、阿难等人的塑像。

4. 天王、金刚、力士像。

5. 羽人、飞天像。

6. 地神、天女像。

7. 禅僧、高僧像。

8. 禽兽像。

9. 建筑装饰图案。

10. 道教塑像。

救世主弥勒

北凉第275窟中所塑的弥勒菩萨，是给人们带来希望的新神。

第275窟也是莫高窟最早开凿的三个洞窟之一，窟形独特，是一个长方形盝顶形窟，窟顶南北两侧的人字披形上浮塑脊枋和椽子，似乎受到中国汉墓的影响。墓室是安葬死人的地方，同时也意味着一个人可能将从这里获得新生。许多墓室中所绘的升天图便表现了人们企望死者再生的想法。

不过，第 275 窟试图表现的不是期望死人升天，而是表现作为救世主的弥勒菩萨正从天而降来帮助活人。

紧贴正面西壁所塑的交脚弥勒像，高 3.40 米，在高不足 4 米、宽约 3.50 米、纵深约 6 米的空间中，显得庞大威严，给人以很强的安全感和依赖感。此像头部方中带圆，鼻梁高隆，眼球外突，体态健硕，具有西域少数民族的特点；而衣纹以平列的凸起贴泥条为主，则凸显了犍陀罗造像风格的影响。1600 年前出现在敦煌人面前的这尊神像，是一个充满力量的新的神像（图 2-9）。

古代敦煌的艺术家并没有照搬西来的模式。洞窟南北两壁上部各开凿有三个小龛，靠里面的是两个阙形龛，龛内塑弥勒菩萨；靠外面的是一个双树圆券龛，龛内塑思惟菩萨。将弥勒菩萨所居住的天宫塑造成阙的形式，是受中国传统建筑形式的影响。阙的历史至少可以上溯到周代，汉代中国各地建筑已广泛使用阙，如宫阙、城阙、墓阙、庙阙等。后人有诗云："不知天上宫阙，今夕是何年？"反映出在中国诗人的心目中，天宫与阙是连在一起的。

图 2-9 北凉第 275 窟西壁 交脚菩萨

小龛内的弥勒菩萨虽然不是洞窟的主尊，但仍刻塑得细腻生动，如该窟南壁上部东侧阙形龛内的交脚弥勒菩萨，头戴三珠宝冠，肩披长巾，腰束短裙，双手交置于胸前，似正为惑者"决疑"解难。嫣然含笑的神情，优美自然的姿态，使观者对富足、美满、文明的未来弥勒世界生出向往之情（图2-10）。

据佛经云，在弥勒世界里，风调雨顺，社会秩序稳定，人民丰衣足食；“种种树木，花果茂盛”，“雨泽随时，谷稼滋茂，不生草秽，一种七获”，“树上生衣”，有龙王“行于夜半，降微细雨，用淹尘土”，“时世安乐，无有怨贼劫窃之患；城邑聚落，无闭门者；亦无衰恼水火刀兵，及诸饥馑毒害之难。人常慈心，恭敬和顺”。

在赏析佛教艺术时，要注意弥勒菩萨和弥勒佛的区别。二者最大的不同，在于层次、等级的差异。菩萨具有“候补”性质，佛则已成为最高领导者。和现实不同的地方在于，候补很有可能候空，变数很大，而按照佛教的说法，弥勒菩萨将成为弥勒佛则是铁定的。另外，弥勒菩萨居于兜率天宫，弥勒佛则下生在阎浮提，前者在天上，后者在人间。莫高窟早期洞窟中的弥勒菩萨，一般以交脚坐的形式塑于洞窟内南北壁上方象征天宫的阙形龛中，预示未来佛（即救世主）即将降临，如北凉第275窟的塑像便是。

图2-10 北凉第275窟北壁 交脚菩萨

弥勒思想给人以希望，给人以鼓舞，给人以力量，因为未来能给人以丰富的想象空间。

巍巍大佛

回首中国几千年历史，帝王政治使人们习惯了仰视高高在上的事物，这种宏伟与张扬便在一定程度上体现了中国人崇拜“大”的审美取向。

图 2-11　盛唐第 130 窟　弥勒佛

最能体现中国人好“大”心理的，莫过于那些屹立在全国各地的一座座巨大佛像了。位居第一的四川乐山大佛，高 71 米；位居第二的四川荣县大佛，高 52 米……

多少年来，人们乐此不疲地议论着大佛们的座次，就像为梁山泊英雄好汉排座次一样，也试图从中寻找自己的位置，从中获得满足、自豪和快慰。

大多到莫高窟参观的游客，也是如此。只要能看到 33 米高的初唐第 96 窟（九层楼）弥勒佛像或 27 米高的盛唐第 130 窟的弥勒佛像以及 14.4 米长的盛唐第 148 窟释迦涅槃佛像（图 2-11），也就感觉不虚此行了——因为莫高窟最大的坐佛和睡佛都看到了（其实，另有中唐第 158 窟的睡佛长 15.6 米，但大多数人不知）。其实，莫高窟中可以看的、应该看的东西非常非常之多。敦煌佛教艺术由“敦煌洞窟建筑”“敦煌彩塑”和“敦煌壁画”三大部分组成，以敦煌彩塑的数量而论，便大大小小还保存有三千多身，所谓“巍巍大佛”只是其中的几身而已。

三千多身彩塑中，除了有弥勒像和释迦涅槃像外，还有释迦苦修、禅定、降魔、说法像，释迦、多宝并坐像以及阿弥陀佛、药师佛、过去七佛、三世佛、千佛、化佛等佛像；弥勒、文殊、普贤、观音、大势至等菩萨；迦叶、阿难、舍利弗等弟子像；天王、金刚、飞天、羽人、地神、天女、僧人及龙凤等人物或禽兽像。这些塑像，反映了多层次、多元化的佛教思想。

仔细欣赏，就会发现这些和真人差不多大小或稍大一些的佛像，特别是弟子像和菩萨像，比巨大佛像更充满了人性，充满了人情味。如北魏248窟的释迦苦修像，两颊瘦削，锁骨突出，眼睑垂沉，双唇紧闭，显然一个“苦其心志，饿其体肤”的修道者。又如盛唐第45窟的观音菩萨，两道长眉下，双目微启，丰肌腻体，动态轻盈，温婉柔媚，宛若一位楚楚动人的少妇形象。又如盛唐第328窟的一身菩萨，跪于莲台，沉静寡言，神情忧郁，与其说她是温顺虔诚的佛国侍从，不如说是一位多愁善感、闷闷不乐的人间少妇。盛唐第45窟佛像右侧的弟子阿难，身高1.76米，与真人相等，两眼甜润，意态闲适，身着花边绣纹裙襦，实乃一位充满青春活力，有情有欲、有血有肉的豪族贵姓风流才子；佛像左侧的弟子迦叶，身高1.72米，亦与真人相等，紧锁的眉峰，倔强的下颚，坚硬的胡茬，鹰钩的鼻梁，刚毅的嘴唇，突出的喉结，活灵活现地刻画出一个饱经世故、顽强不屈并充满个性的佛教人物；另外的两身天王像，精神抖擞，披挂整齐，正是坚守边塞、威震遐荒的将军形象。

实际上，正是这些丰富多彩的、充满个性的、与真人大小差不多的佛、菩萨、弟子、天王等塑像，构成了敦煌彩塑的主体。然而，假如没有讲解人员作特别介绍，大多数游客不会有兴趣去欣赏这些艺术佳品的。相反，不用人介绍，大多数游客都会在巍巍大佛前驻足瞻望。显然，对于许多人来说，“大”就是一种美，“大”就能引起心灵上的共鸣。因为它大，就“引得无数英雄竞折腰”。

呜呼，爱哉，巍巍大佛！哀哉，三千小塑！

迦叶与阿难

在隋代第419窟西壁龛内主尊佛的两侧，塑有一老一少的弟子像。老者迦叶，是释迦牟尼佛的十大弟子之一，以苦行著称；少者阿难，也是释迦的十大弟子之一，因长于记忆，被称为“多闻第一”。

释迦有十大弟子，但为什么单单要塑迦叶和阿难在他的左右呢？

说来话长，实际上迦叶和阿难是佛教内部两大不同派别的代表人物，前者主张守旧苦行，后者主张革新不拘小节。

据说佛陀临终前曾对阿难说：“吾灭度后，应集众僧，舍微细戒。”微细戒亦称小小戒，即是释迦牟尼佛在世时对弟子们日常生活中的小枝小节的规定。佛陀注重实际生活，因此在其将入灭之时，考虑到他死以后，弟子们可能会拘泥于一些小枝小节而有碍佛教的发展，所以才对阿难留下重要的遗训。

然而当阿难在第一次结集的大会上，宣诵出这一佛陀的遗训时，却因忘了及时请示佛陀有关微细戒的范围，而引起一场争论，最后则由迦叶以大会召集人兼主持人的地位，作了决定："随佛所说，当奉行之，佛不所说，此莫说也。"试图搞改革的阿难遭遇到失败。

所谓结集，即佛经的编纂工作。释迦牟尼在世时的说教，未有文字记载，其死后，由弟子们集会各诵所闻，汇集成书，这一活动称为"结集"。

阿难所宣诵的佛陀遗训，实际上代表了当时佛教很多僧人要求顺应现实的改革思想。例如后来不久，以要求进步革新的青年比丘为骨干的大众部，便明确提出十条戒律新主张（即"十事"），这十事为：

1. 角盐净：将食盐贮存在角器中供日后食用。

2. 二指净：如未吃饱，日影偏过正午二指，仍可进食。

3. 他聚落净：一食之后，仍可到其他聚落再食。

4. 住处净：同一教区的比丘，可不必同在一处布萨。

5. 随意净：众议处决之时，虽不全部出席，但仍有效，只要得到他们于事后承诺即可。

6. 所习净：随顺先例。

7. 生和合净：喝未经搅拌去脂的牛乳。

8. 水净：喝阇楼伽酒（未发酵或半发酵的椰子汁）。

9. 无缘坐具净：使用缝制不用贴边且大小随意之坐具。

10. 金银净：接受金银并可储蓄。

然而，此举又遭到以忠实遵守传统、坚持苦行的长老们的强烈反对。上座部为

图 2-12　隋代第 419 窟西龛　迦叶

图 2-13　隋代第 419 窟西龛　阿难

此召集七百比丘举行第二次结集，讨论并宣布十事非法。

虽然这次又以革新派失败、保守派胜利的结果告终，但佛教内部的改革并未停止过，如禅宗，如密宗，如星云法师倡导的人间佛教等等；又如圣严法师竭力为改革寻找理论依据，他说："其实，若以佛陀的思想衡量，此十事，正是告知阿难的微细戒可舍的范围。"

特别值得注意的是，尽管迦叶和阿难在思想观念上有很大的分歧，代表了不同的派别，甚至代表了两种不同的路线斗争，但却未见他们谁把谁排斥于佛教之外，或指责谁是叛徒，将对方置于死地而后快。大概，这便是佛教的兼容性。正如峨眉山有对联写道："容天容地，与已何所不容？"

让我们再回到莫高窟隋代第 419 窟之中。你看那释迦佛左侧的迦叶像，脸上刻满深陷的皱纹，咧嘴露出稀松的牙齿，鼻翼两侧肌肉松弛，两眼深陷，目光衰退，身披蓝边红色袈裟，一手捧瓦钵，充分表现出一个游方说法、随机应变、不辞辛劳、饱经风霜、终身苦修的老迦叶形象（图 2-12）。再看那释迦佛右侧的阿难像，身披绿色袈裟，双手斜捧桃形小钵，聪慧俊秀的面庞，充满青春活力，流露出一种不甘于现状的神情（图 2-13）。显然，从造像特征上，便可以看出迦叶代表了主张忠实传统、坚持苦行的上座部，阿难代表了要求顺应现实变革戒律的大众部。

两个对立派别的领袖，位于佛陀的左右，竟是那么的和谐。不禁让人联想到王勃《滕王阁诗并序》中所描写的意境："落霞与孤鹜齐飞，秋水共长天一色。"

天王与力士

开元盛世，天下富饶，史书记载："自（长安）安远门西尽唐境万二千里，闾阎相望，桑麻翳野，天下称富庶者无如陇右。"而随着疆域的扩拓，人民生活安宁的需要，加之敦煌位于"当五凉之西面，扼四镇之东门"，参加远征西域和守卫家乡的将士自然很多，也自然会受到人们关注，相关事迹也自然会以各种方式被传颂。

当观众走进莫高窟盛唐第 45 窟中，不用导游讲解，立即就会被西壁龛口两侧的天王塑像所吸引。两位天王身披闪闪锃亮的铠甲，肩系短巾，腰系战裙；一手握拳，一手叉腰；以半弓步姿势，一脚踏在地鬼身上；圆睁的双目瞪视前下方，张口怒吼，似欲威慑外来之敌。天王脚下的地鬼，矮小短壮，身上肌肉暴突，咬紧牙关，睁大眼睛作拼命地挣扎，更衬托出天王的威武。也许这里的天王，正是当年驰骋西北大漠、

图 2-14　盛唐第 45 窟西壁龛内北侧　弟子、菩萨、天王

平定叛敌、开疆拓土的唐朝将军的再现（图 2-14）。

盛唐第 194 窟西壁龛内两侧的天王却各有个性，南侧的天王体格魁伟，孔武雄健，但却面貌丰润，启唇露齿，慈眉善目，笑容可掬，展现了一种既英武豪爽又憨厚善良的性格（图 2-15）。而北侧的天王不仅身材魁梧，且全身肌肉绷紧，面涂赭红，双目怒睁，令人望而生畏，其表情、性格、神态、肤色与对面南侧的天王恰成对比。应该说这两身天王像都是当时军队将士的真实写照，或许反映了军队成员来源于不同阶层，也或许反映了军队将士对战争的不同态度。

第 194 窟西壁龛外两侧的力士可能是当时一般士卒的形象。如南侧力士赤裸上身，下着短战裙，足踏须弥山；硕大方正的头颅，牙关紧咬使两腮肌肉隆起，双眼圆睁，眉毛上竖，情绪激昂；右手握拳挥举，身上一块块肌肉赫然鼓胀，使整个人体充满了欲待喷发的强劲之力（图 2-16）。正如有诗描述："怒目环视，沉闷的空气，是可忍孰不可忍。飞拳冲出，原始的欲望，早渴望这一瞬间。"

图 2-15　盛唐第 194 窟西壁龛内南侧　天王

确实，盛唐敦煌彩塑，其细腻、精湛的技巧，健康、优美的造型，展现了中国鼎盛时期蓬勃向上的时代风貌。这些动人的杰作，虽然是 1200 年前的作品，但是那生动的形象和深刻的历史内蕴，仍使我们在参观欣赏时，心灵也为之颤动！

高僧洪辩

敦煌之所以闻名于世，与一个洞窟有关，那就是著名的敦煌藏经洞。而这个洞窟则与晚唐时期敦煌的佛教领袖洪辩有关。

洪辩，俗姓吴，唐代敦煌僧人。幼时出家，有辩才，谙蕃语，传译佛经，精研唯识。吐蕃统治时期被任命为沙州释门都法律兼摄行教授，但他暗中却积极帮助敦煌豪族发动汉族人民推翻吐蕃统治。张议潮起义时，洪辩率弟子支持，并派弟子慧苑、悟真充当张议潮申奏河西归唐的秘密入朝使者，促进失陷的河西尽快回归大唐。大中五年（851年），唐王朝为了奖励洪辩的功勋，敕封他为“河西释门都僧统”和“沙州僧政法律三学教主”，并赐紫衣及各色绢绫信物。

图 2-16 盛唐第 194 窟西壁龛外南侧 力士

洪辩去世后，人们为了纪念他，在莫高窟第 16 窟甬道北侧开凿了一个小型影窟（即第 17 窟），并在影窟紧靠北壁处塑造了洪辩的真容坐像。这身坐像高约一米，站起来与真人身高相近。洪辩身着“田相”僧职袈裟，通肩裹体，盘腿结跏趺坐，双手下垂置于腹前，作禅定状；头额饱满，鼻隆颐丰，气度轩昂。炯炯有神的双眼，坚挺的下颌和紧闭的嘴唇，凸显出这位具有远见卓识、性格刚毅的僧官过人的智慧和勇气（图 2-17）。

影窟西壁嵌有一块石碑，碑文分上中下三段：上段刻唐宣宗大中五年敕河西释门都僧统洪辩的告身，中段刻唐宣宗诏书，下段刻唐宣宗所赐信物名牒。

在洪辩塑像后面两侧的墙面上，分别绘有一身近侍女和一身比丘尼，身旁各绘有一株菩提树。菩提树繁茂，郁郁葱葱；树身苍劲多节，藤蔓缠附。西侧之树上挂一皮革挎包，树下的侍女头饰双髻，身穿圆领开衩长衫，腰系带，右手握杖，左手托长巾，表情宁静中带有几分忧伤，显露出谦恭温顺的性格和对主人洪辩的怀念之情。东侧之树上挂一净水瓶，树下的比丘尼身穿袈裟，手执双凤纨扇。两树上空有

图 2-17　晚唐第 17 窟北壁　高僧像

祥鸟飞鸣，暗淡的窟内，颇有空旷山野之感。通过象征佛陀的菩提树和肃立的侍女与比丘尼，以及杖、扇、包、瓶、巾等这些僧人常用之物，更引起观者对这位德高望重的高僧的深切怀念。

然而，人们之所以关注这个编号为第 17 窟的小小洞窟，并不是因为里面塑有唐代高僧洪辩的真容，也不是因为里面刻有唐宣宗的诏书和所赐信物的名牒，而是因为里面曾藏有五万多件的古代文书和一大批美术品等极其珍贵的历史文物。这些文物的内容，上起晋代，扩于六朝，盛于隋唐，下迄五代宋初，历时六七个世纪，其内容既有佛教、道教、摩尼教、景教等宗教的文献，也有《周易》《尚书》《左传》《论语》等儒家典籍，还有诗歌、变文、小说、俗赋等文学作品，以及契约、账簿、公文、书信等社会经济资料，《西州图经》《往五台山行记》《诸山圣迹志》等历史地理资料，《全天星图》《紫微垣星图》《伤寒论》《食疗本草》等天文、医学资料，以及大量的藏文、回鹘文、于阗文、粟特文等少数民族文字资料等等，涉及社会的各个方面。

于是，这个为纪念抗蕃高僧洪辩所开凿的影窟，自 1900 年被王道士偶然发现起，便成了震惊世界、为世人所注目的敦煌藏经洞。

涅槃与往生

在中国传统文化中，人们最忌讳的似乎就是言及“死”了。甚至在使用数字时，都要竭力躲开与“死”谐音的“四”字。

然而，佛教及其佛教艺术却偏偏喜欢谈论或描绘“死”。释迦牟尼最初创建的基本教义，其四谛中的“灭谛”，论述的便是有关“死”的问题；以后又有以“死”

为专题的理论著作《大般涅槃经》；在敦煌莫高窟里，以涅槃（死）为主题绘、塑的壁画或彩塑便有十多处。

佛教何以敢于直面令人惧之又惧的死亡？

其实，只要到莫高窟盛唐第148窟、中唐第158窟等涅槃窟中去巡礼一番，就能有所感悟。

第148、158窟的洞窟外观像一座大殿堂，而其内部形状却像一具巨大的棺材。窟内平面为横长方形，靠西壁筑高约1米、南北横长约16米的高台，高台上又筑高约30厘米的小台，形如平床，释迦牟尼便侧身卧睡其上。

参观者进入这巨大的棺材里，却没有一丝的恐惧，因为那睡在高台平床上的佛

图2-18 中唐第158窟 涅槃像

陀是那么的慈祥，那么的宁静、怡然，好像正进入甜蜜梦境的睡美人。特别是那微闭的双眼在宁静中显露出生气，侧卧的身体自然放松，密集的衣纹有规律地起伏流动，都让人感觉到释迦牟尼的“涅槃”是那么自然、随意、超脱和美丽，甚至令人神往（图 2-18）。

难道参观者真的不知道那躺在高台平床的佛像表现的是一个死人，不知道佛陀的“涅槃”实际上就是表现佛陀的“死亡”吗？其实，不管导游如何讲解佛陀的“涅槃”并非一般意义上的“死亡”，而是精神到达更高的完美境界，是对一切烦恼的彻底抛弃和永恒幸福的最高获得，是一种“再生”和“超越”，参观者们都知道“涅槃”就是“死亡”的代名词，躺在那里的佛陀早在两千多年前就死去了。并且众所周知，佛教也从来没有宣传过佛陀万岁、万万岁，尽管佛教宣传轮回，但至今为止也没听谁说过释迦牟尼在这死后的两千多年中再生过。佛教界对释迦牟尼的死去和没有再生的情况一直都很坦然，并不讳言，认为是很平常很自然的事。

人一生下来，就紧紧地和死亡联系在一起。人自己没有选择出生的权利，于是围绕有没有选择“死”的权利，反复地思索着、争论着。涅槃，就是对选择如何死去的权利的争取。佛陀死亡时的宁静、安然，好像进入梦乡的状况，实际上是长期以来许许多多老年人和病人的美好愿望。常常听到他们在议论中祈祷：“但愿走（死）的时候快一点，静静的，像睡觉那样……”（怪不得老百姓都亲切地把涅槃佛像称作睡佛、卧佛）。另外，人们在咒骂人时最恶毒的语言就是：“你不得好死！”或：“你死不竭！”（“死不竭”是四川的一种方言，意思是诅咒一个人临死前遭受持久的、极其痛苦的折磨和煎熬），显然这更表明了人们对安乐死的渴望。

然而，现代社会竟无视人们追求安静、怡然地死亡的美好愿望。虽然，偶尔也能看到一些关于安乐死的报道，但大多只是从法律角度谈及现阶段实行安乐死的尴尬，而像佛教对涅槃那样深层次的探讨和普及性的宣传，不仅新闻界没有，学术界也很难看到。

佛教及其艺术关注人的存在，关注人死亡时的尊严，所以佛教的涅槃思想及其艺术中的涅槃塑像和壁画，能够吸引很多很多的人，也是很自然的现象。

有生就有死，何必忌讳谈“死”，像佛教那样，认认真真地谈论、探讨有关“死”的问题，才是真正的唯物主义态度。

生与死是同时存在的，关注死实际上也就是关注生；尊重死亡才是真正的尊重生存。大概，这便是佛教“涅槃”的“再生”意义。

（四） 壁画艺术赏析

敦煌壁画是敦煌石窟艺术的重要组成部分，其题材内容大体可分为以下 10 大类：

1. 佛、菩萨、弟子等佛教偶像画。偶像画也可谓作尊像画。佛、菩萨是人们崇奉礼拜祈愿的对象，而佛、菩萨、罗汉更是佛教向人们宣传的不同层次的理想人格。

2. 天龙八部、外道等佛教护法神怪像。天龙八部即天、龙、夜叉、阿修罗、乾闼婆、紧那罗、迦楼罗、摩睺罗伽等八大部众，外道即与佛教对立的其他教派。八大部众曾经大多也是和佛教对立的外道，后被佛以力征服，才成为佛的部属。

3. 佛说法图。莫高窟现存佛说法图 900 多铺。这类说法图的具体内容，至今尚难确定。或是释迦说法，或是阿弥陀说法，也可能是一些概括简练的经变画。

4. 佛教故事画。主要指以佛经为依据的、具有相对独立性的连环画。故事一般委婉曲折，有头有尾，对观众有较强的吸引力。莫高窟的佛教故事画大体可分为三类：（1）佛传故事画；（2）本生故事画；（3）因缘故事画。

5. 佛教经变画。一切以佛经为依据的绘画，如前面介绍的佛教故事画，都可以称为经变或变相，而这里主要指按一部经绘成一幅画的巨型经变。莫高窟主要有 30 多种经变画：（1）福田经变；（2）法华经变；（3）弥勒经变；（4）阿弥陀经变；（5）

观无量寿佛经变；（6）净土变；（7）药师经变；（8）涅槃经变；（9）宝雨经变；（10）华严经变；（11）金光明经变；（12）金刚经变；（13）楞伽经变；（14）天请问经变；（15）思益梵天所问经变；（16）贤愚经变；（17）报恩经变；（18）报父母恩重经变；（19）梵网经变；（20）密严经变；（21）佛顶尊胜陀罗尼经变；（22）千佛名经变；（23）劳度叉斗圣变；（24）维摩诘经变；（25）观音经变；（26）文殊变；（27）普贤变；（28）地藏十王变；（29）千手千眼观音经变；（30）不空罥索观音变；（31）如意轮观音变；（32）千手千钵文殊变。

6. 佛教史迹画。佛教史迹画，是指根据史籍记载或民间传说而描绘的佛教历史人物、历史事件、佛教圣迹和灵应故事等内容的图画。大体可分为 5 类：（1）佛教历史画；（2）感通故事画；（3）高僧事迹画；（4）瑞像图；（5）佛教图经。

7. 供养人画像。供养人画像是为出资开窟造像的施主所画的功德像，属于肖像画。敦煌壁画中的供养人像，大体可分为 6 类：（1）地方官吏；（2）戍边将士；（3）寺院僧侣；（4）庶民百姓；（5）奴仆画像；（6）各民族人物画像。

8. 装饰图案画。

9. 古代传统神话题材画。

10. 道教题材画。

北凉第 275 窟《出游四门》

从北凉第 275 窟正面西壁和南、北两壁上方塑造的弥勒菩萨身上，我们看到了 1600 年前人们所期望的新神形象，同时也看到了当时老百姓那一双双充满企盼的眼光。

其实，不管是神还是佛，都以帮助世间百姓脱离苦难为己任，都代表了当时广大民众的利益。

佛教的创建者释迦牟尼最初之所以出家修道，按照佛教的宣传，也是因为哀悯众生，感悟人间诸苦后而毅然削发修行的。

第 275 窟南壁所绘的佛传故事“出游四门”，便是讲释迦牟尼在净饭王家为太

图 2-19 北凉第 275 窟南壁 出游四门（局部）

子时，因久居宫中闷闷不乐，便骑马出游，在东、南、西、北四门分别遇见老人、病人、死人、僧人，悟人间诸苦，立志出家，最后终于成佛。

在构图上，南壁中段从西往东绘有四座城楼，即表现悉达多太子出游四门的情景。第一个画面中，一位白发苍苍的老人双眉紧皱，胡须颤动，抬眼望着马上的太子，似在诉说人老之后的各种痛苦。太子眉头微蹙，眼望老人似在倾听，如在思索（图 2-19）。另外城楼旁侧立一妇人，怀抱一婴儿，面向城外老人方向，似乎是暗示从新生婴儿到年迈老人这一人生历程。全图表现悉达多太子出游南、西、北三门的情景，由于壁画损坏，人物形象不太清楚。

据佛经记载，悉达多太子某日离宫出城东门时，遇见一位头白背驼、目光呆痴、形体羸弱、拄着拐杖一步一颤的老人，便感叹人生由婴儿、童子、少年，到青年、壮年、老年，好比一瞬间的梦境，令人悲伤厌惧。而又离宫出城南门时，遇见路边有一个病人，身瘦腹大，呼吸急促，手足如枯木，眼里流着泪水，口里不住地呻吟，旁边还有两个人扶持着，便感叹人生好似一叶扁舟，航行在惊涛骇浪中，随时都会有灾难疾病降临，甚是悲哀。后又离宫出城西门时，遇见一死人，由四人扶棺，用车拉着，并用香花布洒在尸体之上，棺木之后，举家大小，号哭送行，于是感叹人生犹如草木。最后，当太子出城北门时，遇见一位比丘，身穿袈裟，一手持钵，一手执锡杖，交谈以后，太子感悟到只有远离一切欲念、出家修行才能摆脱人间诸苦。

另外，弥勒之所以出家修行，也是因为“谛观世间五欲过患，众生受苦沉没，长流在大生死，甚可怜愍。自以如是正念，观察苦空无常，不乐在家”，然后“剃发出家学道”。

又有过去佛之一的毗婆尸佛，也是因为出门“见老、病人，知世苦恼；又见死人，恋世情灭；及见沙门，廓然大悟”，于是“即剃除须发，服三法衣，出家修道”。

出游四门是最经典的佛传故事，佛教信众都已熟知。故事的内容让每一个人都能联想自己的人生遭遇，环视自己周围的亲朋好友，感叹所遇、所见、所闻的一切，遥想自己和他人的未来，同时感念佛陀的慈悲。

为此，常常看到一些游客，站在第275窟南壁前面，一边看着壁画上正倾听老人述苦、眉头微蹙、陷入沉思的太子，一边听着导游娓娓深情的讲解，一边眉头微皱，眼睛微闭，也陷入长长的沉思……

可以想象，当时悉达多太子出家修行的心情正如《诗经・黍离》所云：“知我者谓我心忧，不知我者谓我何求。悠悠苍天，此何人哉？”

北凉第275窟佛本生故事

北凉第275窟南壁描绘的是佛教宣传的释迦出家的缘由，而该窟北壁所描绘的佛本生故事则与释迦出家的历史背景有关。

让我们先了解一下北壁描绘的故事内容：

北壁中层最西端绘的是《毗楞竭梨王本生》，故事讲的是有一大王名叫毗楞竭梨，他为求妙法，让一个名叫劳度叉的婆罗门在自己身上钉了一千根铁钉（图2-20）。

图 2-20 北凉第 275 窟北壁 毗楞竭梨王本生

此画东侧绘的《虔阇尼婆梨王本生》，也是讲一个名叫虔阇尼婆梨的国王为求妙法而让劳度叉在自己身上剜肉燃千灯（图 2-21）。

紧接《虔阇尼婆梨王本生》东侧的是《尸毗王本生》，描述了一个叫尸毗的国王为了拯救鸽子，以自己全身之肉交换给老鹰的故事（图 2-22）。

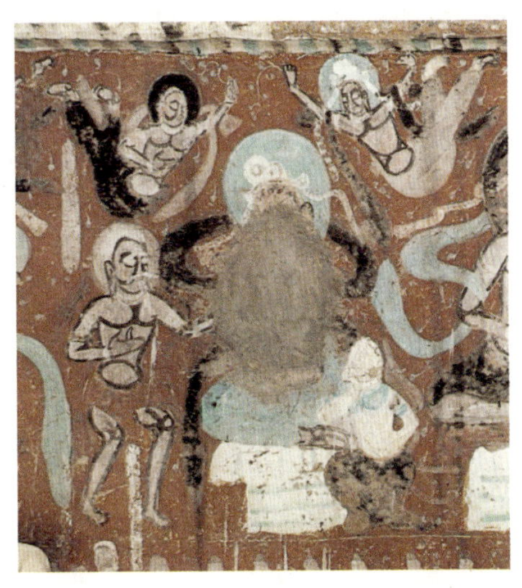
图 2-21 北凉第 275 窟北壁 虔阇尼婆梨王本生

东侧接画《月光王本生》，故事说有一个叫月光的国王乐善好施，被另一小国国王名叫毗摩斯那者心生忌妒，设法招募劳度叉去乞月光王之头。而月光王不顾家人和大臣、百姓的反对，慷慨将自己之头让劳度叉砍去（图 2-23）。

北壁东端所绘《快目王本生》，也是讲一个叫快目的国王乐善好施，其管辖下的一个小国的波罗陀跋弥王，自大傲慢，不遵从快目王的统管，于是快目王欲发兵讨伐。波罗陀跋弥王为了逃避打击，便派遣一盲婆罗门去乞求快目王的双眼。而快目王不顾众人的反对，叫人将自己的双眼剜出施舍给了盲婆罗门。

这组故事画选择了几个悲剧性的主题，如施头、挖眼、割肉等。而画家在描绘

图 2-22　北凉第 275 窟北壁　尸毗王本生

图 2-23　北凉第 275 窟北壁　月光王本生

这些故事时又特别强调突出惨烈的场面，如刽子手持刀割人肉、行刑者挖眼等，以悲惨壮烈的画面来反衬故事主人翁的崇高——超人的痛苦，超人的忍受力，抛舍一切的狂热，执着赤诚的信仰。这种种交织着呻吟、叹息，同时激昂、庄严、遥远而又沉重的历史回声，让我们知觉到人类的坚忍、毅力、勇气和大无畏的牺牲精神。

然而，这几幅故事画的内容中，却有许多值得注意和令人思考的情况：

为什么国王们在劳度叉这个婆罗门面前毕恭毕敬，为什么国王们面对劳度叉和盲婆罗门的各种乞讨都有求必应，为什么国王们不顾一切地渴求所谓“正法”“经法”“妙法”“大法”？并且要乞求一个凶残的婆罗门说法？

难道劳度叉“四方追学，劳苦积年”的“大法”是佛法？修行多年的佛法宣传者竟是一个贪婪凶残的恶棍？

透过现象看本质，原来这组画面反映的故事内容与释迦牟尼出家修行前的历史背景有关。

实际上，释迦牟尼，即悉达多太子出家修行有其复杂的社会背景。原来在3000年前的印度社会，随着生产力和生产关系的变化，出现了严重的职业分化和种族尊卑观念，形成了统治者与被统治者的关系。当时的第一种姓是从事文化教育和祭祀的婆罗门阶层；第二种姓为从事行政管理和打仗的刹帝利阶层；第三种姓为主要从事商业贸易的吠舍平民阶层；第四种姓为主要从事服务业的首陀罗贱民阶层。

实际上，面对劳度叉、盲婆罗门的乞讨有求必应，并不一定是国王内心乐善好施，而是印度当时的法律规定如此。印度《摩奴法论》规定，国王“必须把所有的珍宝依资格布施给精通吠陀的众婆罗门”，“他应该把种种供享受的物品和钱施舍给婆罗门”，因为婆罗门的职责是“教授吠陀、学习吠陀、祭祀、为他人祭祀、布施和接受布施”，而国王，即刹帝利的“最好本业是保护百姓”，是听从并执行婆罗门所制定的法，婆罗门接受布施和刹帝利进行布施，这是当时各自应遵行的职责和法。

另外，从《摩奴法论》的内容来看，法的含义是“事物的秩序”，而国王的职责主要是“保护百姓”，也就是维护社会秩序。所谓百姓的利益，实际上主要是婆罗门种姓的利益，因此作为较次等级的刹帝利的国王必须听从最高等级婆罗门的指示来维护社会秩序。这就是国王必须“求法”，而又必须由婆罗门“说法”的缘由。

莫高窟第275窟北壁的佛教本生故事画，反映了印度早期佛教时期的各种社会矛盾，其中特别是婆罗门种姓与刹帝利种姓之间的矛盾。

原来，悉达多太子虽然贵为王族，但却是以保护婆罗门利益为第一己任的武士阶层。所以，出家修行的缘由其实与阶级利益有很大的关系。原来，悉达多太子通过出家修行，便有可能由刹帝利阶层转化成为婆罗门阶层，就好像由资产阶级渴望成为贵族阶级一样。

北魏第 254 窟《萨埵太子舍身饲虎》

莫高窟北魏第 254 窟南壁的《萨埵舍身饲虎》，描绘了萨埵太子为了拯救饿虎而奉献自己生命的故事，是非常有震撼力的一幅壁画。

佛经说：某国有三个太子，最小的名叫萨埵。有一天，三人出游山林，见一母虎带数幼虎，饥渴交迫，行将死去。萨埵欲以生命救此饿虎，所以先让二兄返回，自己则横卧虎前，但饿虎无力啖食，萨埵又爬上山冈，以竹刺喉出血，投崖饲虎，饿虎舔血后啖食其肉。二兄返回，见萨埵尸骨，悲痛不已，惊惶失措，赶忙骑马还宫报告父王。国王和王后赶至山林，抱尸痛哭，哀号闷绝。二兄收拾遗骨，藏于宝匣中起塔供养。

在第 254 窟南壁的画面中，第一个情节——遇虎，安排在画面上部，然后沿一条旋形结构线依次画萨埵刺颈、投崖、饲虎、二兄收拾尸骨、回宫报信、国王和王后哭尸、起塔供养等场面。此画将不同时间、空间所发生的事情，巧妙地组合在一个画面中，同时把“饲虎”这一中心场面画得较大，占了近三分之一的画面，成为全画的主体。画家还突出描绘萨埵被咬的身躯和张牙舞爪的饿虎如何啖食人肉，用细节来深化悲剧主题。与饲虎相对应的东上角是起塔供养的场面，尖塔之顶冲出矩形画幅，造成一种升腾感，用对角线的两端来隐喻萨埵饲虎与灵魂升天之间的因果关系。全图结构严谨，浑然一体。由于时间久远，色彩变得更加沉郁丰富，画面笼罩着强烈的悲剧气氛（图 2-24）。

萨埵太子即释迦牟尼的前生之一，据佛经记载，释迦牟尼曾问阿难等比丘：“你们想不想看我往昔时修苦行后的舍利？”阿难等人回答：“愿见。”于是释迦牟尼便

图 2-24 北魏第 254 窟南壁 舍身饲虎

“手按地六种震动”，让装有舍利白骨的七宝盒出现在众人面前，给大家观看，介绍“此之舍利乃是无量戒定慧香之所熏修”，讲述了上述萨埵太子舍身饲虎的故事，并强调“因此故得至成佛”。显然，这是释迦牟尼以己身说法，鼓励弟子们为了佛教事业要有献身精神。

榜样的力量是无穷的，只有身先士卒，以身作则，才能赢得弟子的尊敬和信徒的拥护，才能将大家聚集在自己的周围，才能宣传“要奋斗就会有牺牲”，从而鼓励人们为了自己认可的某一种利益或事业而愿意奉献自己的一切。

发展佛教事业的核心力量是僧侣集团，而僧侣集团的构建离不开具有牺牲精神的信众，但若要信众具有牺牲精神，则首先需要集团组织的创建者也具有牺牲精神。

北魏第 254 窟《降魔变》

第 254 窟南壁东侧的《降魔变》是敦煌壁画精品之一，是激励佛教徒的信心，巩固佛教组织的重要内容。

“降魔”是佛传故事中的一个重要情节，讲述释迦牟尼在即将得道成佛之时，魔王波旬十分惊慌害怕，担心释迦成佛后，会阻止自己的行事，于是率领魔军前往释迦修行处骚扰，企图阻扰释迦成佛。先以美女诱惑，继之以武力威胁，均遭失败。最后，释迦以神通力使美女变成了老丑妇人，魔军亦被降服。

画面正中为释迦牟尼结跏趺坐，左手执衣裙，右手作“指地印”，神态泰然，镇定自若。下部右侧画魔王的三个女儿，着龟兹装，戴宝冠，披大巾，身着半袖外套背子，腰束长裙，正搔首弄姿，千娇百媚，顾盼有情，企图以女性魅力诱惑释迦；左侧则画三个皱纹满面、头面干瘪、白发覆顶的老太婆，表现释迦毫不动心，将三美女变成了沮丧的三丑妇。

画面上部，释迦两侧是魔军妖众，有象头、羊头、虎头、马面，甚至以乳为目，以脐为口，奇形怪异，狰狞怪异，杀气腾腾，或张弓搭箭，或操戈持剑，或吐火放蛇，企图用武力干扰释迦。据佛经讲，此时释迦泰然不动，略施法力，用手一指，魔军妖众便目瞪口呆，手僵脚硬，纷纷缴械投降，魔王波旬也跟着伏地皈依。

从艺术角度看，画面上部，两侧魔军之形象层层叠压，拥挤混乱，用“密”和“动”构成强大的张力，压向坐在中间的释迦；但释迦的背光和头光以外弧的多层拱形构成外扩的张力，与内压之力取得平衡，使中间坐的释迦更显得高大稳健，很好地表达了魔军必败的意态。

画面下部，两侧所绘的极具对比性的三美女和三丑妇，则为紧张的画面增添了几分轻松幽默的气息，同时也增添了释迦必胜的气氛（图 2-25）。

魔众的惊慌丑态和失败，衬托了释迦的坚定镇静和胜利；喜剧性的画面，让观者即信众在幽默轻松的气氛中感受到佛法的威力，坚定对佛教的信仰，同时自然加强了以释迦为中心的佛教僧侣集团的凝聚力。

图 2-25　北魏第 254 窟南壁　降魔变

北魏第 257 窟《沙弥守戒自杀缘品》

莫高窟第 257 窟南壁《沙弥守戒自杀缘品》，是一幅涉及男女之情的壁画，这幅画描绘了一个年轻沙弥不受美貌少女诱惑，以身殉佛教戒律的故事。

据佛经说，曾有一个虔诚信佛的长者，送儿子到一位德高众望的高僧门下，受戒为沙弥。平常，这位高僧和弟子的衣食，由本城的一位富有居士供养。有一天，居士外出，留其十六岁的妙龄女儿在家看守，而行前忘记了给僧人送饭。高僧等候送食不来，就派沙弥到居士家乞食。沙弥来到居士家敲门乞食，少女开门一看，见是一清俊的沙弥，顿时心生爱慕，在沙弥面前牵手拉衣，作诸娇态，倾吐衷情。而沙弥想到师父教导的三皈五戒，“坚摄威仪，颜色不改”，为了保持清白，趁少女不注意之时，持刀自刎而死。少女见沙弥身亡，悲呼哀泣。待居士回到家中，少女述说了真情。印度当时风俗，僧人死在俗人家里，要交纳罚金一千。居士呈报国王，依法交纳罚金赎罪。国王听后，深为感动，为了表彰沙弥以身殉法的高尚行为，命用香木火化沙弥尸体，并起塔供养。

此画为横卷连环画式构图，情节从东往西顺序铺排，但画家依故事内容对各情

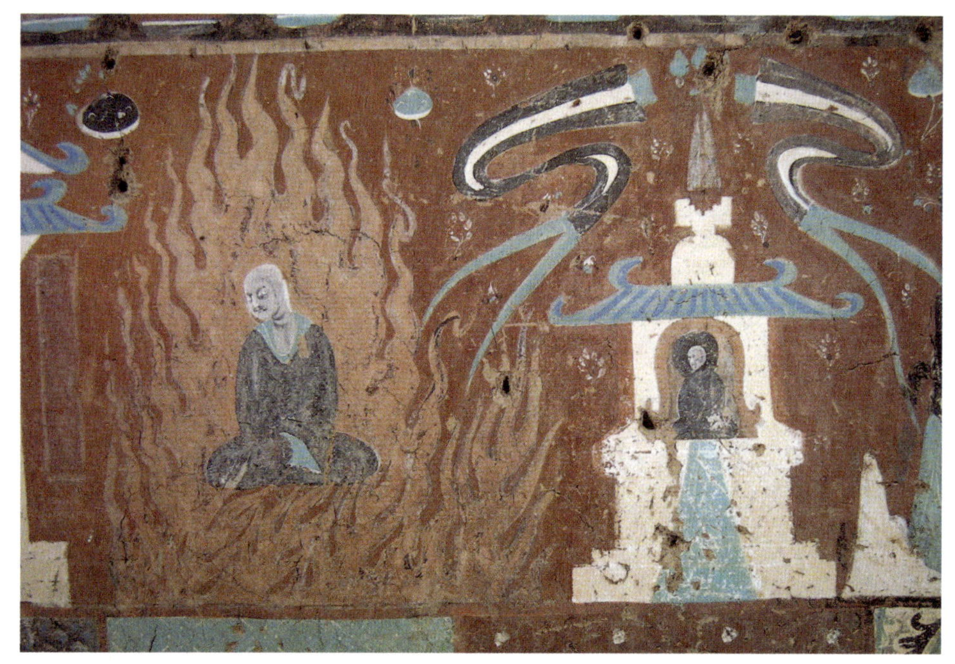

图 2-26　北魏第 257 窟南壁　沙弥守戒自杀图（局部）

节的长短作了不同处理：前两个两情节——剃度和令沙弥外出乞食画得较长，节奏较为舒缓；叩门乞食、少女诱惑、沙弥自杀等情节集中在画面中部，节奏强烈紧凑，形成高潮，少女将沙弥自杀之事告诉父亲以后，情节描绘拉长，节奏又趋于舒缓。全图情绪变化多端，疏密有致（图 2-26）。

无规矩不成方圆，要巩固一个组织，必须有相应的纪律制度。正如台湾佛光山星云法师所说："制度好像阶梯一样，让我们能够拾级而上，循序以进，唯有健全的制度，才能带动佛教的复兴。"

沙弥誓死坚守戒律，是佛教树立的一个榜样，随时提醒僧侣集团的成员不要忘记组织的纪律制度。——哪怕牺牲自己的生命也要坚守戒律。

纪律，大概是所有组织赖以维系的基本要素。

北魏第 257 窟《九色鹿本生》

告密，出卖，是所有组织不容且最为痛恨的行为。痛恨叛徒胜过仇恨敌人，有时，敌人的千军万马都无法摧毁一个组织，但一个叛徒的出卖行为却可能导致组织的土崩瓦解。

莫高窟北魏第257窟西壁的《九色鹿本生》是敦煌故事画经典作品之一，描绘了一个忘恩负义的溺水者告密、出卖九色鹿的故事。

据佛经说，有一只身毛九色、双角如银的鹿，生活在一个水草丰美的河边。有一天，一个行人掉入水中将被淹死，在水中挣扎呼救，恰逢九色鹿从河边经过，闻声而至，奋勇入水，救起溺水人。为感谢九色鹿救命之恩，溺水人跪地请求，愿做奴仆，听其使唤。九色鹿说："无须报恩，只是万万不可泄露之所在。"溺水人发誓遵其所言，然后离去。这天夜晚，此国的王后梦见美丽的九色鹿，贪欲顿起，要求国王设法捕获九色鹿，剥其皮毛做裘衣，取其犄角做拂柄。于是，国王命人张榜悬赏：若有捕获九色鹿者，愿分国土财富一半作为赏赐。溺水者见利忘义，立刻进宫告密，并领国王入山捕鹿。此时九色鹿正在山林中安睡，全然不知，惊醒时已被国王率领的围猎队伍包围，无法脱身。于是，九色鹿便毅然走到国王面前，向国王述说了自己曾经如何救了溺水者、溺水者如何发誓等情况，并感叹现在自己竟被此人出卖。国王听后，深为感动，立刻谴责溺水者的卑鄙行为，同时下令全国禁止捕捉九色鹿。最后，溺水者遭毒誓报应，全身长疮，暴病身亡；王后也因私欲未达到，又羞又恼，恚愤而死。

这幅壁画打破了习惯上按时间先后为序的情节分布法。画面从南端往北描绘了：（1）溺水者在水中呼救；（2）九色鹿经过河边听见呼救声；（3）九色鹿救溺水者；（4）溺水者发誓不泄密；（5）九色鹿安卧山中。另外同时从北端往南画；（6）王后夜梦九色鹿并要求国王悬赏捕鹿；（7）溺水者告密；（8）国王带兵入山捕鹿。最后在画面中间绘；（9）王鹿对话。画中的九色鹿与国王分站南北两侧，"王鹿对话"成为连接两组情节的交点，以揭露告密者、谴责叛徒为故事的高潮、主题的核心，应该说这是九色鹿故事的深层内涵（图2-27）。

以前人们只注意这幅画所宣传的佛教因果报应思想，但如果结合南壁的坚守佛

图 2-27　北魏第 257 窟西壁　九色鹿本生（局部）

教戒律的《沙弥守戒自杀缘品》，以及北壁的以恩威并用争取支持者的《须摩提女缘品》，综合来看，这几幅画也涉及如何巩固和发展佛教僧侣组织的问题。

这幅画是敦煌莫高窟的孤品，弥足珍贵。

北魏第 257 窟《须摩提女缘品》

《须摩提女缘品》绘于第 257 窟西壁北端和北壁上，描绘了佛教借其信徒须摩提女出嫁之机，展示佛法神通，征服信仰不同的满富长者一家及其所居地人们的故事。

据佛经说，印度舍卫城须达长者有一个女儿名叫须摩提，容貌端正，为时人所叹，她与父亲都是释尊的虔诚皈依者。由于须摩提美貌非凡，端正贤淑，于是住在东方满富城的满财长者便设法娶她为儿媳妇。然而，满富城是信仰裸形外道的地方，凡是外地嫁到该城的新妇，也都要随俗地供养并宴请六千位裸形外道。当须摩提抵达满财长者家中时，依例也必须向前来赴宴的六千裸形修行者礼拜。但奉行佛教的须摩提女见这些外道赤身裸体，丑陋粗野，不信佛法，便闭门高卧，拒不接待，弄得满财长者左右为难，只好听从好友的劝告，让须摩提女请其师释迦牟尼前来赴斋说法。果然，须摩提女便盛装打扮，登上高楼，焚香请佛，满财长者一家恭迎庄外。香烟飘到佛处，佛知须摩提女的诚意，决定度化当地民众，于是派伙夫乾荼先背上炊具飞往满财家，接着又派十大弟子分别以神通陆续乘花树、青牛、孔雀、金翅鸟、龙、琉璃山、天鹅、黄虎、青狮、白马、大象等飞来，释迦牟尼及诸侍者随后飞临。通过神通威力，终使六千外道离开彼城。不仅满财全家成为佛教信徒，全城民众也全部皈依佛教。

这幅画采用了旋线型构图：（1）画面中部绘梵志赴宴；（2）往左画须摩提女卧床拒见来宾；（3）再往上画须摩提女焚香请佛；（4）然后往右转北壁东端画佛遥知女信徒有请，派弟子先行；（5）最后又往左画须摩提女一家跪迎佛及弟子。

此画一开始便将主要情节描绘，突出渲染须摩提女一家的矛盾冲突，气氛紧张，富有戏剧性，后面的两个情节则绘得较长，节奏舒缓轻快。全图张弛结合，起伏多变，很好地表现了故事的情绪变化。特别是在北壁显著的位置，长长地依次描绘了十大弟子乘花树、青牛等展示种种神通的情景（图 2-28）。

北周第 299 等窟《睒子本生》

北周时期还出现了一个完全以“孝道”为主题、与中国本土传统伦理思想吻合的故事画，即著名的《睒子本生》。特别值得注意的是，该题材在北周时期的第

图 2-28 北魏第 257 窟北壁 须摩提女缘品（局部）

299、301、438、461 窟四个洞窟中同时出现，可见其受欢迎之程度（图 2-29）。

据佛经说，迦夷国有一对盲人夫妇，生一儿子取名睒子。睒子自幼便“至孝仁慈奉行十善”，“奉事父母如人事天”。睒子成年后随父母进深山修道，结草庐而居，采野果汲流水以供饮食。睒子“以蒲草为父母作屋施置床褥，不寒不热恒得其宜”，父母饥饿时，便“取百种果蓏”，父母口渴时，便身“着鹿皮衣提瓶行取水”。睒子还常常与“獐鹿众鸟”一起嬉戏歌唱，“以娱乐盲父母”。但有一天，迦夷国王进山狩猎，追赶鹿群至溪边，正遇睒子披着鹿皮衣在溪边汲水，国王拔箭射鹿，误中睒子。睒子大呼：“谁持一毒箭射杀三道人？”国王闻声，立即下马来到睒子面前。看见自己射的是人，又听睒子讲述了与父母在山中修行二十余年的经过，国王更是悔恨自责。睒子原谅国王，但说自己身命虽然不足惜，只是死后留下衰老且双目失明的父母无人照顾，甚是放心不下。国王长跪向睒子悔过，并说如果睒子命终，自己便不再还国，一定留在山中供养睒子的盲父母。睒子听国王话之后，释然闭目。国王随即入山向盲父母报告睒子被射之事，并引双亲到睒子处。盲父母见睒子已死，伏尸恸哭，痛不欲生。由于睒子孝顺父母，感动天地，天神来到睒子跟前，以神妙灌入睒子口中，顷刻之间，毒箭自拔，睒子复活。同时，盲父母的眼前也呈现一片光明。显然，是睒子的至孝，国王的仁爱，感动了上天，让睒子重生，父母复明。自此以

图 2-29　北周第 299 窟窟顶北披　睒子本生（局部）

后，迦夷国人“悉奉五戒修行十善”，该地区也风调雨顺，国富民安，昌盛太平。

不仅敦煌石窟在北周时期绘有不少《睒子本生》故事画，新疆克孜尔石窟、天水麦积山石窟、云冈石窟等地区在北朝时期也绘刻有不少《睒子本生》故事画。《睒子本生》之所以在这一时期大量出现，是佛教为了协调与本土统治者的关系，争取广大民众的支持，就从佛经中选择具有忠君孝道内容的故事，绘制、镌刻在佛教石窟中，大力宣扬，借此证明佛教也是主张忠君孝道的。佛经中，有关睒子的故事显然最具忠君孝道思想，故事表现了三种思想：其一，孝亲思想。睒子在深山中采果汲水，孝养盲父盲母二十余年。其二，忠君思想。国王狩猎，误中睒子，但睒子在临终前，并不怨恨国王，只要求国王关照供养自己的父母。其三，仁爱思想。国王误射睒子，自责其罪，亲自到盲父母草庐前，忏悔谢罪，并愿把二位老人供养终身。

入乡随俗，择有利而行之。世异则事异，事异则备变。变则通，不变则休矣。

北周第 296 窟《福田经变》

北周第 296 窟窟顶北披东段所绘的《福田经变》，主要鼓励人们多做公益事业，宣传利人可以利己的伦理思想。如观众在欣赏此壁画时，与现实社会的一些情况对比，将会有更多的感慨。

据佛经说，一个人通过“种毫发之德本”，就可以“获无量之福”。也就是只要你随时随地多作善行，利益社会，就会得到很多很多的好处。具体的善行，是“广施七法”，即“一者兴立佛图僧房堂阁；二者果园浴池，树木清凉；三者常施医药疗救众病；四者作坚牢船济渡人民；五者安设桥梁过渡羸弱；六者近道作井渴乏得饮；七者造作圊厕施便利处”。

第 296 窟只绘制了《福田经变》的六个场面，画面分为两层，一开始就是建造佛图（塔），六个赤裸上身穿犊鼻裤的泥工，正在修建一座两层砖塔，一人和泥，两人砌砖，两人送料，一人手执矩尺在扬手指挥。下面正在建造一座小佛堂，庑殿起脊屋顶，下面有砖砌台基，佛堂四周围以栏楯，东西两面各有一身穿袴褶的画工正在挥笔作画，屋顶有一裸上身的泥工，正手接房下另一泥工用长竿递给的泥料，

图 2-30　北周第 296 窟窟顶北披　福田经变·喂药

对即将完工的佛堂作最后的修整。紧邻是一座围墙环绕的果园，树木葱茏，有三个人正在树下休息。下层画一病人，由二人扶坐，正张口接受喂药，身后有人在用药臼捣制药物（图 2-30）。其旁画有一辆卸辕的骆驼车，人畜都在水井边休息，水井的东面有人正在灌饮骡马、喂骆驼，形象描绘了干旱的西北古道上旷路遇井的活跃情景。紧接下层画两个身穿袴褶、头着帕首的北周商人，并骑，押着满载商品的驼队正在过桥，桥的另一面迎来一个高鼻深目的西方商人，领着商队在桥头相遇，十分生动地反映了 6 世纪时丝绸之路上东西交往的风貌。

这幅画虽然没有绘出“船渡”和“造厕”，但却画了一个道旁小精舍，据《福田经》说，波罗奈国有一长者子，曾在道旁建立精舍，接待僧人食宿，由此而得“生天为天帝释，下世为转轮王各三十六次的报应”。这种小精舍也叫福德舍，实为旅舍，专为安歇长途旅客。画面上有一幢楼阁建筑，屋后有围墙环绕，屋内有二人饮酒，一人弹奏琵琶，这一情景反映了人们长途旅行中在旅舍休息时的闲适，正如北魏温子升的《敦煌乐》诗中所吟："客从远方来，相随歌且笑，自有敦煌乐，不减安陵调。"

壁画真实反映了当时人们的现实生活，也真实反映了当时受佛教影响的行善者的思想和行为。对此，似乎没有什么人表示怀疑。

只要人人都献出一点爱，世界将变得更美好。

北周第296窟《须阇提本生》与《善事太子入海品》

北周第296窟的窟主与画家在该窟里描绘了主题为"忠孝"和"善恶"的两幅佛教故事画，尽可能地和本土民族伦理观念相结合。

宣传"忠孝"思想的故事画，是位于北壁下方的《须阇提本生》(图2-31)。

据佛经说，特叉尸利国王有十个儿子，各领一小国。时有一大臣罗睺突然谋反，杀死国王，自立为王，并派兵消灭各小国王子。国王最小的儿子名叫善住，在最边远的小国为王。一日夜里，药叉神突然出现，告诉他老国王及其他九位哥哥的死讯，和罗睺已发兵前来的消息。善住国王闻讯后惊恐万状，匆忙准备了七日干粮，携带妻儿，趁夜仓皇逾城，欲逃往邻国，借兵平乱。慌乱中误入需走十四天的道路，缺粮七日。中途粮尽，陷入绝境。善住为了复国报仇，欲杀王妃充饥以保全自己和小太子须阇提的生命。太子须阇提见父王拔剑，便哀求父王："勿杀我母，愿以己肉，供大家充饥。"于是，每日在身上割肉三块，奉献父母两份，自己食一份，继续往邻国逃亡。后来，邻国听说太子割肉奉亲，孝慈忠义，十分感动，便派兵马护送善住国王及妻儿返国，诛灭反叛；臣民拥戴须阇提太子为王。

宣传"善恶"思想的故事画，是位于窟顶西披南段和南披、东披的《善事太子入海品》(图2-32)。

据佛经说，波罗奈国国王有两个儿子，一个叫善事，一个叫恶事。兄弟二人虽为同胞手足，但秉性悬殊，善事温顺仁慈，恶事狡诈残忍。一天，善事出游，见穷人、病人心生怜悯，又见民众劳苦，众生相残，于是生慈悯之心，便求父王将王宫财物，布施百姓。不久国库将空，善事听说海底有摩尼宝珠，能变出人们所需之

图 2-31　北周第 296 窟北壁　须阇提本生（局部）

图 2-32　北周第 296 窟窟顶南披　善事太子入海品·出游见耕地

物，于是决定入海向龙王求此宝珠。恶事闻说要求同行，二人便率领五百人分乘两条船前往大海深处寻宝。历经艰辛，到达金山、银山，恶事贪财且不愿吃苦，掘金挖银装满大船后，便与善事分手返航。善事坚持前进，终于到达龙宫，龙王钦佩善事的救世热情和坚忍不拔的精神，不仅赠送摩尼宝珠，还派部下将善事送回海岸。在岸边，善事遇到因贪婪超重，导致船破宝沉，只身一人侥幸活下来的恶事。恶事闻悉善事取得宝珠，心生嫉妒，趁善事熟睡时，用毒刺刺瞎善事的双眼，夺走宝珠。后遇一牧牛人赶牛经过，牛用舌头舔出善事眼中毒刺。善事随牧牛人流落异国他乡，因眼睛已盲，便请牧牛人为他做了一把琴，然后独自弹琴乞食为生。后帮助看管国王的果园，拉铃赶鸟，树下弹琴自娱自乐。有一天，公主入园游玩，遇善事一见钟情，结为夫妇。二人表爱心互相发誓，善事因此双眼复明。白雁传书，波罗奈国国王获知善事被恶事残害夺宝的真相，将恶事关进监狱。善事携妻回到故国，求父母宽恕恶事，找回隐藏的宝珠，焚香供奉，为人民企求所需各种物品。从此，波罗奈国繁荣富强，人民丰衣足食。

善有善报，恶有恶报，这是佛教所宣传的因果报应思想。但两个故事中宣传的割肉奉亲、孝慈复国，以及对善事的同情、褒扬，对恶事的谴责、鄙弃，显然符合本土传统文化中有关忠孝和善恶的伦理思想。

隋代第 305 窟《释迦降服火龙图》

在莫高窟隋代第 305 窟西壁南侧，有一幅释迦降服火龙说法图，这幅图既反映了佛教的发展离不开强大的实力，同时也可看到隋初有更多的外来文化传入中国，体现了这一时期佛教艺术的多元化倾向。

第 305 窟中的这幅释迦降服火龙说法图，是依据《佛本行集经·迦叶三兄弟品》所绘制。这是隋代洞窟中仅有的一幅因缘故事画。图中释迦牟尼佛身着浅褐色大圆领袈裟，交脚坐于方形须弥座上；释迦右手托钵，钵中盘火龙，形状如灰蛇；左手作抚按状。左右有四身菩萨立于菩提树下，拈花供养（图 2-33）。

据佛经说，释迦修行成佛后，便去教化迦叶三兄弟。其时有一条毒龙为害人

图 2-33　隋代第 305 窟西壁　释迦降服毒龙

们，迦叶祭请火神都无法降服；释迦入室禅定，毒龙口吐火焰袭击释迦，茅舍顿时燃起大火，唯有释迦坐处寂静无火；释迦持钵说偈，毒龙被收进佛钵之中，火毒即灭。迦叶三兄弟自叹不如。

为了让迦叶三兄弟彻底心服，释迦又显神通：一会儿“一身作于多身，多身还复作于一身”；一会儿“上没下现，下没上现；东没西现，西没东现；南没北现，北没南现”；一会儿穿越“山崖石壁”，“入地如水，履水如地；从地踊跃，升陟虚空，犹如飞鸟；身出烟炎，如大火聚；灭火现水，消水放火”，如此等等，看得迦叶三兄弟目瞪口呆，不断惊呼：“此大沙门，大有神通！大有威力！”于是立刻皈依佛门，后来大迦叶成为释迦的大弟子。

壁画中所绘毒龙为一条灰蛇形状，这应该是从印度传来的龙图像，与北朝时期龙图像均是中国传统造型大相径庭。早期佛教进入中国，使用中国本土龙图像造型，而佛教到了隋代，基本站住了脚跟，反过来又将印度的东西引进，这是颇为有趣的现象。

初唐第 323 窟佛教史迹画

一个人有所成就，就想写个什么传；一个政权巩固后，就想编个什么史，试图用文字记载的形式褒己贬他，并让自己永垂不朽。

佛教“中国化”的一个重要特点，就是注重史迹、嗣传的记载。在佛藏中，除了大量的经、律、论、疏外，史传部是另一个极为重要的组成部分。

敦煌莫高窟保存了大量的佛教史迹画，即根据史籍记载或民间传说而描绘的佛教历史人物、历史事件、佛教圣迹和灵应故事等内容的图画。

初唐第 323 窟中，集中描绘了八幅佛教史迹画，北壁有《张骞出使西域》《佛陀晒衣石》《佛图澄神异故事》《阿育王拜塔》《康僧会建康传教》等；南壁有《西晋石佛浮江》《东晋高悝得金像》《隋文帝迎昙延法师祈雨》等。

《张骞出使西域》，介绍佛教进入中国的缘由，说是汉武帝时，派霍去病讨伐匈奴，获得“金人像”，长一丈有余，武帝将其放在甘泉宫烧香礼拜，但不知叫什么名号，于是派张骞到西域去“问佛名号”，归回后中国人才知道天竺（印度）有佛教。

《康僧会建康传教》，描绘三国东吴时，高僧康僧会在建康（南京）传教的事迹，如康僧会以神通献舍利给吴王孙权，孙权于是信佛造寺。又如孙皓不信佛，在铜佛像上撒尿，立刻遭到报应，周身红肿，阴部尤剧，痛楚号呼。待宫女劝其信佛后，顷刻即愈。孙皓随后到郊外迎康僧会入宫（图 2-34）。

《西晋石佛浮江》，描绘西晋建兴元年（313 年）时，吴淞江里飘来两身石佛，题记中有“石佛浮江，天下希瑞”。有巫祝和道士设醮迎接而风浪不止；后有佛徒朱应，将石佛迎至通玄寺供养。

《东晋高悝得金像》，描绘东晋咸和（326 ~ 334 年）年间，丹阳尹高悝于张侯桥浦掘得一金像，无佛背光及佛座；其后年余，临安渔人张侯世又于海上得莲花佛座；至咸安元年（371 年），交州合浦县采珠人董宗之，于海底得一佛背光，三者对接“恰然符合”，是为一体。

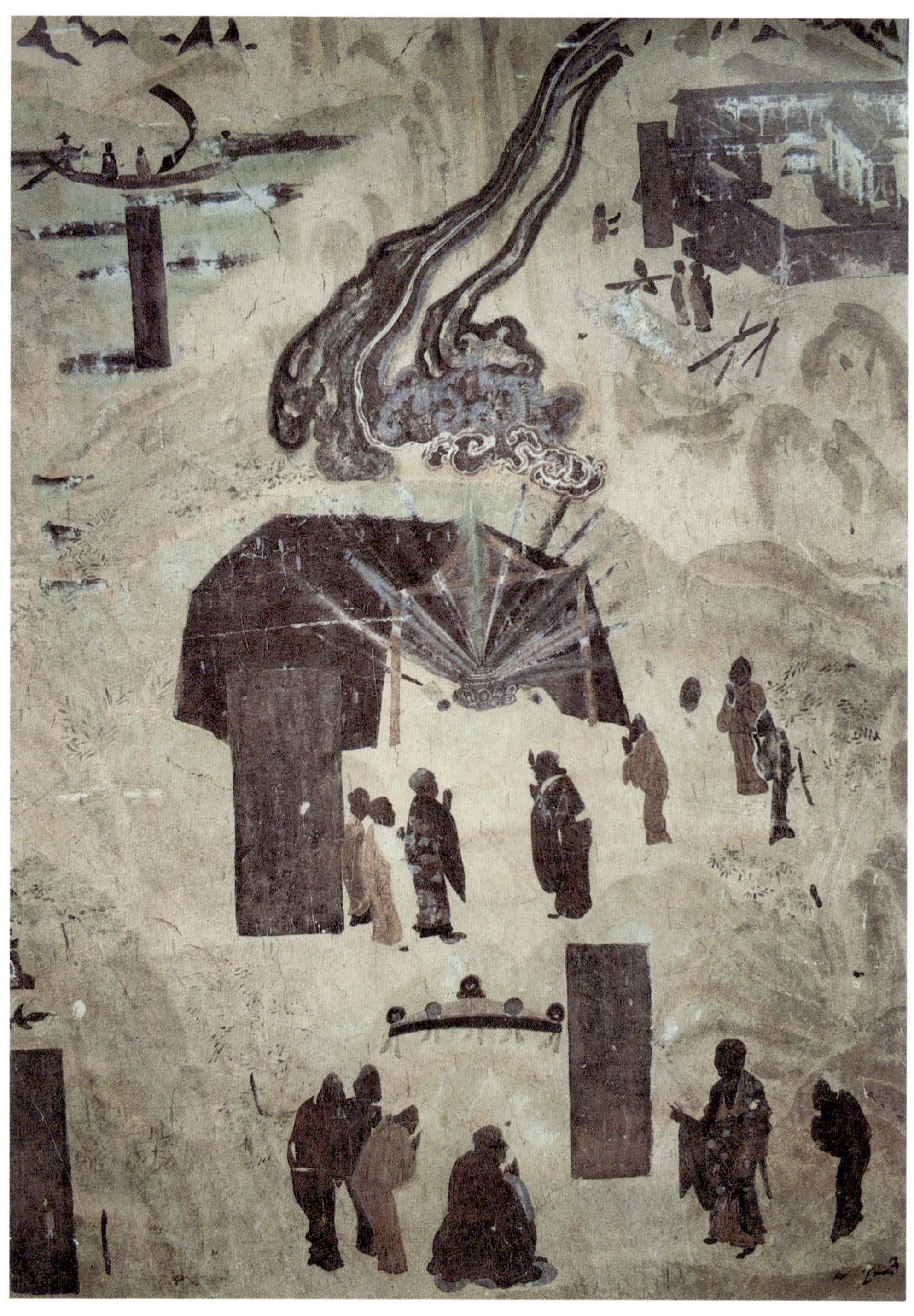

图 2-34　初唐第 323 窟北壁　康僧会故事

《佛图澄神异故事》，描绘十六国时期高僧佛图澄的事迹，说是佛图澄有很多特异功能，如晚上读经时，便将肠子从腹内拉出来，满屋通明；每逢斋日，则到河边清洗肠子。更神奇的是，有一次在京城与后赵皇帝石虎闲聊时，突然感知遥远的幽州城失火，立即取一碗酒，用嘴喷向东方，变为大雨，灭了大火，幽州人都能闻到雨中有酒味。此外，佛图澄还能听铃铛响声，预卜吉凶（图 2-35、2-36）。

《隋文帝迎昙延法师祈雨》，描绘开皇六年（586 年）天旱之时，隋文帝请昙延法师于大兴殿祈雨的故事（图 2-37）。

上述六组画描绘了自西汉、三国、西晋、东晋、十六国以至隋代的与佛教有关的历史。

另外两组是印度佛教史迹故事，一为《佛陀晒衣石》，描写释迦牟尼于池中浣洗袈裟后即在此大石上曝晒，天女以水洗涤石上污秽；时有外道婆罗门以脚玷污此石，遂便遭雷击。一为《阿育王拜塔》，描写的是阿育王误拜外道尼乾子塔，因而

图 2-35 初唐第 323 窟北壁 佛图澄神异故事 洗肠

图 2-36　初唐第 323 窟北壁　佛图澄神异故事　听铃声辨凶吉

图 2-37　初唐第 323 窟南壁 隋文帝请昙延法师祈雨

此塔立即坍毁。

如将这两组印度佛教故事放到前面，和六组中国佛教故事按时间顺序排列，显然是一部颇为完整的佛教史。

这些故事中，虽然有很多虚构的传说，也有很多编造的历史细节，但真实的高僧、真实的帝王等人物，加上大体真实的历史事件和有趣的故事，一般信众也就很容易接受了。

初唐第 220 窟、盛唐第 103 窟《维摩诘经变》

《维摩诘经变》是很能反映中国文人阶层精神面貌的壁画，如魏晋时期顾恺之所绘“有清羸示病之容，隐几忘言之状”的维摩诘画像，代表了当时以“清谈”“思辨”为时髦的玄学名士的审美观和人生观；而敦煌莫高窟初唐第 220 窟和盛唐第 103 窟的《维摩诘经变》，则反映了一批乐观自信、潇洒随意的大唐帝国文人士大夫的精神面貌。

大约绘制于天宝年间的第 103 窟东壁的《维摩诘经变》，其构图和内容与第 220 窟大致相同，但内容更为丰富，且色彩保存更好，人物形象更清晰。

在第 103 窟东壁门南，绘“维摩示疾”，即维摩诘故意装病让人来看望，借此和人辩论说法。图中维摩诘手握羽扇坐于胡床上，探身向前，扬眉启唇，目光炯炯有神，已经完全脱离了“清羸示病之容”，变得形体健壮，精力充沛，也不再是“隐几忘言之状”，而是倾身凭几，滔滔雄辩，显示出非常乐观自信（图 2-38）。

“维摩示疾”的上方，绘许多须弥宝座从天空飘下来，这是“借座灯王”，即维摩诘在舍利弗面前展现神通力，请东方须弥灯王送来“三万二千狮子座”，而舍利弗等弟子因道行低，下跪请须弥灯王帮助他们升上高座。

维摩诘帐前与东壁门北文殊座前，分别各绘一天女和一比丘，这是表现维摩诘属下的天女戏弄舍利弗的场面，即“天女以神通力，变舍利弗令如天女，天女自化如舍利弗”。

“维摩示疾”的下方，绘“诸王子问疾”，图中 10 个装束打扮各异的人物，实

图 2-38　盛唐第 103 窟东壁　维摩诘

际上是来唐朝贡的国内一些少数民族的头领和外国使臣的写照。这些人物前来维摩处问疾，一是借此抬高维摩诘的地位，二是烘托维摩和文殊辩论的激烈场面。

东壁门北，与“维摩示疾”相对称之处，绘“文殊问疾”。文殊在众菩萨、弟子和天人的簇拥中，头戴宝冠，身披天衣璎珞，右手握如意，左手伸出二指，这是表现文殊问维摩诘："何等是菩萨入不二法门？"而维摩诘默然不言。文殊于是认输说："善哉！善哉！乃至无有文字语言，是真入不二法门。"文殊伸出的二指，就是表示"不二法门"，据说这是佛教独一无二的修佛法门，是《维摩诘经》的主旨，所以这场辩论至关重要。维摩诘机智地以沉默来回应文殊的提问，赢了。

"文殊问疾"的下方，绘"国王大臣问疾"，画一广额丰颐、浓眉大眼、隆鼻美髯的中年汉族皇帝，在群臣侍从的簇拥下，头戴冕旒，身着衮服，踌躇满志，挺腹阔步。

在其他洞窟壁画中，"文殊问疾"的前方，绘一化菩萨将从香积世界请来的一钵香饭倒在地上，众人闻到香味皆饱。这是维摩诘在文殊等人面前展现的神通力。

第 103 窟东壁靠近墙脚的位置，还绘维摩诘"入诸学堂，诱开童蒙""入诸淫舍，示欲之过""入诸酒肆，能力其志""若至博弈戏处，辄以度人"等"通达方便"的内容。但这部分壁画接近地面，已严重漫漶。不过，在中唐第 159 窟东壁北侧下部绘维摩诘在赌场的情景：四人围几赌博，维摩诘坐在左侧观看；中间一赌棍穿蓝色衣服，双手叉腰，满脸凶相；右侧一赌棍身穿灰色衣服，正举手掷骰，神情惶恐，害怕掷输了。又晚唐第 12 窟东壁门北绘一学堂，维摩诘手持羽扇正和老师在交谈，两侧厢房内学生们正在琅琅读书。又如晚唐第 9 窟北壁绘有一妓院，绘有几个花枝招展的女子或迎客，或陪酒，而有几个男人或进院，或围桌喝酒，而维摩诘正进入院内。又如晚唐第 12 窟东壁门北绘一酒店，内有数人，围桌对坐；桌上置酒瓶、酒碗，维摩诘立于桌前，手摇麈尾，正高谈阔论。

正是这样一个潇洒游戏于人间的维摩诘居士，却是中国文人们引以为荣的榜样、楷模、偶像。魏晋时期，玄学与释门相攀附，名士颂《维摩》，高僧读《老》《庄》；诗人谢灵运，生前要求死后将自己美须"施为南海祇洹寺维摩诘须"；顾恺之所画"清羸示病之容"更是传为千古。到了唐代，唐太宗曾视玄奘为大唐的维摩诘，还设法逼玄奘还俗，但被玄奘婉言谢绝；诗人李白自诩为维摩诘的转世；杜甫则把自己比作东晋清谈名士许询，渴望和名僧支遁一起探讨《维摩诘经》；王维更是干脆，名维，字摩诘；此外，吴道子、王维、阎立本、杨庭光、卢楞伽、杨慧之等人皆绘塑过维摩诘像。

盛唐第130窟《都督夫人太原王氏礼佛图》

当人们走进盛唐第130窟，如果没有导游讲解，谁也不会注意到该窟甬道南壁曾有一幅非常精美且规模很大的女供养人礼佛图。

这幅画便是敦煌壁画中非常著名的《都督夫人太原王氏礼佛图》。原画绘制于盛唐，后被西夏壁画覆盖，20世纪40年代初期被人剥出，由于长期被流沙掩埋，受潮气严重侵蚀，加上当时剥离技术条件太差，不仅色彩消褪剥落，壁画泥层也与岩面脱离，残毁严重。现看到的20世纪50年代整理复原的摹本，也成了珍贵文物。

《都督夫人太原王氏礼佛图》高313厘米，宽342厘米。画面中，前面的都督夫人雍容华贵，身后率领两个女儿和九名婢女。都督夫人身高超过真人，后面的人物身高则递减，显示出一派等级森严的气氛。都督夫人身着织花石榴红裙，肩披多层轻绡薄縠披帛，绿色锦带长垂胸前，云髻高耸，发上簪花，并有钗梳插饰发间；身后二女或穿绿裙，或穿黄裙，一梳高髻，一戴凤冠，朱白衫上分别披有多层丝绢披帛；后面的九名侍婢均着男装，各依年龄，绾结出不同发式，或捧花，或执壶，或持扇，有的两眼前视，毫不在意，有的以纨扇触面，悠然自得，有的回头顾盼，窃窃私语，与前面主人手捧香炉或鲜花、恭谨虔诚礼佛的心情颇不相同。

画中侍婢身着圆领衫，束腰带，这种“束装似男儿”的打扮，正是唐代天宝年间兴起的奴婢时妆。而所画的眉妆，都督夫人母女及侍婢，均作短眉，宽而浓，正如元稹《有所教》一诗中所说：“莫画长眉画短眉，斜红伤竖不伤垂；人人总解争时势，都大须看各自宜。”

这幅以人物为主题的贵族妇女礼佛图，图中钗光鬓影，绮丽纷陈，人物描绘优美丰腴，神态生动，构成独有的审美情趣。在人物背景上，又树以垂柳，植以萱草，花树之间绘以蜂蝶，仿佛嗡嗡有声，在画面上呈现出一片阳春三月、艳阳和煦的情景，为这群供养人营造了一个有声有色且香味飘溢的氛围（图2-39）。

图 2-39　盛唐第 130 窟甬道南壁　都督夫人太原王氏礼佛（段文杰临）

每次欣赏这幅画时，视线常常停留在那群神情和姿态都不一样的侍婢之间。我常常想，为什么大人物的形象、姿态都如同一个模子出来，都是那么的严肃、端庄，甚至漠然，如这幅画中的夫人和小姐，如各个历史时期绘制雕刻的佛像；而小人物的形象，却是那么的多姿多态、生动活泼，那么的有个性，如这幅画中神态不一、敢于穿男儿装的婢女们，如在天国世界中自由翱翔、散花歌舞的飞天。

中唐第 148、112、154、231 等窟《报恩经变》

“世上只有妈妈好，有妈的孩子像块宝，投进妈妈的怀抱……”用这首歌来描绘吐蕃时期敦煌人民思念中原的心情，是再恰当不过的了。

新出现的《报恩经变》则是这种心情的真实写照。

莫高窟的《报恩经变》是盛唐晚期，即吐蕃陷河西后之大历初，才首见于第 148 窟，吐蕃陷沙州后骤然增多，如第 112、154 窟北壁、第 231 窟东壁门南等，共多达三十多幅（图 2-40）。

壁画所描绘的内容，主要选择《大方便佛报恩经》中有关忠孝仁义的内容。

序品：叙述阿难路遇一婆罗门沿途乞讨，所得美食供养父母，所得恶食则自用之；六师外道奚落佛祖不孝，于是引起佛说《报恩经》。

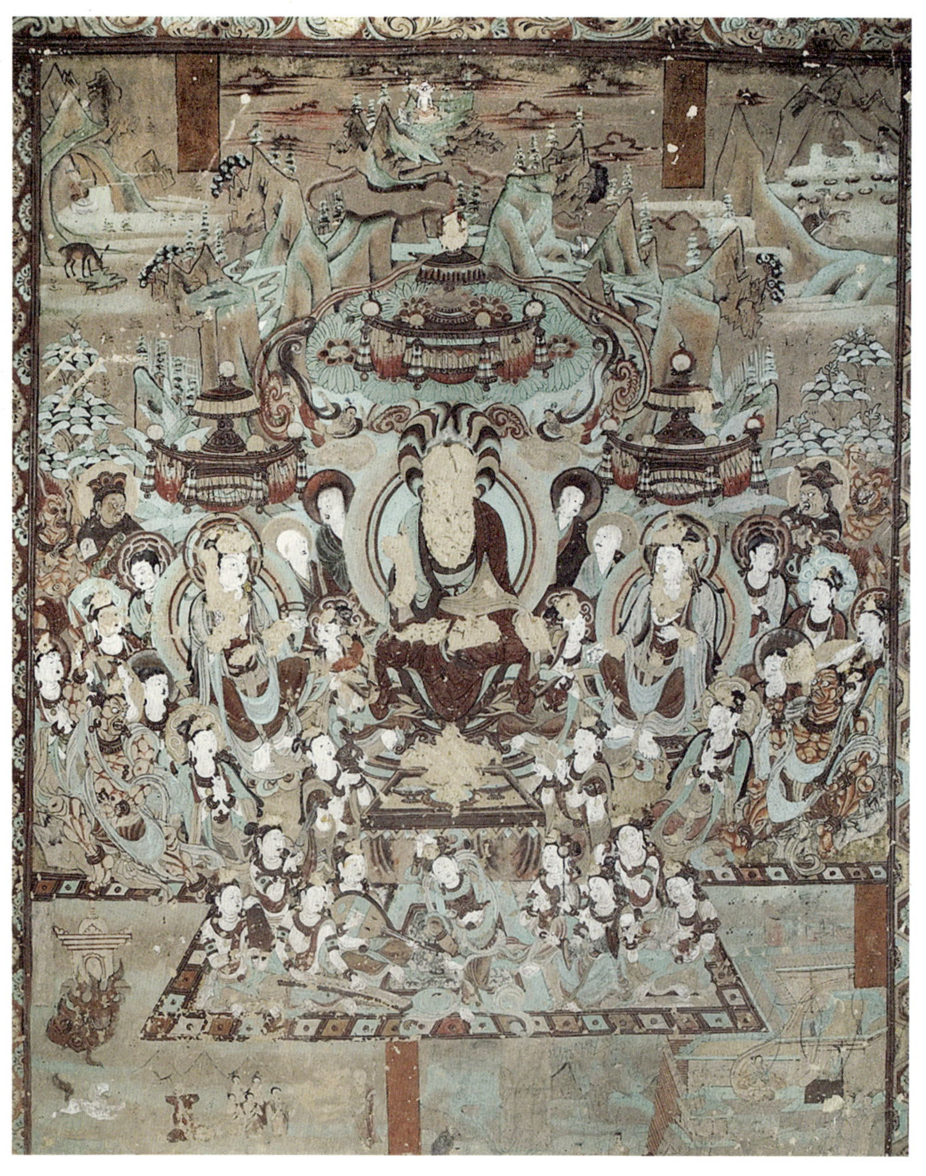

图 2-40　中唐第 112 窟北壁　报恩经变

图 2-41　中唐第 112 窟北壁　报恩经变·鹿母夫人故事

孝养品：讲述须阇提太子割肉济养父母，使其父母得以借兵复国。

论议品：讲述鹿母夫人前世供养辟支佛，而今世得生五百太子，致使“国土安稳”“不起四兵”“人民丰穰炽盛”（图 2-41）。

恶友品：讲述善友太子为救众生不畏艰险，入海求取摩尼宝珠，使人民丰衣足食，国泰民安。

亲近品：讲述金毛狮子被猎人伪装沙门射杀，但临死仍不生恶念，不施报复，最后成佛。

据说，《大方便佛报恩经》是汉僧编撰的“伪经”，经中的内容都是从《涅槃经》《贤愚经》等经典中截取而来。其实，是否“真经”“伪经”并不重要，重要的是这部经中所宣传的上报佛恩、中报君亲恩、下报众生恩的思想适应中国广大人民的需要，是具有中国特色的佛经。

以忠孝仁义为主题的《报恩经变》在吐蕃时期大量出现，并非偶然。特别是其中的孝养、论议、恶友三品，它们都不是单纯地讲孝，而是将孝与忠有机结合于一体，强调以孝事君。儒家的孝道观念是和忠君观念联系在一起的。在民族存亡之秋，敦煌民众不会忘记传统的思想："战阵无勇非孝也。"更何况，外国孝子须阇提尚能割肉供亲，牺牲自己，成全流亡的父母复国，难道为了保护祖先的庐墓和拯救父母、妻儿、兄弟、姐妹的生存，还能吝惜自己？

同样是忠孝的内容，在不同时期的出现有不同的意义。早期洞窟中所绘制的须阇提太子割肉奉亲、善事太子入海求珠，是反映佛教进入中国初期与本土儒家思想的合流；而敦煌中唐时期出现大量的《报恩经变》，则反映了吐蕃统治下的人民对民族压迫的不满和仇恨，以及思念中原、渴望回归祖国怀抱的民族感情。

如绘有《报恩经变》的第 365 窟，建于吐蕃鼠年至虎年（832 ~ 834 年），该窟的《吴僧统碑》就曾大不敬称吐蕃占领为"虎噬"，碑文说："复遇人经虎噬，地没于蕃。元戎从城下之盟，士卒屈死休之势。桑田一变，葵霍移心。"公然表示对吐蕃占领的不满。

又如建窟于唐开成四年（839 年）的第 231 窟，也绘有《报恩经变》，其造窟《功德记》怒斥吐蕃为"豺""枭"，文中说："陇上痛闻豺叫，枭声未殄，路绝河西，燕向幕巢，人倾海外。"又满怀悲愤地控诉："熊罴爱子，拆襁褓以文身，鸳鸯夫妻，解鬟钿而辫发。"吐蕃统治者对被征服者黥面文身，并强迫学说蕃语、易服辫发。人们平常穿吐蕃装，每年祭祀祖先时偷偷穿上唐服，痛哭一番，祭后再秘密收藏起来。

第 231 窟《功德记》还不无自责地说："岂图恩移旧日，长辞万代之君？事遇此年，屈膝两朝之主。"但是他们并不甘屈辱，也通过凿窟绘画以明志，在《功德记》中明确自己造窟是为了"报恩君亲也"。这种向往中原、忍辱负重、凿窟明志、倾诉民族压迫之苦的文字，真是声泪俱下，感人极深。

晚唐第 156 窟《张议潮统军出行图》《宋国夫人出行图》

莫高窟第 156 窟南、北、东三壁下部所绘的《张议潮统军出行图》和《宋国夫人出行图》也是最富有时代特色的两幅作品（图 2-42、2-43）。画中人物众多，场面浩浩荡荡，内容丰富多彩，既是张议潮为节度使后统军出行的真实写照，也是敦煌人民抗蕃胜利后喜悦心情的表露，同时也反映了当时的各种社会生活习俗。

《张议潮统军出行图》位于南壁和东壁南侧下部，全图长达八米多，采用横卷的形式，从西端开始，由百余人组成。首先是以军乐和歌舞为前导的仪仗队，最前面是八名骑兵头戴毡帽，腰系革带，脚穿白靴，一齐击鼓吹角；其后是高举牙旗的骑兵，和演奏琵琶、横笛、笙、拍板、箜篌、腰鼓、大鼓等乐器的乐队；紧接是舞伎两队，一队为汉装，一队为吐蕃装，挥袖起舞，统一和谐。旌旗招展，鼓乐喧天，使乘胜前进的大军一开始就显得威武雄壮。

仪仗队的后面有捧持旌节的军将，然后是张议潮身穿红袍，乘骑白马，正欲纵马过桥，前有将士护卫，后有仆从相随。小桥上方有一榜题“河西十一州节度使张

图 2-42　晚唐第 156 窟南壁　张议潮统军出行图（局部）　段文杰临

图 2-43　晚唐第 156 窟北壁　宋国夫人出行图（局部）　段文杰临

议潮□除吐蕃收复河西一行图”。随后有一群子弟兵，再后是狩猎队伍，其中有回鹘骑士追逐黄羊；画面的结尾是驮运粮草的骡马、骆驼等辎重部队。

这幅画充分表现了张议潮统军出行抗击吐蕃，收复河西的雄壮气势，并且从出行队伍可以看到唐代军队的仪卫制度和多民族杂居的河西地区军旅的特点。

《宋国夫人出行图》与《张议潮统军出行图》相对，位于北壁和东壁北侧下部，也是从西端开始，也由百余人组成。画面最前面是杂技的顶杆表演，只见一壮汉肩负长杆，四个小儿在杆顶上伸臂横体，勾脚倒悬，作种种惊险动作。后面是乐舞表演，有乐伎数人，正在演奏竖笛、笙、琵琶、腰鼓等；又有舞伎四人，围成方阵，欢快挥袖，翩翩起舞。随后是装运行李的车辆、宋氏夫人两个女儿乘坐的八人抬的肩舆；车及肩舆前后，或有武士护卫，或有婢女捧奁盒、衣包、纨扇，并有鹦鹉相随。画面中部，张议潮的夫人宋氏骑一高大的白马，头冠上的九枝金钗，非常醒目，正是“国夫人”的标志；前有女官骑马导行，乐伎奏乐，后有侍从捧琴、壶、镜、扇、奁盒和香炉等。随后是护送骑队、驮运酒瓮食品的驼队以及狩猎队伍等，熙熙攘攘，热热闹闹。

这幅画既反映了节度使夫人春游出游时煊赫豪富的生活场面，也有敦煌民众推翻吐蕃统治后载歌载舞的节日气氛。

五代第 61 窟《五台山图》

五代第 61 窟西壁的《五台山图》，更值得一睹。此图是莫高窟最大的佛教史迹画，高 3.42 米，宽 13.40 米，面积达 45 平方米之多。

画面上部绘山峦起伏，五台并峙，正中一峰最高，榜题“中台之顶”，两侧有“南台之顶”“东台之顶”等四座高峰。空中祥云环绕，神迹显化。峰前山间，遍布大大小小的塔寺庐庵，以及发生在此山的各种故事遗迹等。其间有讲经的高僧、朝山的香客、打柴的樵夫等等。

画面下部绘北起镇州（今河北正定），南至太原，中经五台县城，朝拜中台文殊大殿的两条进山大道。其间穿插了许多现实生活场景，如朝山、送贡、行脚、商旅、刈草、推磨、舂米、饮驴、牵驼等等，呈现出丰富多彩的生活场景。有肩挑叫卖的小商贩，有骆驼载送货物的商队，有单人独骑的朝山人，也有配足干粮酒水携带全家上山进香的虔诚信徒，还有耀武扬威的士兵队列和出行的官员，甚至还有来自湖南的“送贡入山，遍给诸寺”的送供使。路边的旅舍、酒店茶肆，迎来送往，忙忙碌碌，一派繁荣景象（图 2-44）。

第 61 窟的这幅巨型《五台山图》，是依据唐代五台山真实地理位置和现实生活所绘制的，其图中所绘的城市、道路、寺院等在史料中都有记载。如此形象具体的地理环境，如此生动真实的生活情景，竟出现在远隔千山万水的敦煌，岂不令人惊叹?

其实，莫高窟中之所以出现大量的《五台山图》，正是敦煌人民心系中原的真实反映。如敦煌遗书 P.3644《礼五台山偈四首》中所说：“天长地阔杳难分，中国中天不可论，长安帝德谁恩报，万国归朝拜圣君。……愿身长在中华国，生生得见五台山。”又如 S.6631《游五台山赞文》中云：“国立何物最唯高，游五台；须弥山上最唯高，游五台……努力前头心决定，游五台。”又如 S.6551 卷子中记载一位甘州

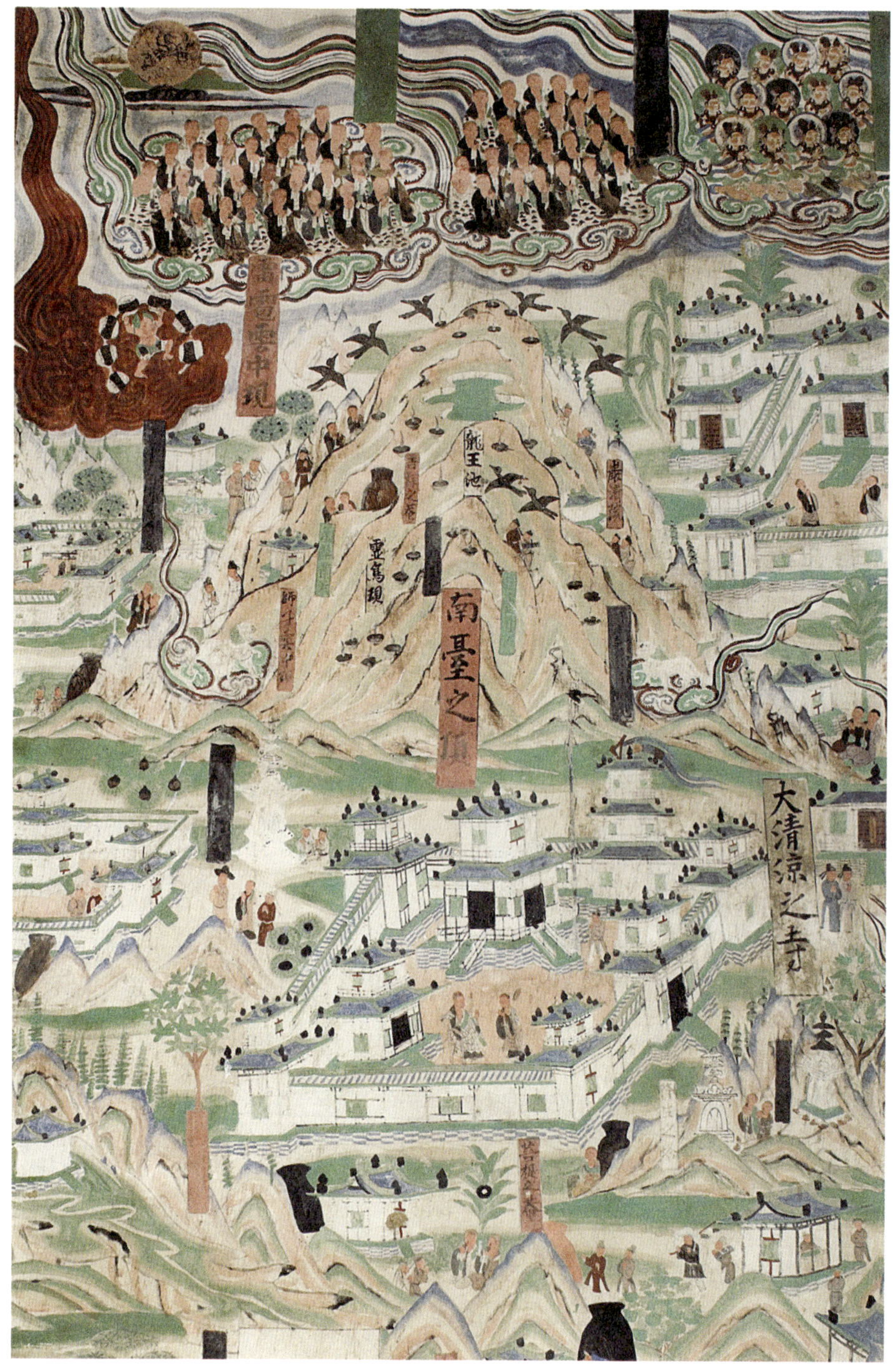

图 2-44　五代第 61 窟西壁　五台山图

（今甘肃张掖）的高僧，曾东攀五台山，西登牛头山（今新疆于阗）等圣地。又如P.3718、3928卷子记载敦煌高僧海印于公元920～925年间前往中原巡礼五台山等佛教圣迹，并受到当朝皇帝的召见。这些文献都是五代时期的写本，字里行间，反映了当时敦煌人民对五台山的向往和崇拜，和渴望回归中原的心情，以及当时五台山与敦煌、于阗等地之间的密切交往。

五台山与于阗之间，还有一种特殊的关系，也反映在壁画之中。那就是第61窟《五台山图》中所描绘的寺院中，有一处“贫女庵”。据《广清凉传》记载，文殊菩萨曾化为一贫女，“携抱二子，一犬随之”，到五台山“大孚灵鹫寺”赴斋，遭遇到僧人“叱之令去”，于是贫女“倏然化身，即文殊像，犬为师子，儿即善财及于阗王。五色云气，霭然遍空”，僧人“恨不识真圣……尔后，贵贱等观，贫富无二。遂以贫女所施之发，于菩萨乘云起处，建塔供养”。

莫高窟第220窟于后唐同光三年（925年）绘在甬道北壁的《新样文殊变》，图中绘文殊右手持如意，端坐于青狮宝座之上；于阗国王头戴红锦风帽，高鼻，虬髯，身穿朱红袍，足履毡靴，手握缰绳，两腿叉开，作制止狮子前进状；狮子回头张望，互相呼应。于阗国王为文殊菩萨牵狮，表明当时于阗和敦煌地区热烈崇拜文殊菩萨的情况，以及和五台山乃至和中原朝廷的密切关系（图2-45）。

西夏、元代第3窟《千手千眼观音经变》

在2005年中央电视台主办的春节联欢晚会上，最引人注目的是由中国残疾人艺术团表演的舞蹈“千手观音”了，而这个节目的原素材主要来源于莫高窟元代第3窟和榆林窟西夏第3窟的《千手千眼观音经变》。

元代第3窟位于莫高窟南区的北端，是一个小型洞窟，深约2.5米，宽不足3米。这是一个以观音为主要题材的洞窟，除西壁佛龛外，南、北二壁各绘《千手千眼观音经变》一幅，且东壁门南绘净瓶观音一身，门北绘散财观音一身。

南、北壁《千手千眼观音经变》所绘观音均立于莲台上，身后有一大大的圆轮，千手均在圆轮之中。观音的脸部有十一面（也可以说是有十一个头），每张脸

图 2-45　第 220 窟甬道北壁　五代绘新样文殊变

上都绘有三只眼睛。正面耳郭后各绘一侧面（北壁各绘二侧面）；正面头顶发髻并列绘一层七小面（北壁绘五小面），中间为正面，其他为侧面或半侧面；其上又绘有一个正面的头部。层层重叠，形似一座小尖塔（图 2-46）。

观音身旁两侧首先伸出四十只大手，其中有两手高举一化佛于头顶，有两手合十于胸前，有两手捧法器于腹前。所有手臂都和观音身体巧妙相连，自然伸屈，千姿百态；一圈大手之外又绘四圈小手，所有的手上都绘有一只眼睛。呈放射状的一圈圈圆润的手掌手背，派生出一圈圈无数根纤细的手指尖，手掌中的眼睛又形成一圈圈的光芒，整体看上去像莲瓣组成的大花环，又像发出万道光芒的一轮红日，观音菩萨好似站立在花环或红日之中。

图 2-46　元代第 3 窟北壁　千手千眼观音变

据佛经说，观世音菩萨为了满足众生的各种需要，能随意变幻为一首、三首乃至一百〇八首、千首、万首、无数首，二目、四目乃至一百〇八目、千目、万目、无数目，二臂、四臂乃至一百〇八臂、千臂、万臂、无数臂。所有的手臂上，都各执有宝物，以满足众生各种不同的愿望和需求。

如榆林窟西夏第3窟中所绘制的《千手千眼观音经变》，其观音千手上持的宝物不仅具体、形象，并且几乎包含了当时社会生活的方方面面，既有动物、植物，也有宝物宝器，还有兵器、乐器、量具，甚至还有生产工具、交通工具等等，如鸡、狗、鸭、鹅、牛、龙、象、麒麟，棉花、芭蕉、葡萄、瓜果、荷叶、树木，珍珠、玛瑙、珊瑚、金银，矛、盾、剑、刀、弓箭、金刚杵、锡杖，扇、伞、旗、拂尘、瓶，筝、笙、排箫、箜篌、琵琶、腰鼓、拨浪鼓、拍板，墨斗、曲尺、斗，锯、钉耙、锄头、镰刀，车、船、楼阁、宫殿、庙宇、佛塔等等。最有意思的是还有工农商艺诸行业活动的场面，如踏碓图、犁耕图、酿酒图、煅铁图、商旅图、舞蹈图等等，三教九流，五花八门，包罗万象。在由一只只小手组成的椭圆形法光的有限空间里，几乎把一个十分复杂的社会都浓缩了进去。

可惜瓜州榆林窟距离敦煌较远，旅游参观不甚方便，故一般游客都未曾见过这幅《千手千眼观音经变》。否则，对杂技和舞蹈兼有兴趣的艺术家，或许会由此产生灵感，创造出更精彩的文艺节目。

观世音，即观听世间百姓之声音，满足世间百姓之需求。观世音之所为，或许也能给我们一点启示。

第三章

无言的述说

——藏经洞出土文献

藏经洞是敦煌莫高窟第17窟的俗称，该窟因曾发现数以万计的古代文书和美术品等文物而得名。藏经洞出土文物与甲骨文、汉简、明清档案，被誉为近代古文献的四大发现。

藏经洞（第17窟）位于第16窟甬道北侧壁内。窟内靠北壁有一长方形禅床式低坛，上端坐一身彩塑高僧洪辩像，西壁北侧嵌一石碑。据碑文记载，洪辩俗姓吴，在吐蕃时期和张议潮收复河西之后，在宗教和政治方面起过重要作用，受到唐王朝的恩宠和褒奖。洪辩去世后，其弟子在该窟内安置洪辩真容塑像立碑，成为纪念洪辩和尚的影窟。

关于洪辩影窟被封闭成为藏经洞的原因，有“避难说”“废弃说”“书库改造说”等几种不同的观点，被封闭的时间大约在公元1000年左右。

藏经洞的发现者是王圆禄道士，是在清理第16窟甬道积沙过程中偶然发现的。但其发现的时间有两种说法：一说藏经洞发现于清光绪二十五年（1899年），一说发现于清光绪二十六年（庚子年，1900年），目前学界认为后一说较为可信。

藏经洞文物发现后，王圆禄道士曾将一些文物作为巴结交识官吏的赠物礼品。当时的敦煌县令汪宗翰，甘肃学政叶昌炽，甘新总督长庚等人均藏有敦煌遗物。

19世纪末西方各国的探险队、考察队陆续前来我国西北部考察发掘，当他们得知敦煌藏经洞文物出土的消息后，纷至沓来，掠夺敦煌宝藏。

首先是俄国人奥勃鲁切夫于1905年来到敦煌，以低廉的代价骗取到藏经洞写本两大包。随后陆续有英籍匈牙利人斯坦因、法国人伯希和、日本人橘瑞超和吉川小一郎和俄国人鄂登堡等人来到敦煌，用各种手段从王道士手中骗劫到大量藏经洞出土文物。美国人华尔纳于1923年来到敦煌，此时藏经洞已是空无一物，便用特制的胶布在洞窟中共剥取26块壁画，并盗走第328窟内一尊精美的唐代菩萨塑像。

藏经洞文物发现伊始就遭到了西方列强的劫掠，大部分文物随着西方列强探险队的“光辉业绩”而流落海外，小部分劫余留在国内。敦煌藏经洞文物现分藏于英、法、俄、日、美、印度、丹麦和中国等国家。

藏经洞文物的发现，为学术界研究敦煌提供了多方面的极其珍贵的文献资料，受到国内外学术界的高度重视和大力研究。这批数量多达五万余件的古代写本和刻本等，始自晋代，扩于六朝，盛于隋唐，终于五代宋初，历时六七个世纪。其内容涉及社会生活的各个方面，对于研究我国魏晋至唐宋时代的社会、经济、宗教、文化历史都具有重要的学术价值。

（一）佛教文献

核对藏经洞出土文献中，以佛教文献最为丰富，约占总数的90%左右。从写本纪年题记看，敦煌佛教文献最早的是前秦甘露元年（359年）的《譬喻经》（散746号），最晚的是宋咸平五年（1002年）的《大般若波罗蜜多经》（ф-32a/1696），延续7个世纪。

敦煌佛教文献的来源主要有两个方面，一是外地流通而来，中原的帝王相、世家豪族，不乏崇信佛教者，他们常以写经为功德，分送全国各大寺供养。归义军政权每当向中原王朝进贡时，附带“请经”，朝廷的回赐中就有佛经。另外，求法的僧侣，往来的客商军旅也或多或少的带来一些佛经留下。二是本地的译经、疏释、著录和刻写本。敦煌从北魏开始就有专门的“写经生”，替施主抄写佛经为生。敦煌为佛教圣地，有本地佛教大师的译经，僧众习用的佛经和注疏，讲法的讲本和听法的笔记，以及大量的寺院文书和民间信仰文书等。从众多的写经题记上所记载的写经地区和寺庙来看，敦煌和河西是佛经的主要写经区，尤其是敦煌本地。从寺庙上看，敦煌18所僧寺和6所尼寺中，以龙兴寺、灵图寺、净土寺和三界寺所写最多。

敦煌佛教文献数量众多，内容庞杂，这些文献大致可以分为以下几类：

1. 经、律、论类：即佛教的“三藏”。敦煌写经中数量最多的是隋唐时代流行最广泛的 6 部经，即《大般若波罗蜜多经》《金刚般若波罗蜜经》《金光明最胜王经》《妙法莲花经》(图 3-1),《维摩诘经》《观世音经》，总数约有 1 万多卷。除此 6 部经外，其他经律论的品种，有近 400 余种。这些经论，不仅有大量见于《开元录》和《贞元续开元录》著录入藏的佛教典籍，而且还有数量众多的藏外佚经，即大藏经中未收的经典。这是因为一些佛经从域外传入并被译成汉文，其中有些经典在前代经录上均有记载，但《开元录》编纂时未能见到，不知它们是否还存在，所以没有收入大藏经，后代因袭《开元录》亦均不收。另外，一些活动于敦煌的高僧的译经，如吐蕃时期的法成，他的译经，由于种种原因，未能传到中原，当然也就不会收入藏经。尤其珍贵的是部分写经有前序或后记，这些题记真实地记录了写经

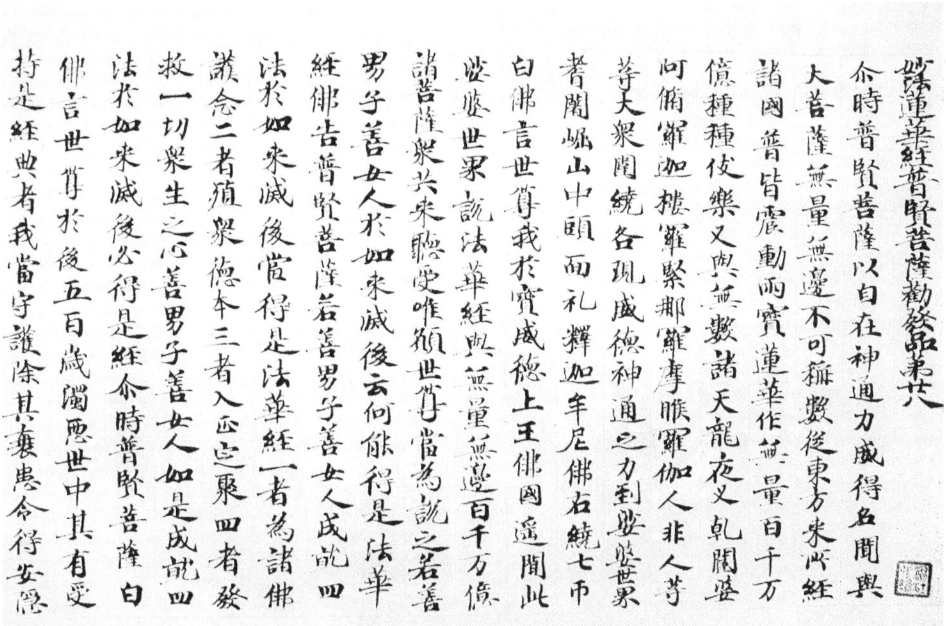
妙法蓮華經普賢菩薩勸發品第廿八
尒時普賢菩薩以自在神通力威得名聞與
大菩薩無量無邊不可稱數從東方來所經
諸國普皆震動雨寶蓮華作無量百千万
億種種伎樂又與無數諸天龍夜叉乾闥婆
阿脩羅迦樓羅緊那羅摩睺羅伽人非人等
等大衆圍繞各現威德神通之力到娑婆世界
耆闍崛山中頭面礼釋迦牟尼佛右繞七帀
白佛言世尊我於寶威德上王佛國遙聞此
娑婆世界說法華經與無量無邊百千万億
諸菩薩衆共來聽受唯願世尊當為說之若善
男子善女人於如來滅後云何能得是法華
經佛告普賢菩薩若善男子善女人成就四
法於如來滅後當得是法華經一者為諸佛
護念二者殖衆德本三者入正定聚四者發
救一切衆生之心善男子善女人如是成就四
法於如來滅後必得是經尒時普賢菩薩白
佛言世尊於後五百歲濁惡世中其有受
持是經典者我當守護除其衰患令得安隱

图 3-1　藏经洞出土写经　敦煌研究院藏 674 号

的时间、地点和抄写者，有的还记述了经典的翻译流传过程，在佛典研究上具有重要的价值。

2. 别藏类：即中国人撰著的佛教典籍。传统的大藏经把中国佛教撰著排斥在外，中国僧人结集佛教撰著的主要形式是编纂别藏。它包括经律论的疏释、法苑法集、史传、礼忏赞颂、佛教诸宗派著述、目录音义、释氏杂文等内容，是研究中国佛教史的珍贵资料。

3. 疑伪经类：是指真伪未判的经典和中国人假托佛说而撰著的经典，为历代大藏经拒收。实际上，这些由中国人假托佛说编纂出来的佛经，代表了中国佛教的一个重要侧面，是研究中国佛教的重要资料，随着对敦煌疑伪经的深入研究，中国佛教研究亦会揭开新的篇章。

4. 寺院文书类：它是敦煌寺院各种活动的真实记录，它包括寺院宗教活动、寺院宗教史传、寺院佛典目录和与石窟营绘相关的文书等方面的资料。这些文书对研究敦煌地区佛教发展概况具有重大的意义。

5. 宣教通俗文书类：是寺院向僧俗人等宣传佛教以启导正主的一些通俗作品。它们的特点大抵是据佛经敷衍而成，它包括押座文、讲经文、讲因缘文、变文等。如《阿弥陀讲经文》《难陀出家缘起》《维摩诘经押座文》《降魔变文》《目连变文》等，是研究佛教民众化或民众化佛教的重要资料。

敦煌佛教文献在佛学研究上具有多方面的意义。王重民先生评价说："一是写本之古，足以校勘宋代以后开雕的各藏；二是古佚经、佚文之多，可以补足宋代以后各藏之不足；三是有一些佛教史料失传，佛教史上一些未解决的问题，只有利用了敦煌佛教史料以后，才获得解决。"

（二）道教文献

敦煌所出道教文献共约有 370 余卷。道教在敦煌的流布，始于唐代。敦煌最早之道观是建于唐代宗乾封元年（666 年）的灵图观，此外还有开元、神泉、冲虚等宫观。从总体上看，敦煌道教始终有限。敦煌所出的道教典籍，从纪年上看，最早的是隋大业八年（612 年）的《老子变化经》（S.2295 号），最晚的是唐至德二载（757 年）的《道德经》（P.2729 号）。这些道教典籍，纸精字美，品式考究，可称写本中之上品，但大都残缺不全，且背面多书有佛教内容。这些道教典籍，有属于灵宝经类的古灵宝经、道藏著录的灵宝经、《升玄内教经》《太玄真一本际经》等；洞真经类的古洞真经和道藏著录的洞真经等；道德经类的《道德经》和各种注疏；杂道经类的《洞渊神咒经》《太上妙法本相经》等；道教类书和失题道经等等。

敦煌道教文献，在道教研究及中国文化史上都有一定的价值。如《道德经》是敦煌遗书中的主要道教典籍，今本《道德经》二卷，以《道经》为上,《德经》为下。但在唐以前也有以《道经》为下,《德经》为上者，却不为人所习闻。敦煌本则明确题曰《道经下》或《老子道经下》、《老子德经上》。1972 年山东银雀山发现的帛书也是《德经》上、《道经》下。由此可知，以“德”“道”为上下是战国以来就存在的，唐写本还保存了旧本。

敦煌《道德经》的注疏有河上公注、李荣注、想尔注、成玄英义疏和唐玄宗御注及疏等本。自魏晋以来,《道德经》有两种注本流传。一是王弼注本，以玄学家思想注解老子，影响最大，历代被当作老子注的标准本；另一是河上公注本，以道教徒从养生和修炼的角度注解老子，普为道徒所传诵。李唐一代大兴道教,《道德经》的道士化达到高潮，河上公注本成为道教的最大经典，风行一时。此外,《道德经》想尔注，则是亡逸不传的孤本。其注疏者题为“三天法师张道陵注”，以五斗米道教思想作注，倡长生之说，房中之术，“其道以道况天地，以天地况男女，阴阳之变化，五脏之营卫，皆用此道以说明之。盖上承古人房中之术，下启普人养生之说”，是研究早期道德思想的重要资料。

（三）摩尼教、景教文献

摩尼教是波斯人摩尼创于三世纪中叶的宗教，唐时传入中国。我国文献对摩尼教的记载甚少，敦煌所出摩尼教经典共有三种：《摩尼教残经》《摩尼光佛教法仪略》《下部赞》。

景教是基督教的一个支派“摄斯脱利派”。景教在唐代传入中国后，在社会上有相当大的影响，但文献记载殊少。明代天启五年（1625 年）西安出土《大秦景教流行中国碑》，于该教传入之原始，才稍有所知。敦煌所出景教文献共 7 种：《大秦景教三威蒙度赞》《尊经》《志玄安乐经》《序听迷诗所经》《一神论》《大秦景教宣元本经》《大秦景教大圣通真归法赞》。这些经典，结合有关文献，可以考见唐代景教流行情况和景教教义，极大地丰富了景教研究的内容。

（四）儒家典籍

敦煌所出儒家经籍，即传统所说的诗、书、礼、易、春秋、论语等六经都有，多系六朝和唐写本，总数据统计有《周易》11 件，《尚书》34 件，《毛诗》28 件，《礼记》12 件，《左传》35 件，《穀梁传》5 件，《论语》54 件，《孝经》31 件，《尔雅》5 件，合计 215 件。其中若干件可以缀合为一，故其实件数当不满 200。自西汉董仲舒“罢黜百家、独尊儒术”以来，儒家经典成为学子必读之书，亦为国家取士选能的基本内容。佛教圣地的敦煌，也普遍传抄研读。敦煌所出的儒家典籍，《尚书》均为“隶古定”写本，所谓隶古定者，盖“以隶写”，“存古为可慕，以隶为可识”。至唐天宝改定古文《尚书》为今文，收旧本藏诸秘府，世间不复习诵，隶古定《尚书》遂亡逸不传。重要的有六朝写本《古文尚书》的《篇目》《夏书》，初唐写本《古文尚书》的《尧典》《禹贡》《夏书》《商书》《顾命》等篇。《论语》以何晏《论语集解》和《论语皇侃疏》最有价值，都是宋代以后亡逸之书。《诗经》各写本，以郑玄注《毛诗古训传》和《毛诗音》，为人所重视。此外，还有《周易经典释文》《礼记音》《丧服仪》《春秋经传集解》《御注书经疏》《尔雅注》等。这些经典，所保存的古音、古注、古字、古义，在校勘、训诂、辑佚等方面，都关系匪浅，极有价值。

（五）文学资料

敦煌文献中蕴藏有丰富的文学资料，这些资料对研究当时社会经济情况和文学发展具有极其重要的价值。它除某些唐代诗歌专集、选集和文人诗篇外，还有大量来自民间的文学作品，主要有诗歌、变文、歌辞、话本小说、俗赋等文学样式，这些资料构成了敦煌文学。

1．诗歌

敦煌文献中保留下来的诗歌数量很多，范围也很广泛。有古代选本《玉台新咏》等残卷，也有唐代的诗歌选集、诗集残卷，诸如《唐人选唐诗》《诗总集》《白香山诗集》《陈子昂集》《高适诗集》、李峤《杂咏》、刘邺《甘棠集》等，以及残存的诗篇、诗句。这一类诗歌《全唐诗》已十存八九，敦煌所出藏本都可供今本校勘之用。但是，这并不是唐代诗歌的全部，在敦煌藏本中发现的唐代诗歌，其中不少诗篇是《全唐诗》未收的，特别是流传民间，深受广大群众喜闻乐诵的通俗白话诗和敦煌人的作品，更加引人注目。

《全唐诗》未收的唐代诗人作品，有的是《全唐诗》有作者姓名，敦煌本所见诗篇未收，或者是《全唐诗》连作者姓名也未知的。王重民先生曾就敦煌本补订《全唐诗》的不足，共补出的诗凡97首，残者3首，附者4首，共104首。作者50人，31人见于《全唐诗》，19人《全唐诗》未载。

敦煌发现而《全唐诗》未收诗歌中最著名的一篇是韦庄的《秦妇吟》。韦庄是唐代杰出的词家和优秀诗人。长篇叙事诗《秦妇吟》长达1600余字。在古典诗歌中是少见的鸿篇巨制。诗人亲身经历唐末黄巢起义的动荡年代，间关顿踬，寓目缘情，他以敏锐的观察力，描写风云突变的社会现实，深刻地反映出在唐末黄巢起义冲击下的唐代社会真实情况。

敦煌诗歌资料中的王梵志及其五言白话诗的发现，为探讨白话诗的发展提供了极为重要的材料。有关王梵志诗的写本约有30余个，加上唐宋以来诗话笔记所载王梵志的诗作，共得王梵志诗400余首。王梵志诗的内容十分丰富，有描摹某些社会现象的诗篇；有直接反映贫富对立、人民疾苦的诗篇；有揭露封建官场种种弊端的诗篇；有揭露府兵制下边塞兵士痛苦生活的诗篇，具有较高的现实主义水平。同时也有倡导劝世格言诗，内容涉及待人接物，处世交友各方面，特别是敬养父母、兄弟和睦、教育子女、慎于饮酒玩乐以及怎样和朋友邻居相处等比较现实的问题。此外，还有相当部分是宣扬佛教思想的诗作，有的劝世人多行善事，有的写地狱的恐怖，有的讲说轮回的因果，有的阐述佛教哲理。

王梵志诗有和同时代诗人迥然不同的特点，他善于把口语方言、俗语俗谚引入诗歌，既明白如话，又言近旨远，以通俗为其诗歌的主要艺术特征。

敦煌诗歌资料中还保存有敦煌本地诗人的作品。从内容上看，主要有直接反映当时风云变幻的社会时事之作，如P.2555号《唐人诗集残卷》，就是敦煌沦陷吐蕃后成为俘虏的敦煌人，在被押送途中写下的见闻和感受。有敦煌士人所献贺诗及酬赠奉答之作。有描写和颂赞敦煌地区名胜古迹之作，如《敦煌十二咏》《敦煌廿咏》《沙州十二咏》等。

此外，还有佛教徒写的揣摩人生、嗟叹凡迷、演绎生死、弘扬佛法、劝诫修行、参禅悟道以及敦煌民间有关劝善修道、家教世训、物候节气、婚丧嫁娶、感叹抒怀的诗作。

2. 变文

变文是唐代民间说唱文学的主要形式，是在汉魏乐府、小说、杂赋等文学传统基础上发展演变而成的新兴文体。其特点是语言通俗，接近口语，有说有唱，韵白结合，宣讲时往往配以图画。敦煌变文除以讲唱佛教故事的变文外，还有以历史故事和民间传说为题材的变文。历史故事类的变文，如《伍子胥变文》《王陵变文》《李陵变文》《王昭君变文》等，都是以历史人物为中心的。还有一些变文则是描写当时的历史事件，如《张议潮变文》《张淮深变文》，就是以当时当地的英雄人物为描写对象。它们大多以一个历史人物为主，撷取历史事件中的轶事趣闻，吸收民间传说，进行加工渲染而创作的。以民间传说为背景的变文，如《孟姜女变文》《舜子至孝变文》，讲述的是与一定历史人物、历史事件和地方古迹、社会习俗等有关的故事。

变文的发现，使我们认识到宋元话本、小说，以及明清以来的宝卷弹词、鼓词的由来，填补了文学史研究的空白。

3．歌辞

敦煌歌辞，一曰曲辞，包括曲子辞和大曲辞。曲子辞，又称曲子词，多数是民间作品，诗人文士所作极少。从文学技巧上看可能不够成熟，但其反映现实生活则极为真切、生动，具有一定的文学价值，同宋词的产生有着渊源关系。

敦煌的曲子词，其数量多达1000余首，绝大多数是流传民间的作品。内容极其丰富，涵盖的社会面极其广泛，意旨深厚。正如《敦煌曲子词集·叙录》所说："今兹所获，有边客游子之呻吟，忠臣义士之壮语，隐君子之怡情悦志，少年学子之热望与失望，以及佛子之赞颂，医生之歌诀，莫不入调。"

敦煌歌辞在反映重大的社会生活题材时，无论是大笔勾勒，还是重墨浓彩，都真实地再现当时社会面貌和人们的思想感情、要求和愿望。有直接反映劳动人民的生活、疾苦的曲子词；有反映频繁的战争给人们造成深重灾难的曲子词。大量的是反映妇女问题的作品，或托物寓意，或触景生情，倾诉着征妇情思，怨妇悲愤和被侮被损害女性的反抗心声，以及对始终不渝，纯洁无瑕爱情的追求和向往。有描写商人和知识分子的生活状况与精神面貌的曲子词。还有热情歌颂在大唐帝国繁荣昌盛的感召下少数民族背蕃归汉的爱国主义精神，以及敦煌地区人民保卫边疆、实现统一的英勇斗争精神的曲子词。此外，还有描写渔夫、颂剑、讥刺戏谑、抒情写景

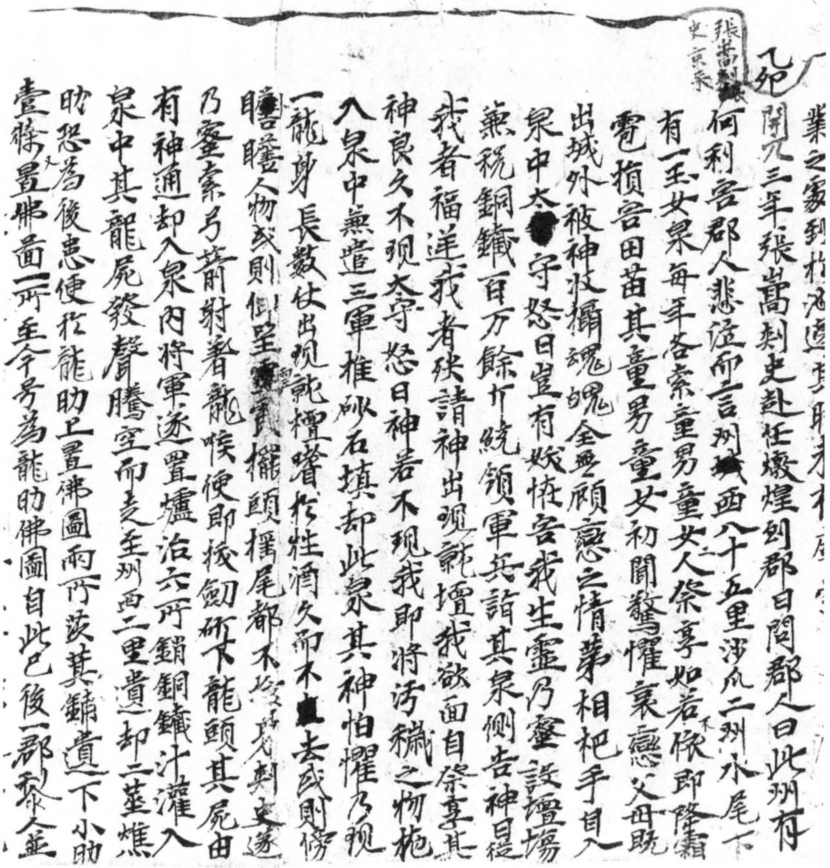

图 3-2　P.3721 张孝嵩屠龙记

的篇章。这些作品语言通俗，风格刚健。

此外，还有一些以时间为顺序的联章体曲子词，如《五更转》《十二时》《十二月》《百岁篇》《十恩德》等，大部分是宣传佛教思想的，也有描写闺怨、相思、劝人勤学的作品。其特点是以曲见胜，通俗易懂，比喻生动。

4. 话本小说

小说是唐代新兴的文体之一，在文人创作传奇小说的同时，民间已流传话本小说。大都是民间说话艺人讲说故事的底本，以历史故事为题材，在一定程度上反映出当时人们的理想、愿望和要求，为宋代“话本”小说的前驱。

敦煌所出的话本小说，主要有《唐太宗入冥记》《秋胡》《韩擒虎话本》《叶净能话》《庐山远公话》《孔子项讬相问书》《张孝嵩屠龙记》等（图 3-2）。

5. 俗赋、词文等

敦煌所出有一些以“赋”为名的作品，它们和汉魏六朝的文人赋很不相同，基本上摆脱骈词俪句的形式，使用的语言文字通俗畅达，明白如话，和小说比较接近，是流传民间的作品，故称为“俗赋 ”。还有部分全以吟词形式出现的“词文”，驳诘议论性的“杂文”等。

敦煌俗赋的代表作有《韩朋赋》《燕子赋》《天地阴阳交欢大乐赋》等。词文有《季布骂阵词文》，以及驳诘议论的《茶酒论》《梵志喜学多术说》。

（六）社会经济资料

敦煌藏经洞文献中，还有相当数量的政府和寺院档案、民间契约、社邑文书等社会经济方面的资料。这些文献资料对于研究中国古代的社会生活制度、经济史、社会史等，无疑是极其珍贵的资料（图 3-3）。

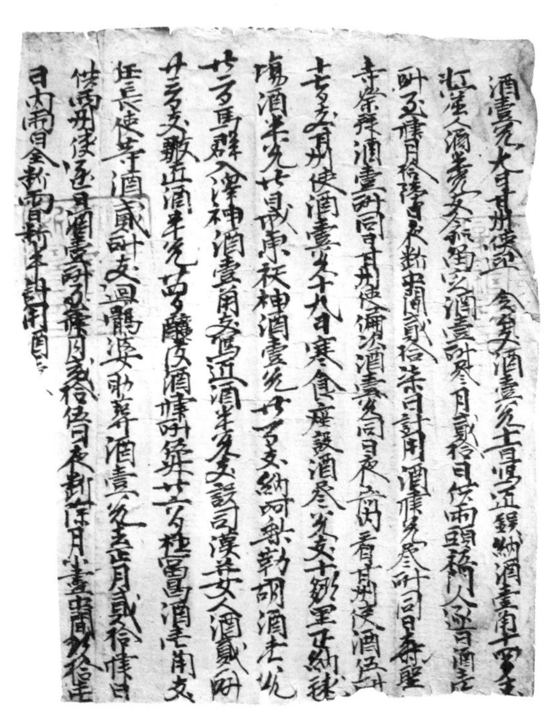

图 3-3 北宋乾德二年酒账单 敦煌研究院藏 0038 号

敦煌文献中的社会经济资料，涉及的内容相当广泛，部分资料的类别划分难以确定明确的归属，有的资料具有多重性质，但从研究社会经济的角度出发，因而把它们统一划归在社会经济资料中。它们包括姓望氏族谱名族志家传；籍账；

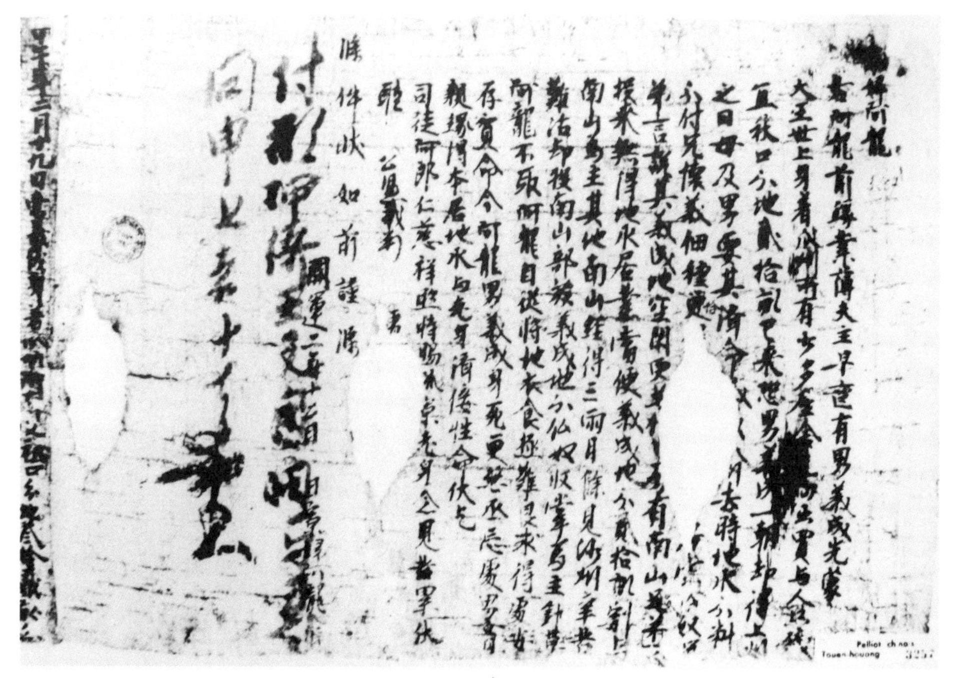

图 3-4　P.3257　后晋开运二年（945 年）寡妇阿龙地产诉讼案（部分）

差科薄；社邑文书类（其中包括立社条件、请求入社退社状、社司牒状及处分、社司转贴、纳赠历、收支账与凭据、社邑活动文书等）；沙州敦煌县行用水细则与渠人（社）行人转贴；敦煌会计历等财政文书；契据类（其中有买卖契、典押契、转换土地舍契、租佃土地契凭、买卖雇用牛驴驼车具等契、卖儿契、卖婢契、典儿契、典身契、雇工契、借贷契与请便牒、析产和处分遗产文书、养男立嗣文书、遗嘱、分书、放妻、放良书样式等）；便物历；关于奴婢、地宅、遗产、债务、税役纠纷等牒状公验；关于营田、勋荫田、退田、受田、租田、请地、田亩、户口、徭役、税收等牒状及籍历；法律文书（图 3-4）；什物历；施入疏；诸色入历；诸色破用历；诸色入破历计会；堂舍房基帐；驼马牛羊等籍及有关牒状和凭据；归义军资库、内库、内宅、柴场、宴设诸司等牒状及判凭；买卖、座设、财礼、纳贺、荣葬、荣亲等杂文书；追念、设供等请僧疏；诏敕、告身、信牒、公验、表、书、状等；军事、驿传、治安等文书；杂牒状和书启；墓碑、邈真赞、别传、功德记等；

书仪、书启等文书。

敦煌社会经济资料内容十分庞杂，涉及社会生活各个方面。

（七）历史、地理资料

敦煌文献中保存的历史学资料和古地理文书，从数量上看并不多，但内容极为丰富，有的可订史籍纪传的讹误，有的可补载集失纪的不足，特别是一些有关西北边地研究的资料，尤为珍贵。

敦煌文献中有关唐末五代归义军的资料最为丰富。唐自安史之乱后，吐蕃势力进入陇右河西，达 70 年之久。待张议潮组织归义军崛起瓜沙，献 11 州图籍归唐，奉唐正朔，陇右河西复入李唐版图。归义之制延至宋初，历时近 200 年，为唐五代西北史上一大事。但《新唐书》《旧唐书》未为张议潮立传，《新五代史》《旧五代史》《宋史》《辽史》《资治通鉴》等于归义军事偶有所记，亦是一鳞半爪，而且讹误罅漏甚多。敦煌所出归义军及张曹二氏资料，有直接关系的上百种，间接的材料就更多，填补了历史记载的空白。

敦煌所出的古地理文书，是弥足珍贵的资料。从内容上看，可分为以下几类：

1. 沙州、伊州、西州地区残地志：有《沙州都督府图经》《西州图经》《沙州城土境》《沙州图经》《寿昌县地境》等。这些图经记载了当地的道路、山脉、河流、湖泊、古迹、渠道、堤堰、驿站、城镇沿革、土产、祥瑞等，其内容大都是史籍缺载的（图 3-5）。

2. 敦煌地理杂文书：有《瓜沙两郡史事编年》《敦煌录》《敦煌水渠》等，可与图经记载相互补充。

3. 全国性地志：有《贞元十道录》《地志残卷》《兴平县志》《诸道山河地名要略》等，可补《元和郡县图志》记载之不足。

4. 往西域行记：有《慧超往五天竺图传》《西天路竞》《大唐西域记》，这些资

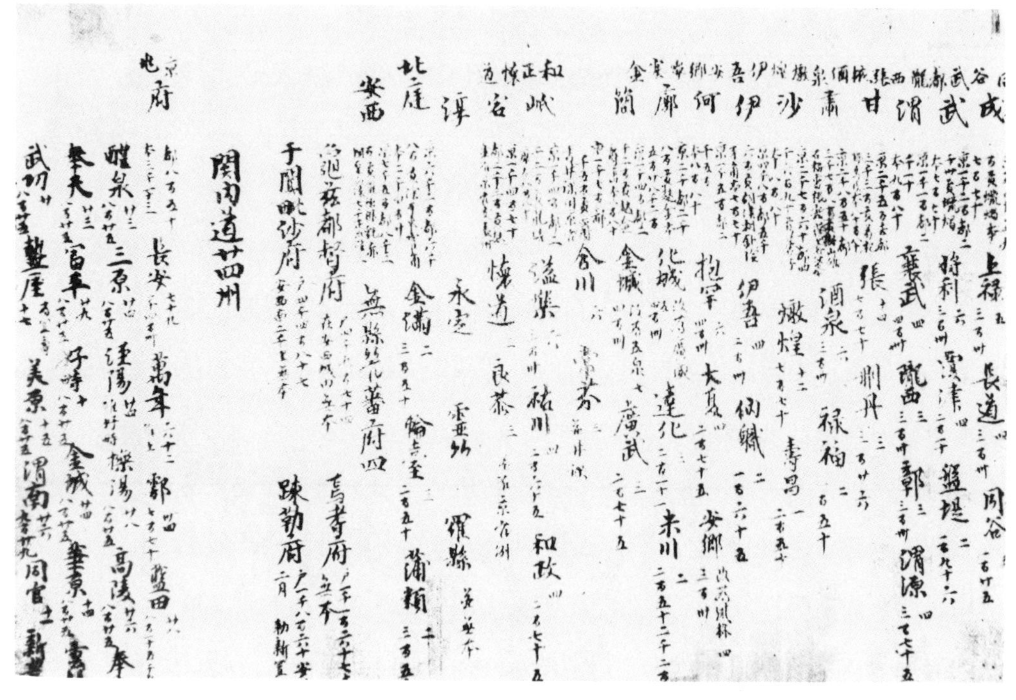

图 3-5　地理志残卷　敦煌市博物馆藏第 58 号

料校勘《大唐西域记》具有重要价值，有的还可互相补充。

5. 往五台山行记：有《五台山志残卷》《往五台山行记》《普化大师游五台山日记》《诸山圣迹志》等。

（八）科学技术资料

敦煌文献中有许多古代科技资料，如数学方面有算经、算术；物理学方面有力学、计量学；化学方面有冶炼、炼丹术；天文学方面有历日、星图、天文图；医学方面有本草、医籍、针灸；此外，还有造纸与印刷术及建筑、纺织酿酒、制糖等手工业技术方面的资料。它对于我国科学技术和科技史的研究具有重要的意义。我们仅就敦煌科技资料中的天文学、印刷术、医学三项加以介绍。

1. 天文学资料

敦煌所出的天文学资料包括历日与星图两个方面。敦煌的古历日写本、刻本已知的有 20 余件，最早的是北魏历日，最晚的是北宋历日。

敦煌历日大部分为敦煌地区自编，共有 30 余件。现知最早者是《唐元和三年（808 年）戊子岁具注历》断片，最晚的是《宋淳化四年（993 年）癸巳岁历日》。此外，还有《唐元和四年（809 年）己丑岁具注历日》《唐光启四年（888 年）戊申岁具注历日》《唐景福元年（892 年）壬子岁具注历日》《后唐同光二年（924 年）甲申岁具注历日》《后唐同光四年（926 年）具注历》《天成三年（928）戊子岁具注历日》《天福十年（945 年）具注历》《显德三年（956 年）丙辰岁具注历日并序》《显德六年（959 年）己未岁具注历日并序》《太平兴国七年（982 年）壬午岁具注历日并序》《雍熙三年（986 年）丙戌岁具注历日并序》《端拱二年（989 年）己丑岁具注历日》等。

此外，另有 3 件历日由外地传入敦煌，一是北魏太平真君十一年（450 年）和十二年历，它是现存敦煌历日中最早一件，也是现知唯一的北魏历书实物。一件是木刻本唐中和二年（882 年）《剑南西川成都府樊赏家历日》。一件是《唐乾符四年（877 年）丁酉岁印本历日》。

在敦煌历日中，有一个引人注目的现象，就是来自西方基督教的星期制度最早引见我国历日始见于敦煌历日。一星期的各日在敦煌历日中都有特定的术语，星期日是密，从星期一至星期六依次是莫、云汉、嘀、温没斯、那颉、鸡缓。如《雍熙三年丙戌岁具注历日并序》中，在正月一日顶端注“那颉日受岁”，意即这天是星期五，以后只有星期日那天注上“密”字。

敦煌历日的发现，为研究古代历书的演进发展提供了重要的材料，在中国历法史上占有显著的位置。

敦煌的星图共有两幅，一幅是《全天星图》（S.3326 号），一幅是藏于敦煌博物馆的《唐人残地志》背面的《紫微垣星图》。

《全天星图》从12月开始画起，根据每月太阳位置的所在，把赤道带附近的星分成12段，利用圆筒投影的方法画出，它囊括了当时北半球肉眼所能见到的大部分恒星。

《紫微垣星图》彩绘于两个同心圆上，这幅星图观测地点的地理纬度为北纬35度左右，相当于西安、洛阳等地。

此外，敦煌文献中还有一些天文学资料，如P.2512号是一卷天文著作残卷，包括二十八宿次位经和甘德、石申、巫咸三家星经。又如《玄象诗》，是以韵文歌诀的形式来介绍全天星官，这样便于记忆背诵。

2. 印刷术

印刷术，包括雕版印刷和活字印刷，是我国古代四大发明之一，是对世界文明进步的伟大贡献。敦煌文献中除绝大多数是手写本外，还有一些雕版印刷品和文字记载，为研究雕版印刷术的发明时间及原委，提供了可靠的依据。

敦煌雕版印刷品中最著名的是唐咸通九年（868年）《金刚经》。原卷收藏于英国伦敦大英博物馆，编号SP.002号，翟理斯目录编号为G.8083号。此卷首尾完整，由7张纸接连而成，包括卷首扉页画一张，全卷长约488厘米，宽30.5厘米。扉页刻给孤独园中须菩提请问释迦牟尼图，刻画极精，刀法圆熟，经文每行19字，殿以真言。卷尾题记："咸通九年四月十五日王玠为二亲敬造普施。"这是世界上现存第一部标有年代的完整的雕版印刷品，被誉为"世界印刷史和版画艺术的冠冕"。

归义军曹氏政权在曹元忠执政期间，舍资雕版印刷佛像、菩萨像、佛经等。敦煌文献中发现的由曹元忠舍资雕刻的印刷品有阿弥陀佛像、观音像、文殊像、地藏像、毗沙门天王像、普贤像等，总数多达60余幅。此外，还有木刻印本《金刚般若波罗蜜经》残卷。

其他木刻印本的佛经，还有属于真言的《大随求陀罗尼》《一切如来尊胜佛顶陀罗尼加句灵验本》《圣观自在菩萨千转灭罪陀罗尼》《无量寿佛密句》《圣观自在菩萨莲花部心真言》。以及《佛说观世音经》残卷，《大般若波罗蜜多经》残卷，

《故圆鉴大师二十四孝押座文》。

木刻印本历日有《丁酉年具注历日》《剑南西川成都府樊赏家历日》《上都东市大刁家大印》等。木刻印本韵书有《大唐刊谬补阙切韵》4个残卷，其中包括6种不同的刻板。

此外，尚有一些印本佛像画，如观音像、经变图、涂色印本佛像、千佛像和千菩萨像等。另有许多木刻印本书卷、图画残片，其中有《法华经》《金刚经》《大方广佛华严经》《无量寿决定光明王如来陀罗尼经》《观无量寿佛甘露疏》《阿弥陀经》《瑜珈集要救阿难陀罗尼焰口仪轨经》《大般若经》等诸经者，以及《论语》《左传正义》残片。

值得注意的是，在印本切韵印刷左下角最后两三字是记刻版顺序的，与今之页码用途近似。咸通九年《金刚经》的顺序码是刻在版心上的，后来演变成木刻心记页码，而左下角记页码的方法却没有传下来，这两种记页码方式均首见于敦煌的实物中，是珍贵的印刷史资料。

3. 医学资料

敦煌文献中有许多医学方面的资料，保存了大量的古代医学典籍，约有80余种。对这些资料的研究和发掘整理，可以丰富祖国医学的内容，填补一些领域的空白，古为今用，在现代医学中发挥其应有的作用。

敦煌所出的80余种古代医学资料，可以分为11类。

医经类：有《三部九候论》《病形脉诊》。

五脏论类：有《明堂五脏论》《张仲景五脏论》。

诊法类：有《平脉略例》《五脏脉候阴阳相乘法》《占五脏声色源候》《亡名氏脉经》《玄感脉经》《七表八里三部脉》《青乌子脉诀》。

伤寒论类：有张仲景《伤寒论》。

医方类：有《杂疗病药方》《唐人选方》《黑帝要略方》《单药方》《不知名医方》十余种。

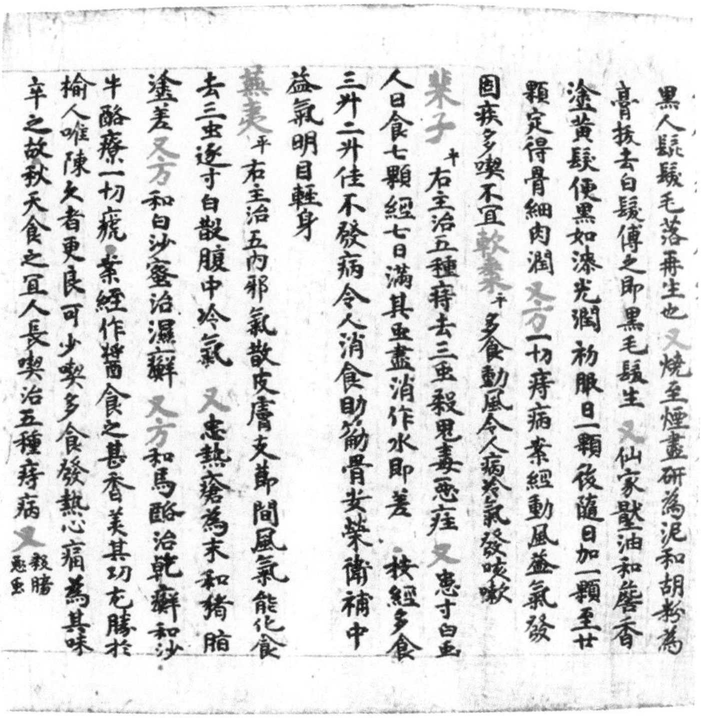
黑人髭鬚毛落再生也 又燒至煙盡研爲泥和胡粉爲
膏拔去白鬚傅之即黑毛髮生 又仙家壁油和麝香
塗黃髮便黑如漆光潤 初服日一顆後隨日加一顆至廿
顆定得骨細肉潤 又方一切痔病棗經動風益氣發
固疾多喫不宜 軟棗 平 多食動風令人病冷氣發咳嗽
榧子 平 右主治五種痔去三蟲殺鬼毒惡疰 又患寸白蟲
人日食七顆經七日滿其蟲盡消作水即差 按經多食
三升二升佳不發病令人消食助筋骨安榮衛補中
益氣明目輕身
蕪荑 平 右主治五內邪氣散皮膚支節間風氣能化食
去三蟲逐寸白散腹中冷氣 又患熱瘡爲末和豬脂
塗差 又方和白沙蜜治濕癬 又方和馬酪治乾癬和沙
牛酪療一切瘡 案經作醬食之甚香美其功尤勝於
榆人唯陳久者更良可少喫多食發熱心痛爲其味
辛之故秋天食之宜人長喫治五種痔病 又殺腸惡蟲

图 3-6 藏经洞出土 S.76《食疗本草》（局部）

医术类：有《辅行诀脏腑用药要法》。

本草类：有《本草经集注》《新修本草》《食疗本草》（图 3-6）《佚名氏本草序例》。

针灸类：有《灸法图》（图 3-7）《新集备急灸经》《灸经明堂》《人神流注》。

辟谷、服石、杂禁方类：有《辟谷诸方》《疗服石方》《王宗杂忌单方》《陵阳禁方》《杂方术》。

佛道医方类：有《佛家方》《道家方》。

医史资料类：有《乞药笺》《救诸众生苦难经》中的 10 种死病，《劝善经》中的七种死病，《类书 · 医卜》中医家郭玉付，《伍子胥变文》中的“药名诗”，阴阳书中有关病症与药名，《行事钞》中的“治病所须”、《百一物本》中的医用物品，佛家语喻医方，《痔病经》中病名等等。

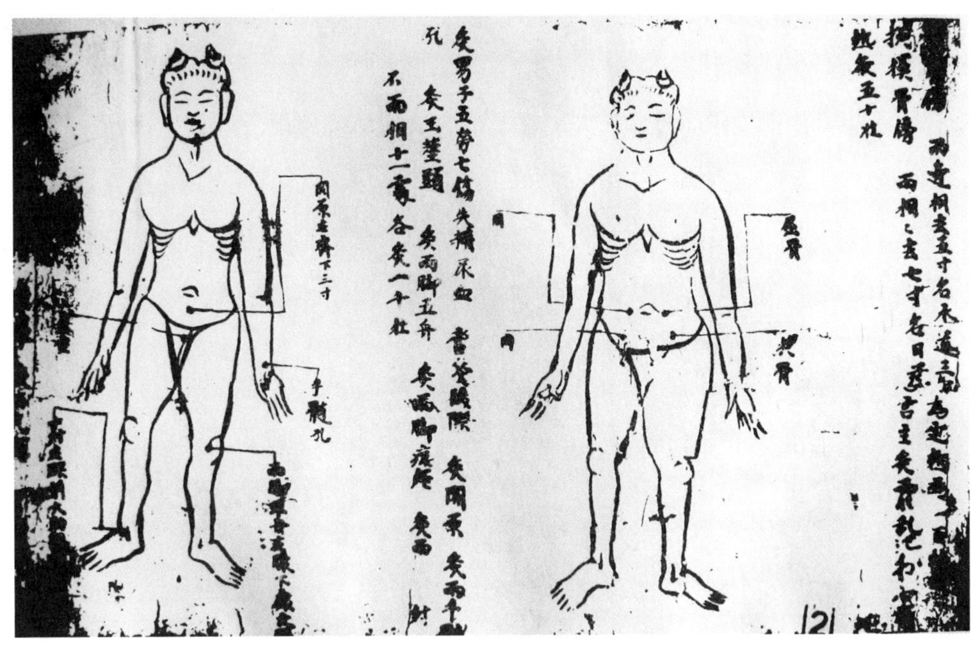

图 3-7　藏经洞出土写卷 S.6168《灸经图》局部

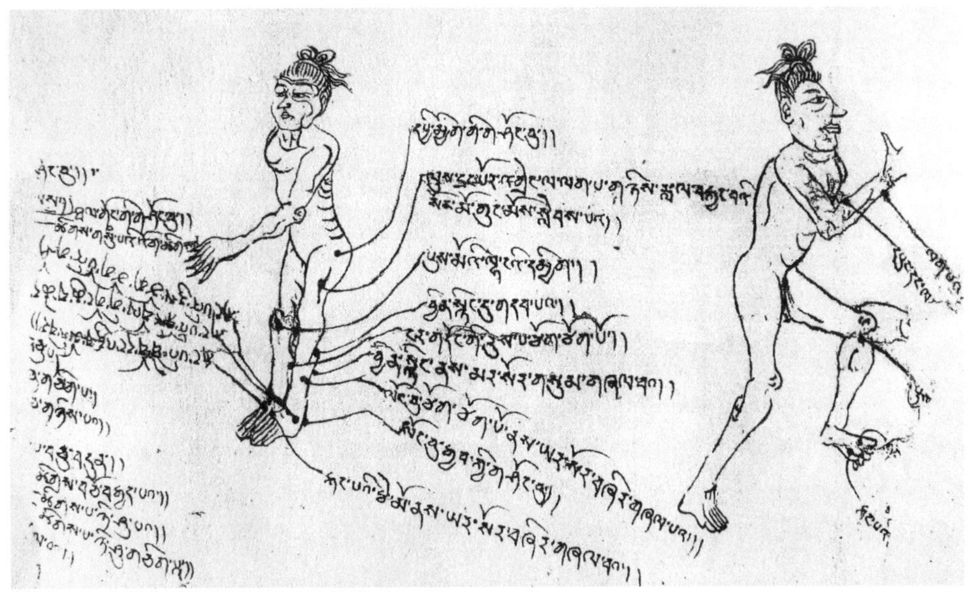

图 3-8　P.T.1058　藏文穴位图　引自《敦煌古藏文文献论文集》

此外，在敦煌文献中还有古藏文写成的藏医著作，如《藏医杂疗方》《藏医灸法残卷》（图 3-8）《医疗术》等。

敦煌文献中的医学资料，极大丰富了隋唐前后医学典籍宝库，为古医籍的校勘和辑佚提供了重要的资料，以及古佚经方的发现，在医学理论、诊断学、本草学、方剂学、针灸学、临床各科等方面，具有医药学术成就，解决了一些在医史研究中长期争议的问题。

（九）少数民族文字文献

敦煌文献中不仅有大量的汉文写本，而且还有为数众多的少数民族语言文字的写本。有古藏文、回鹘文、于阗文、粟特文和少量的梵文等文字资料，这些写本是研究我国西北地区民族语言、历史、地理、宗教和文化的不可多得的宝贵资料，同时也是对汉文史料的重要补充。

1. 古藏文

敦煌所出的古藏文写本，大部分由斯坦因和伯希和所劫，收藏在英国伦敦印度事务部图书馆和法国巴黎国家图书馆。在我国甘肃河西境内的敦煌、酒泉、张掖、武威和兰州等地的博物馆和图书馆，也收藏有一批劫余的古藏文写本，据初步统计有经卷式写本 300 余卷，篋页式（有双孔、双面书写）写本约近万页左右。这些写本的写作年代约为公元 8 ~ 10 世纪。

伦敦和巴黎所藏的敦煌古藏文写本，总数约有 3000 件。法国藏学玛塞尔·拉露女士编著的《巴黎国家图书馆藏敦煌藏文写本目录》，共著录藏文写本 2216 号书目；比利时鲁文大学教授、佛学家德·拉·瓦莱·普辛编著的《印度事务部图书馆敦煌藏文写本目录》，共著录 765 号书目。

伦敦和巴黎所藏的藏文写本，大部分是与佛教有关的经典、疏释、愿文祷词、陀罗尼、瑜珈怛特罗等。佛经中的《般若波罗蜜多经》《无量寿佛经》等数量尤为可观。除佛教著述之外，敦煌藏文写本中最引人注目和受到人们高度重视的是有关吐蕃历史、社会的文书（图 3-9）。

图 3-9 古藏文大乘无量寿宗要经 敦煌市博物馆藏

关于敦煌藏文写本中的吐蕃史料，对于研究吐蕃史、西域史具有重要的价值。如 P.16 号系发愿文，涉及佛寺建筑及吐蕃大臣施捐；P.116 号系写经，内有卧轮禅师逸语；P.127 号和 P.1066 号涉及养马和铁鋮法；P.849 号涉及吐蕃诸王名称；P.1286 号、1287 号、1288 号系历史纪年，涉及吐蕃历史；P.1289 号涉及敦煌世系；P.1038、1047 号涉及吐蕃古代史；P.1144 号涉及敦煌历史；P.996 号涉及禅宗五位禅师；P.960 号涉及于阗佛教史；P.1283 号涉及北方诸王历史；P.958 号涉及四方地理；P.1051、1052、1196 号涉及婚礼歌；P.1290 号涉及属邦名册；P.1060 号涉及马卜；P.1285 号涉及疗疾仪式；P.1182 号涉及基督教；P.1042 号涉及葬仪；P.992、1284 号涉及孔子与项讬相问书；P.1251 号象雄语；P.1283 号涉及八世纪回鹘人探索高地亚洲北部的报告等等。

社会经济方面的写本，都是吐蕃统治敦煌时期的遗物，有诉状、告牒、户籍、赋税逋欠账册、田亩契约、土地交易契约、寺院财产等方面的资料。

此外，藏文写卷中的古籍译文有《尚书》《战国策》的残卷，以及经补配而完整的印度古代长篇史诗《罗摩衍那》译本。社会文书有《礼仪问答书》《狩猎伤人赔偿律》《纵犬伤人赔偿律》等写本。

2. 回鹘文

敦煌突厥回鹘文文书，具有很高的史料文献价值。据初步统计，敦煌回鹘文写本中有 2 件是用摩尼教文字写成的；有 2 至 3 件是用藏文字母拼写的突厥语写本；有 4 件是用如尼文字写成的；约有 39 件用回鹘文写成。其内容包括经文、笔记、诗歌、公私文书、账单和格言集等。

关于伦敦和巴黎所藏的回鹘文写卷，法国学者哈密屯的两卷本《九至十世纪敦煌回鹘文写本汇编》一书，刊布了由 38 件写本组成的 36 种文书，其中 25 件藏于巴黎，13 件藏于伦敦。加上 P.3506 号册子卷《善恶两王子的故事》和斯坦因 or.8212 号《八阳神咒经》，基本上是敦煌回鹘文写本的全部（图 3-10）。

3. 于阗文

敦煌发现的于阗文写本，年代约在 6 ~ 10 世纪，主要收藏在伦敦和巴黎两地。从刊布的于阗文文献看，大部分是佛经，但是也有非佛教文献，其中有不少史料价

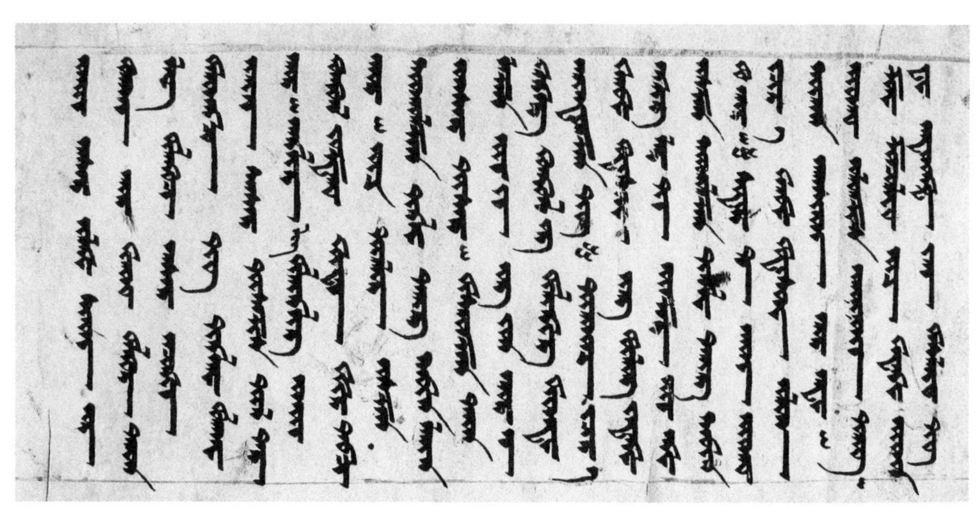

图 3-10　回鹘文写本残卷　敦煌研究院藏第 0707 号

值极高的文书和词汇集。

敦煌于阗文的佛经有《金光明经》《普贤行愿赞》《出生无边门陀罗尼》《观自在陀罗尼》《观自在赞颂》《药师经》《妙法莲华经》《金刚般若经》《阿育王譬喻》《善观喜譬喻》《善财童子譬喻》《般若波罗蜜多经》《文殊师利化生经》等。历史文书有使臣致于阗王奏报，于阗王致曹元忠书，致金汗书信和奏报，致于阗王奏甘州突厥情势等。词汇集有梵语—于阗语词汇，突厥语—于阗语词汇，汉语—于阗语词汇等。此外，还有迦腻色迦传、罗摩传和练字作业、医书等。

4. 粟特文

敦煌所出的粟特写本，主要是佛经。这些佛典多译自汉文，亦有少量译自梵文和龟兹文。现收藏于伦敦和巴黎的粟特文写本佛经主要有《Vessantara本生故事》、《入楞伽经》《鸯掘魔罗经》《佛说善恶因果经》《药师琉璃光如来经》《佛说不空绢索咒经》《金刚般若波罗蜜经》《观世音菩萨秘密藏神咒经》《维摩诘经》《观佛三昧海经》《金光明经》《捏陀经》《观音尊敬百论赞》《叔迦经》《戒酒经》《本生经或譬喻》《千眼千臂观世音菩萨陀罗尼》（转写梵文）、《般若波罗蜜多经》（转写梵文）、《陀罗尼》（转写梵文）等。

此外，斯坦因1907年在敦煌附近T.X11.a号长城烽燧遗址中获得八封粟特文信札，其中第二封信曾述及洛阳被焚，天子出亡，匈奴入据洛阳之事。关于这些书信的年代，至今犹有争论，有2世纪和4世纪两说。这些粟特文信札，内容丰富，涉及粟特人进入河西和中原经商的规模、范围、商品、行市和情况等等，有较高的史料价值，虽非出自藏经洞，但作为时代较早之粟特文书，特加以介绍说明。

（十）藏经洞出土的美术工艺品

在藏经洞出土文物中，除数以万计的写本文献外，同时出土的文物还有部分美术工艺品。这些美术工艺品包括绘画、纺织品、木雕等。绝大部分为斯坦因和伯希和掠走，收藏在英国伦敦大英博物馆、印度新德里博物馆、法国巴黎吉美博物馆，此外，在中国、俄罗斯、美国、日本、韩国等也有零星单幅收藏。

1. 绘画品

敦煌藏经洞所出的绘画品，从绘画的材料上可分为绢画，麻布画、纸画等。斯坦因所获绘画品共计 536 件，其中 282 件收藏在英国伦敦大英博物馆，254 件收藏于印度新德里博物馆。斯坦因所获 536 件绘画品中，绢本画约有 335 幅，麻布画 94 幅，纸本画 107 幅。伯希和所获绘画品共计 216 共件，其中绢本画 136 幅，麻布画 47 幅，纸本画 33 幅。

敦煌藏经洞所出的绘画品，是公元 7 世纪至 10 世纪的遗物。斯坦因所获绘画品中纪年最早的是唐咸通五年（864 年）的《四身观音、文殊、普贤菩萨像》，纪年最晚的是宋太平兴国八年（983 年）的《大慈大悲救苦观世音》。伯希和所获的绘画品中，纪年最早的是唐开元十七年（729 年）的《高僧像》，纪年最晚的是宋太平兴国八年（983 年）的《地藏十王图》。

敦煌藏经洞所出的绘画品，其题材主要是佛像、菩萨像、护法神像、佛传故事、经变画以及曼荼罗等。其中佛像有释迦、阿弥陀、弥勒等独尊像和说法图，如释迦牟尼佛灵鹫山说法图、阿弥陀佛八菩萨图等。经变画有降魔变、观无量寿佛经变、阿弥陀净土变、药师净土变，维摩诘经变、法华经变观音普门品、弥勒下生经变、劳度叉斗圣变、父母恩重经变等等。数量众多的是各种菩萨像，其中尤以观音像最多，有圣观音、千手千眼观音、大悲观音、如意轮观音、不空绢索观音、救苦救难观音、延寿观音、引路观音、水月观音、马头观音、十一面观音等，其他的菩萨像有文殊、普贤、地藏、金刚藏、多罗、日曜等菩萨。护法神像有天王、金刚力士、行道天王图、明王、那延罗天等。另外，还有地藏十王厅、观音曼荼罗、尊者像、高僧像、佛传图，以及狮子、骆驼和描绘各种花卉图案、迦陵频伽的绘画品（图 3-11）。

2. 纺织品

敦煌藏经洞所出的纺织品，主要是幡画的附属物，如用于画幡顶部的三角形幡

图 3-11　藏经洞出土绢画　英国博物馆藏　斯 47 号

首、两侧垂悬的幡带，以及用于包裹经卷的丝织品经帙和有关药师佛信仰中悬挂的五色彩幡、垂幕等。制作的材料，有绢、绮、纹罗、绫、锦（分经锦和纬锦两种）等。此外，还有部分刺绣品。

3. 木雕

敦煌藏经洞所出的木刻品很少，共有二十余件。斯坦因所获各有一尊彩绘木雕佛像和高僧像。伯希和所获共 21 件，其中有一尊彩绘释迦牟尼像，两尊彩绘天王像，两只小祭坛，以及若干以单块木头刻成的小佛像和菩萨像。

第四章

穿越时空

——敦煌地区的遗迹、遗物

敦煌学的研究，是以敦煌地区遗存至今的文物资料为研究对象，主要是指古敦煌郡（即瓜、沙二州）境内的资料。这些资料，除上述的敦煌石窟艺术和藏经洞出土的文物之外，还包括敦煌地区遗留下来的古代人文遗迹和遗物等，以及与敦煌有关的其他资料。这些文物资料，大都产生于古代敦煌，在以地为系的纲领下，贯串古今，左右通连，互相渗透，在共同的时空范围内，使它们之间必然地存在着内在的联系，形成一个不可分割的有机体，比较全面而真实地反映着古代敦煌特有的历史风貌，同时也可窥见中国古代史、中西陆路交通史、中亚史的一些侧影。

敦煌地区现存的古代人文遗迹，是古代生活在敦煌这片土地上的人们生息繁衍、生产劳动、文化活动遗留下来的痕迹。敦煌地区的古代人文遗迹或遗址，主要是指自汉武帝在敦煌建郡以来遗留至今的古代城堡、长城、关隘、烽燧、驿站、冢墓、道路、河渠、寺庙等。

敦煌地区的古代人文遗物，包括地表遗物和地下遗物。地表遗物的范围相当广泛，这里主要指遗存至今的碑刻、石塔等物。地下遗物的出土非常丰富，这里主要指各遗址发现的汉简、其他出土物和敦煌墓葬中出土的各种文物。

（一）古代文化遗迹选介

远古文化遗存

敦煌地区的古代人文遗存，主要是指远古时期居住生活在这块土地上的先民的文化遗物。如在今敦煌境内的南湖古董滩、杨家桥乡、马圈湾烽燧遗址附近和瓜州县境内的兔葫芦等地发现的新石器时代的石器、陶器等，经考古鉴定，这些器物的

图 4-1　敦煌马圈湾出土　夹砂红陶单耳罐　新石器时代

文化类型和疏勒河流域的玉门火烧沟文化类型相同，是距今 3500 年以前的遗物。证明了在新石器时代晚期，敦煌已有人类生息繁衍的活动，并创造了自己的历史文化（图 4-1）。

除此之外，在毗邻敦煌市的今肃北蒙古族自治县境内的南山中，还遗存有大量游牧民族绘制的岩画，这些岩画反映了在敦煌建郡以前少数民族游牧生活的情况，这对研究河西走廊的西戎、羌族、月氏、乌孙等民族的社会生活与历史文化，提供了重要的形象资料。如位于肃北县城东北约 40 公里处的大黑沟岩画，绵延 3.5 公里，岩画共有 30 多组，190 多幅。画面多采用凹刻和凸刻形式，主要刻画在避风向阳的

图 4-2　肃北县大黑沟岩画　狩猎图（描摹）引自岳邦湖等《岩画及墓葬壁画》

山坳陡峭的花岗岩和石灰岩上。大部分内容为射猎、放牧等场面，既有表现许多人围猎的场面，如四个猎手围攻两头膘肥体壮的野牛和梅花鹿。也有许多单人狩猎的场面，他们多选择容易猎取的小型动物，如北山羊、大角鹿、梅花鹿等，使用的工具有弓箭、弩机、长矛、棍棒等。猎犬常充当猎手们的助手。由于祁连山地区终年积雪，气候寒冷，狩猎者们身着长袍，足蹬长靴，头戴毡帽，腰束长带，所着服饰与今天居住在祁连山区的蒙古族、裕固族牧民服饰颇为相似。大黑沟的文化遗存，是了解敦煌地区古代游牧民族历史不可多得的珍贵资料（图 4-2）。

古城遗址十余处

敦煌地区古代最早的城市建设，首推西汉武帝元鼎六年（前 111 年）敦煌建郡后建立的敦煌城。除修建郡城之外，还在郡所辖的各县修建城池，自此以后，历代王朝在敦煌地区都有不同规模的城市建设活动，或在前代旧城址的基础上重新建城，或出于政治军事的需要，在一些重要的地方重筑新城，现在遗存至今的古城址有十余座之多。

在今敦煌境内现存的古城址有：

> 敦煌古城：又称沙州故城。即西汉时的敦煌郡城，唐代以来改郡为州遂名沙州城。遗址在今敦煌城西，党河西岸，跨过党河大桥即到。犹存南、西二面城垣，南垣长 718 米，西垣长 1132 米，城西北角有高大壮观的角楼遗址，残高达 16 米。古城东垣，清初被党河洪水冲毁，部分墙垣残基仍可见到。根据故城南、西二面城墙共长 1850 米加以测算，东、北二面城垣长亦应相近，推算敦煌古城周垣长约 3700 米（图 4-3）。

寿昌城遗址：在今敦煌南湖乡。寿昌城为汉代龙勒县地，是敦煌郡所辖六县之一，唐武德二年（619 年）改名寿昌县，归沙州管领。城池遗址东临山水沟，北连沙梁湾，南、西现已为耕地。城池总面积为 83500 平方米，东、西、北三面仅存断续城垣，马面残迹尚可辨认，南面只存墙基。北垣长 300 米，东垣长 270 米，西南

图 4-3　沙州故城遗址

墙由西向东 58 米处折向南 180 米再折东 250 米处接东垣。城墙残高 4.2 米，上宽 2 米，下厚 7 米，全系红胶土版筑。城内大部为黄沙覆盖，城垣附近有很多古砖，瓦残片及红、灰陶片散布。

昌安仓遗址：昌安仓又称大方盘城，距敦煌城 60 公里。该城创建于汉代，自汉晋以来，为西边防线上储备粮秣等给养的军需仓库。城堡遗址为长方形，夯土版筑，东西长 132 米，南北宽 17 米许，现存墙垣最高处 6.7 米，内有南北方向的两堵墙，将其隔为相等并连的 3 座仓库，仓库每间东西长 42.5 米，南北宽 14.5 米，墙厚 1.5 米，三间仓库向南各开一门。四墙残颓，北壁较完整，壁的上下具有三角形小洞，每壁上三下五，间隔距离交错相等，可能是仓库的通风设施。南壁虽多残塌，小土洞所剩无几，但与北壁小洞相对称。仓库外围东、西、北三面还加筑两重围墙，仓库正南面戈壁陡起处有一烽燧（图 4-4）。以前斯坦因曾将该昌安仓遗址定名为河仓城遗址，而实际上河仓城遗址另有其地。

戴家墩城堡遗址：该遗址位于敦煌城东北约 20 公里的黄渠乡。遗址现仅存墙基，南北长约 113.7 米，东西宽 92.5 米，城门向南，四角楼遗痕尚存。

甜水井城堡遗址：位于敦煌城东北约60公里，遗址在疏勒河以南、甜水井以北的戈壁滩上。共有两处，相距约3公里。现仅存有稍高于地表而断续不齐的墙基痕迹，其中一处周垣长约440米。因地面暴露铜箭镞、铁刀、铁剑、陶器、五铢钱等遗物较多，可能是汉代军屯重地，有待进一步发掘考证。

墩湾城堡遗址：位于敦煌城东郭家堡乡墩湾北面较高的红褐土地带。周围地面堆积有流沙层，西面有高出地表约1～2米的土疙瘩，北面地形较低。遗址东西长约1000米，南北宽约100～300米。在遗址中部发现有唐代墓葬，地面暴露有陶片、五铢钱、开元通宝钱、残砖等遗物。

城湾城堡遗址：位于敦煌城东北17公里处。现仅存方形古城残基，南北两城垣长31.9米，东西城垣长30.9米，其中北城垣厚3.6米，残高2.2米，系用夯土版筑而成。门开于西垣，宽6米，城内有房屋建筑痕迹，城内外有许多灰陶片、残砖等遗物，曾采集到石磨残片和开元通宝钱。

今肃北蒙古族自治县境内现存的古城址：

党城城堡遗址：在县东南2公里处，遗址为长方形，夯土版筑，城垣犹存。其

图4-4 昌安仓遗址

中东垣长231米，西垣长218米，北垣长144.5米，高2~4米，总面积为3万余平方米。城堡四角及北墙中间有堡楼，城内南面正中有建筑遗迹。地面暴露有垂帐纹、弦纹灰陶片，太平通宝钱，石磨，花方砖等遗物。据文献记载，该遗址可能是唐、宋时期敦煌紫亭镇故址。

石包城城堡遗址：位于石包乡西南小山上。城系石垒而成，四垣较为完整，略呈方形。每垣长约100米，残高10米左右，西垣稍为弧形，开南门。城周有壕，城门东侧有一土台。据称为唐、宋时期的雍归镇故址。

今瓜州县境内现存的古城址：

锁阳城址：锁阳城又名苦峪城，在瓜州县南桥子乡附近的戈壁滩上。城为长方形，夯土版筑，南北长470米，东西宽430米，高10米余（图4-5）。城中偏东有一南北隔墙，将城分为东西两部，东小西大，隔墙北端拐角有门，东部可能是内城。城垣四角有圆形转角土墩，南北垣各有马面5个，东垣3个，西垣4个。该城有4个瓮城，北垣2个，南、西垣各1个。城西北角有一圆形高大建筑物，并有拱形门洞，东西贯通。城外有环墙遗迹，东北方向1公里有塔儿寺1处（图4-6），有8座土塔。在遗址中曾采集到开元通宝钱、陶纺轮、灰红陶屯、石磨、铁箭镞等遗物。该城为汉代冥安县和唐代瓜州（晋昌郡）即晋昌县的治所。

图4-5　锁阳城遗址

破城子城堡遗址：位于距瓜州县城35公里处踏实乡附近。遗址略呈长方形，南北长202米，东西宽140米，残高14米，夯土版筑。设有北门、城角有四方角墩，四面城垣有马面。在遗址中曾采集到大量唐代陶片和少量汉代灰红陶、夹沙陶片等遗物。该城为汉代广至县故址和唐代悬泉堡故址。

图 4-6 锁阳城遗址中的塔儿寺

六工城堡遗址：位于县城西南 20 公里处的南岔乡。遗址城垣高大，南北长 360 米，东西宽 280 米，东南角城呈折线形，垣有马面，共开四门，都是方形瓮城。该城的东北角又连着一座小城，其门向南又拐向西，城垣四角有角墩，似为内城。在遗址中曾采集到垂帐纹、绳纹红灰陶片和开通宝钱。该城为汉代昆仑障故址和唐常乐县故址。

此外，在今瓜州县境内还有一些不同时代的古城址，如新清故城、肖家地故城、南岔大坑故城，以及清代的桥湾城址、白旗堡城址、西湖古城等等。

芦草砂土筑成的汉长城

长城是人类历史上的一大奇迹，也是中华民族的一大壮举。现在一提起连绵起伏、宏伟壮丽的万里长城，人们习惯地说它“东起山海关，西到嘉峪关”。其实那不过是指明代长城而言。就在嘉峪关明长城以西，便还有长长的一道汉长城呢。

汉长城是春秋战国和秦始皇修筑长城后，我国历史上又一次大规模修筑的长城。它在秦长城的基础上，从临洮向西延伸一千多公里，直到敦煌的西湖，即与新疆交界处的罗布泊。

敦煌境内的长城和沿长城一带的烽燧，建于西汉时期，魏晋以来仍然沿用。现存长城和烽燧遗址东起瓜州县东碱墩，沿疏勒河南岸，逶迤北上，蜿蜒朝西，经东泉、大方盘、哈拉淖尔、玉门关、后坑子、吐火罗、天桥墩、湾腰墩一带，延绵300余里。除此之外，由玉门关到阳关、由阳关到党河口等地还修筑有长城支线。登高望远，汉长城自东向西，逶迤于平沙莽野之中，犹如龙游瀚海，气势十分壮观。

根据汉简资料记载，西汉敦煌郡境内的长城和烽燧由玉门、阳关、中部、宜禾四都尉管辖，统辖今玉门镇以西，贝什托格拉克以东的疏勒河下游地区，横跨汉代龙勒、敦煌、效谷、广至、冥安5县。

玉门都尉驻守敦煌郡龙勒县北境，治玉门关，下设大煎都、玉门两个侯官，共有烽燧32座，城障和仓储遗址各一座。阳关都尉驻守敦煌郡龙勒县南境，治阳关，其统辖区域大致在今南湖至敦煌城之间，现存烽燧十余座，各相距2.5公里。中部都尉驻守敦煌郡敦煌县北境，下设平望、破胡、吞胡、步广、万岁5个侯官，治步广侯官，辖区内有烽燧34座，城障1座。宜禾都尉驻守敦煌郡北边塞东段，横跨汉代效谷、广至、冥安等县，下设宜禾、鱼泽、昆仑、美稷、广汉5个侯官，治昆仑障，辖区内共有烽燧38座。

敦煌境内的汉长城是因地制宜、就地取材修筑而成。汉时，在敦煌西湖一带，水草茂盛，生长着大片芦苇、罗布麻、红柳、胡杨等植物，而长城就是以这些植物和沙土砾石为材料修筑的。结构为芦草层加砂土，层层垒筑而成。芦草层厚约5厘米，砂砾层厚约20厘米。一般以40~60米为一段，分段修筑，相连成墙。在长城内侧有一条6~7米宽的低洼地，称为“天田”，铺以细沙观察脚印，也是一种防御措施（图4-7）。

敦煌郡汉长城沿线有大小烽燧一百多座，主要建在长城内侧高峻处，烽燧相望，连成一线。汉代烽燧多呈底宽上窄的方柱形，墩以黄土为基，上用土坯、石块、芦草等砌筑，有的高达10米以上（图4-8）。

图 4-7　西湖马圈湾一带的汉长城

图 4-8　西湖小方盘城一带的烽燧

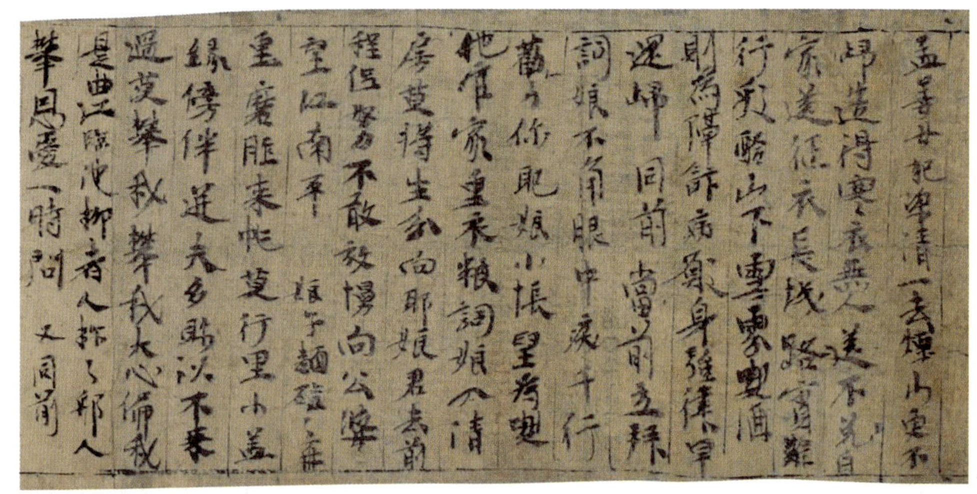

图 4-9 P.2809 写卷

敦煌人民对长城有很深厚的感情，藏经洞文献中保存有许多关于长城的文学作品。如 S.2717 王无竞《别润州立司马五言》中云：“秦世筑长城，长城无极已。暴师四十万，兴功九千里。死人如乱麻，白骨相撑委。”又如 P.5039《孟姜女变文》中云：“起为差充兵卒，远筑长城，吃苦不禁，魂魄归于嵩里。”P.3911、P.2809《捣练子·孟姜女》中云：“长城路，实难行，乳酪山下雪纷纷。吃酒则为隔饭病，愿身强健早还归。”（图 4-9）

虽然长城的功过众说纷纭，但敦煌境内的汉长城，与祖国西北边境的安宁，与丝绸之路的畅通，与中外交往的繁荣都密切相关，则是毫无疑问的。

西北门户：两关遗址

在敦煌市区西北约 90 公里处的戈壁滩上，矗立着一座孤立的小城堡。历经两千多年风雨洗礼，它孤傲而苍老的身躯依然坚定地屹立在空旷的大漠中，显示出它的冷峻和威严。这就是两千年前中原通往西域的主要门户——玉门关。

玉门关，始建于汉武帝征服河西的“列四郡，据两关”，玉门关便是两关之一，西汉时为玉门都尉治所，相传由古时西域和田等地的美玉经此输入中原而得名。

玉门关遗址又称为小方盘城，其平面为方形，四垣保存完好，全系黄胶土夯筑。城垣东西长 24.5 米、南北宽 26.4 米，残高 9 米。城垣上宽 3.7 米，东垣基厚 4 米，北垣基厚 4.9 米。城顶四周有宽 1.3 米的走道，门开于西垣中部，宽 2.4 米，高 2.7 米。城内东南角有一马道，靠东垣向南转上，直达顶部。半个多世纪以来，许多中外史学家均认为此城为汉玉门关。近年来，考古界有人考证此城为玉门都尉府，玉门关关址应在此城以西。汉玉门关故址是否或在他处，还有待以后考古发掘方能定论（图 4-10）。

玉门关遗址保护区范围长约 45 公里、宽约 0.5 公里，主要包括小方盘城遗址（玉门关）、大方盘城遗址（河仓城）、汉长城边墙及烽燧遗址（包括 20 座烽燧、18 段长城遗址）。玉门关遗址及周边烽燧出土文物包括 2400 余枚简牍文书、丝织品、兵器、积薪、大苣、屯田工具、粮食、陶器、漆器等。

阳关，因在玉门关以南而得名。位于敦煌城西南 70 公里南湖乡西面的“古董滩”上。汉时为阳关都尉治所。晋时曾于此置阳关县，唐以后遂废。阳关故址，早已无存。在今南湖乡西面的古董滩上曾发现大片版筑遗址，房基排列整齐而清晰，

图 4-10 玉门关遗址

图 4-11　阳关烽燧

面积上万平方米，附近有断续宽厚的城堡垣基，还出土了一些遗物，初步推测阳关遗址当在此附近。

由阳关至玉门关约 70 公里，其间有烽燧和边墙相连。仅“古董滩”一带就有烽燧四座，尤以墩墩山的烽燧较大，保存也较为完整，距今已历经风雨两千多年，残高 4.7 米，底部宽东西 7.5 米，南北 8.8 米。这一烽燧，好似阳关的眼目，在遗址无存的今天，由于它靠近“古董滩”，人们便自然而然把它作为阳关的标志了（图 4-11）。

玉门关、阳关均在汉代敦煌郡龙勒县境内，自汉代以来是通往西域诸国的重要关隘，也是丝绸之路南北二路的必经关口，在当时政治、军事、经济、文化等方面都具有重要的地位。

由于玉门关和阳关是汉唐时期中原通往西域的门户，来往的使者和商队都要在这里交换“过所”，才能出入关口。所谓“过所”，是古代人们通过水陆关隘时，必须出示的一种通行证明书。据记载唐代百姓行旅只要离开本县本州，无论何种理由，都必须持有过所作为路证，否则寸步难行。因此，凡行人出行必须按规定申请过所。申请过所需要注明下列内容：（1）外出事由、所去目的地以及沿途道路关津；（2）申请过所者的姓名、籍贯、身份、年龄以及随员（从人）的姓名、籍贯、年龄；（3）申请过所者所携奴婢名年、物品名数以及牲畜名数、牡牝（公母）、口齿等内容；（4）申请过所者所携奴婢、牲畜、物品是合法所有的一至五名担保人。以上内容一式两份，申送主判过所的部门（所司）勘查，符合者由主判官和通判官依式签署，一件存档备查，一件签发给行人。唐朝的过所由中央尚书省或地方都督府或州颁发。失落过所必须审查后才予补发。

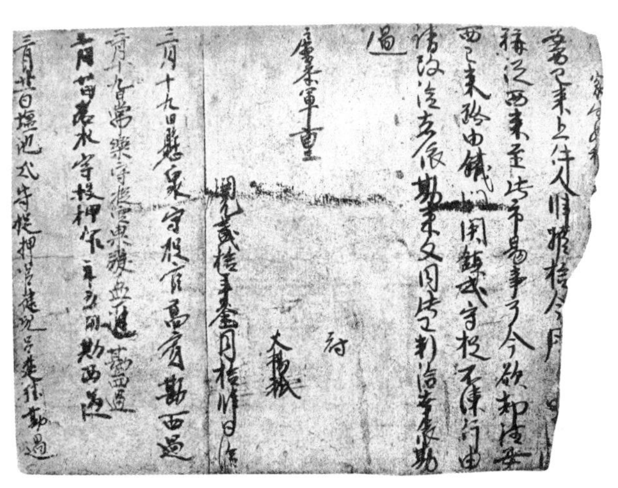

图 4-12　唐开元二十年（732 年）瓜州给西州百姓游击将军石染典过所之一

敦煌不仅是丝绸之路上的交通重镇，特别是这里的玉门关、阳关更是出入西域的必经关口。因此敦煌以及吐鲁番地区保存了不少当时途经关隘路口必需的通行证——过所。如敦煌莫高窟第 122 窟出土的 K122：14《唐天宝七载（748 年）敦煌郡给某人残过所》以及吐鲁番阿斯塔那 509 号墓出土的《唐开元二十年（732 年）瓜州给西州百姓游击将军石染典过所》等珍贵实物。

图 4-13　唐开元二十年（732 年）瓜州给西州百姓游击将军石染典过所之二

如《唐开元二十年（732 年）瓜州给西州百姓游击将军石染典过所》中有五个方面的内容（图 4-12、图 4-13）：

图 4-14　五代第 61 窟西壁　五台山图 · 石岭关镇

一是瓜州都督府批给石染典的过所正本，内云石染典携作人康禄山、石怒忿、家生奴移多地以及十头驴，从安西来到瓜州市易，现在市易已完成，欲再从瓜州返回安西，为了顺利通过铁门关和其他镇戍守捉等关卡，所以具牒向瓜州都督府户曹申请改给新的过所公文。瓜州都督府户曹审查无误后，由户曹参军亶和史杨祇签署，钤盖官印，并载明批准的日期，改给了石染典新的过所。二是石染典持新的过所，在由瓜州向沙州行进途中，接受所经悬泉、常乐、苦水、盐池戍四守捉关卡检查的情况。三是石染典到沙州后，再向沙州州府申请改给过所的具牒，内云石染典携作人康禄山、石怒忿、家生奴移多地以及十头驴，从瓜州来到沙州市易，今市易已完成，欲再从沙州往伊州市易，请求沙州州府改给新的过所。其中经过沙州市令张休的审查。四是沙州负责过所批给的官吏琛对石染典申请改给过所具牒的批准辞，并载明批准日期。五是石染典从沙州到达伊州后接受的检查，由伊州刺史张宾亲自检查签署，并钤盖官印，载明勘查日期。

在莫高窟五代第 61 窟西壁《五台山图》中，绘有距太原北约 70 公里的战略要塞“石岭关镇”。榜题旁侧一歇山顶房屋内坐一官员，屋外有两名随员，屋后侧一行人为刚通过关卡的带枷犯人和押解人。榜题下侧也有一处歇山顶房屋，一行骑马挑担牵驼的商队正往屋前行进，而屋后有一刚通过检查的行人，不过由于山岩遮挡，看不见屋内的官员（图 4-14）。有学者认为画面所绘两条道路及其不同身份的行旅者，反映了唐五代时期的“官道”和“民道”；两座建筑物则是设立在道路中间检查过往行人的关卡，而要通过关卡，作为路证的“过所”则是必不可少的。这幅壁画真实地再现了当时人们行旅途中通过关隘接受检查时的情景。

悬泉置遗址与环保法令

据敦煌藏经洞出土唐代《沙州都督府图经》等文献记载，敦煌地区的古驿站有近 30 处，在唐代时已经废弃。见于记载的驿站名称有：州城驿、清泉驿、横涧驿、白亭驿、长亭驿、甘草驿、阶亭驿、新井驿、双泉驿、第五驿、冷泉驿、胡桐驿、东泉驿、悬泉驿、鱼泽驿、无穷驿、容谷驿、黄谷驿等。

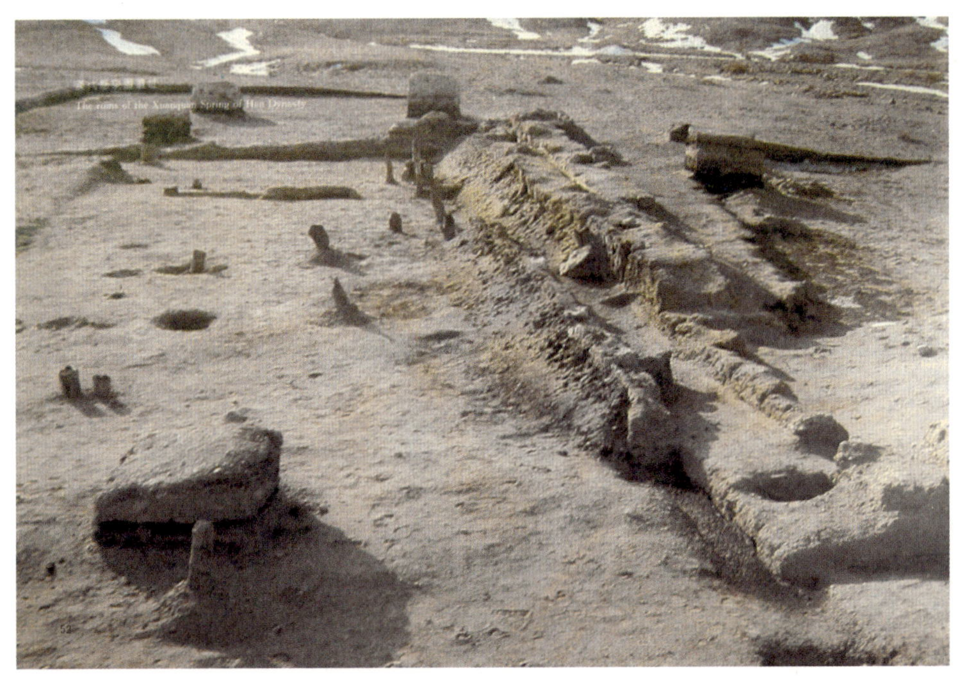

图 4-15 汉代悬泉置遗址

其中汉代悬泉置遗址（悬泉驿遗址）位于安敦公路甜水井道班南侧 1.5 公里的戈壁荒漠中，海拔 1700 米。东距瓜州县城 56 公里，西去敦煌市区 64 公里，为汉唐年间瓜州与敦煌之间往来人员接待和邮件中转的一大驿站（图 4-15）。这里南依祁连山支脉火焰山，北临西沙窝，因有泉水从山口流下，悬空入潭，号曰悬泉。《西凉异物志》中说："汉贰师将军李广利西伐大宛，回到此山，兵士渴乏，广乃以掌拓山，仰天悲誓，以佩剑刺山，飞泉涌出，以济三军，人多皆足，人少不盈，侧出悬崖，故曰悬泉。"西汉时在此设"置"，即驿站，受敦煌郡效谷县节制，当时叫"敦煌效谷悬泉置"（图 4-16）。据现有资料可以认定，悬泉置遗址时代上限始于西汉武帝太始三年（前 94 年），历经西汉、东汉，下限可至魏晋时期，前后延续了近 400 年之久。

遗址总面积 22500 平方米，考古发掘面积 4675 平方米。悬泉置遗址核心是一座方形小坞堡，门朝东开，四周为高大院墙，边长 50 米，西南角设突出坞体的角楼。坞墙系用长 40 厘米、宽 20 厘米、厚 11 厘米的土坯垒砌而成。坞内依西壁、北壁建有不同时期的土坯墙体平房 3 组，共 12 间，内含一个套间，为住宿区；东北角为办公区房舍；坞外西南侧建有一组长约 50 米南北向的马厩 3 间。坞外西侧为废物堆放区。

图 4-16　遗址发掘的简牍中"悬泉置""悬泉置亭次行"等清晰字样

悬泉置遗址现已发掘出土的各类遗物达 3 万多件，其中内涵丰富的简牍多达 2.5 万余枚。其他遗物如以质地计，有铜、铁、漆、木、陶、麻、皮毛、丝绸、纸张、

图 4-17 使者和中所督察诏书四时月令五十条

粮食、兽骨等 11 大类；如以用途计，则有货币、兵器、家具、工具、猎具、文具、服饰以及日用杂品等，如钢箭镞、五铢钱、铁木工具、农具、带钩、陶罐、陶碗、漆木耳杯、石砚、画板、草、苇、竹席、梳篦、皮鞋、麻鞋、玩具，以及大麦、小麦、青稞、谷子、糜子、豌豆、扁豆、黑豆、大蒜、杏核、苜蓿、桃核、马骨和大量毛色鲜艳保存完整的马头、马腿等；就内容讲，大致可分为诏书、司法律令、官府文书、驿置簿籍、文化科技和其他杂类等。

从现已揭露出来的遗址看，遗迹结构之完整，出土遗物之丰富，遗存保存之完好，文化内涵之广泛，实属近年来我国考古学界的重大收获之一。其中，有明确层位和准确纪年简牍共存关系的西汉宣帝至哀帝时期（公元前 73 年 ~ 前 1 年）书写墨迹的麻质字纸的出土，对传统的东汉蔡伦造纸说，是毋庸置疑的突破。

另外，出土文物中最引人注目的是坞内房舍北壁上的墨书题记，上面书写有一封诏书，题为《使者和中所督察诏书四时月令五十条》（图 4-17、图 4-18）。经有关研究考证，认为此诏书是迄今为止我国发现的最早一部关于环境保护的法规。专家认定，这封诏书是西汉平帝时，太皇太后发布的一项诏文，由安汉公王莽奏请和逐级下达给群众的文书。文书的主体部分是月令五十条，主要围绕保护生态环境规定了四季的不同禁忌和须注意的事项，如春季禁止伐木、禁止猎杀幼小的动物、禁止

图 4-18 使者和中所督察诏书四时月令五十条（局部）

捕射鸟类、禁止大兴土木等，夏季则禁止焚烧山林等，秋季规定禁止开采金石银矿等，冬季禁止掘地三尺做土活等。

如诏文中第 9 行：“禁止伐木。谓大小之木皆不得伐也，尽八月。草木零落，乃得伐其当伐者。”第 11 行：“毋杀□虫。谓幼少之虫、不为人害者也，尽九 [月]。”第 12 行：“毋杀抬。谓禽兽、六畜怀任（妊）有胎者也，尽十二月常禁。”第 13 行：“毋夭蜚鸟。谓夭蜚鸟不得使长大也，尽十二月常禁。”第 27 行：“毋焚山林。谓烧山林田猎，伤害禽兽□虫草木。”第 32 行：“毋弹射蜚（飞）鸟，及张罗、为它巧以捕取之。谓□鸟也。”第 42 行：“毋大田猎。尽八月。”第 64 行：“毋采金石银铜铁。尽冬。”

所以有人认为，此诏书不仅是我国最早的一部“环境保护法”，而且还是世界第一部环保法令。

特别值得注意的是，这份诏书是书写在悬泉置坞堡房址的墙壁上，整个壁书长约 222 厘米，宽约 48 厘米，标题和正文各有一个由宽约 2.5 厘米的墨线绘成的栏框。其位置、大小、边框都非常醒目，显然是希望途经驿站的人都能清楚地看到，以真正起到广而告之和警示的作用。

佛爷庙湾西晋墓与娃娃鱼

敦煌地区汉唐间的古墓群，遗存数量众多，分布范围极广，据初步统计主要的分布点有十余处。

佛爷庙—新店台墓群：是敦煌古墓群中规模最大的一处，位于今敦煌城东南安敦公路南侧的戈壁上，西起佛爷庙，东至新店台，延绵20公里，北自安敦公路，南至文化路口5公里处，宽约5公里，在100平方公里的范围内，分布着汉唐以来数以万计的古墓葬。其中除零星埋葬者外，有许多聚族葬。聚族葬周围有坟圈，用沙石围成，略呈方形，并留一开口处，作为坟圈门，极少数的坟圈门侧尚存有用土坯砌成的双阙。

祁家湾墓群：位于七里镇和孟家桥乡以西的戈壁滩上。墓地分布较广，南北长约20公里，东西宽约5公里，尤以祁家湾附近遗存较多，部分墓葬有坟圈和土阙。其中“双墩子”墓群是祁家湾墓群中较大的一组。墓葬外围有石围墙及走道，还有土阙建筑，墓围墙方形，约200米见方，方向正北，其南面有围墙走道，宽26米，长125米，是用砂砾石块堆成的南北两条平行砂脊。在围墙与走道出口处，筑有东西两土阙，相距11米，围墙内有大小墓23座。除“双墩子”外，还有两组墓葬结构与此相同。

敦煌地区除上述两处较大墓葬群之外，还有位于敦煌南湖乡汉唐时期的南湖墓群和山水沟墓群，七里镇汉代的铁家堡墓群，五墩乡唐以来的镇原梁墓群和苏家堡墓群，转渠口乡汉晋以来的五圣宫墓群，安西县境内锁阳城东戈壁黑水故道旁汉唐时期的黑水河墓群和城南沿山戈壁上唐代以来的锁阳城南戈壁墓群。

这些古墓群中的内容都非常丰富，其中尤以佛爷庙湾西晋墓中的彩绘砖画特别引人关注。这些彩绘砖描绘的内容既有表现古代神话和传说故事中的朱雀、玄武、青龙、白虎、托山力士、李广射虎、伯牙抚琴等，也有反映墓主人生活情景的屋舍、牛车、鸡群、验粮、射猎等画面。如第36号墓中有一幅描绘儿童骑竹马的砖画，画面中间一个3岁左右的孩童身着圆领短袖衣，下身全裸，作弓步（骑马）状，一根竹马弯弯在胯下，右手扶竹马，高兴地转过头来用左手去拉母亲的右手。孩童右侧立一身穿长袍的男子，或许是孩童的父亲。画工还有意绘出男孩的生殖器，大概想借此强调孩子的天真无邪。整幅画面非常富有生活气息（图4-19）。

图 4-19　敦煌佛爷庙湾第 36 号墓　骑竹马

特别令人惊奇的是，其中一块距今 1600 百多年的西晋墓画像砖上，居然生动形象地彩绘了一条被当代列为国家二级保护动物的珍稀鱼类动物——娃娃鱼。画面中，一个婴儿的头部，高高昂扬，连接在一条肥壮的带鳞的鱼身前部，鱼身后部是一段似乎正在摇摆的鱼尾，加上鱼身上那几片动感很强的鱼翅，仅用十几根简洁的弧线和直线便将一条娃娃鱼的形象栩栩如生地展现在人们面前（图 4-20、图 4-21）。

娃娃鱼又叫大鲵，是日渐稀少的国家保护动物，一般在南方的山涧溪河中才能见到。那么，古代敦煌人民怎么会将娃娃鱼描绘进戈壁滩中的墓室中呢？

从当地和附近出土的其他画像砖所绘内容来看，几乎都和当时墓主人的生活状况有关，各种生产场面如耕地、采桑、放牧，各种动物形象如鸡、兔、牛、猪，以及各种生活场面，如杀鸡、杀猪、蒸馒头、宴饮等等，都是当时的现实生活情景，难道这娃娃鱼也是敦煌地区常见之物？

假如这西晋墓中的娃娃鱼形象，确系当时敦煌人根据当时生活环境所描绘，那这生态环境的变化，也太可怕了。

根据古生物专家研究，远古敦煌地区的大漠戈壁在亿万年前是一望无际的绿洲沃野，是恐龙生活的乐园。1992 年，中日考察队在这一带发现的鸟龙类恐龙种类，除已记述的马鬃山鹦鹉嘴龙外还有棱齿龙、禽龙、新角龙类等。其中棱齿龙可能是一种会爬树的恐龙，而禽龙类的化石经常发现在低地、沼泽或者河口地段，好像它们是生活在水分比较充足的低地。另外，发现盘足龙牙齿的嘉峪关戈壁滩，曾经也是湖泊。

由此可见，古代敦煌地区的环境，应该是有鱼生存的，附近的山溪中也可能有过娃娃鱼。据《甘肃风物志》中记载："娃娃鱼学名大鲵，是我国现存两栖类动物中体型最大的一种。在天水、武都地区的溪流中，曾发现体长一米半、重七十斤左右的大鲵。……它头部宽阔而扁平，躯体粗而扁，尾以下部分侧扁。吻长而圆，眼位于头背。四肢短而粗壮，前肢各有四趾，后肢各有五趾。体色呈棕褐，背上有黑色斑块。……现在大鲵数量稀少，被列为国家保护的动物之列。"敦煌佛爷庙西晋画像砖上所描绘的娃娃鱼与该记载中的娃娃鱼特征很接近。虽然天水、武都属于甘肃东部地区，气候较湿润，但问题是这些地区"现在大鲵数量稀少"，更重要的是，敦煌等地区在一两千年前，其气候、环境也可能适合大鲵生长。

图 4-20　敦煌佛爷庙第 133 墓彩绘砖　娃娃鱼

图 4-21　敦煌佛爷庙第 133 墓彩绘砖　娃娃鱼（线描）

甘肃曾是娃娃鱼的主产地之一。在甘肃省甘谷县西坪出土的新石器时代石岭下类型（距今约 5200 年）彩陶

图 4-22　甘谷县西坪新石器时代彩陶瓶　娃娃鱼

瓶的腹部上（图 4-22），绘着鲵鱼的单独纹样。鲵鱼纹头的头部似正面人脸，脸下部有用直线绘出的像胡须的纹样，头顶有一对节肢状的鳃。身子向右侧折曲，尾翘而接近头部，好像鲵鱼爬行时摆动身子的姿态。只画了一对上肢，肢端为四指，与鲵鱼上肢着四肢的特征是相符的。鲵鱼的面部与人面相似，并且长着胡须，身上还有鱼鳞纹。

在敦煌现在已看不见娃娃鱼的踪影，但其他天然鱼类还是偶尔能见到，如在著名的月牙泉，20 世纪 80 年代能看到一种小小的“铁背鱼”，在泉里成群地游来游去；到了 90 年代，泉水下降，鱼儿越来越少，现在也很不容易见到了。没有人考证这种“铁背鱼”在月牙泉内的历史究竟有多长，但最少也有好几十年。这一现象提醒我们：20 世纪 80 年代在敦煌月牙泉里成群地游来游去的铁背鱼，到今天已寥寥无几，或许若干年、若干十年以后，便会在月牙泉绝迹。

敦煌佛爷庙湾西晋墓画像砖上所描绘的娃娃鱼，很可能便是一千六百年前敦煌生态环境的真实写照。——但敦煌现已绝迹！

至少可供两万人吃一年的粮仓

在敦煌市沙州镇东南边的仓门巷，至今保留着始建于清乾隆四十三年（1778 年）、距今近 230 年的一处清代粮仓群（图 4-23）。

敦煌地处中西交通咽喉之地，富庶丰饶，是古代西北地区各族人民文化交流和货物商品的集散地。同时，为了保证青海、西藏、新疆的边防稳定，清乾隆四十三年（1778），朝廷派刘孟将军在敦煌监修粮仓，储备军粮。粮草主要来源于高台、临泽及新疆等地。据清道光辛卯年纂《敦煌县志》载：“南仓一处，在南关，计二百六十四间，乾隆四十三年建。”敦煌粮仓在清代时称“恒丰粮库”，乾隆年间，

图 4-23 清代粮仓

共建 260 余间，光绪年间，又修建了 140 余间，共计 72 座。新中国成立以后，大部分粮仓已被陆续拆除，至今只遗存 8 座 32 余间 1000 多平方米，现属敦煌市粮食局南关粮库。

从外观看，这 8 座粮仓就如西北地区农家修建的普通“人”字形土坯房子，它的屋顶、墙壁全是用黄土、沙石、麦秸和制的泥巴所造。

虽然由于年久失修，现存的 8 座粮仓已是满目沧桑。但到库内一看，才能体现出这些粮仓在建筑上的独到之处。整个粮仓全是用口径 40 厘米左右的圆木搭起的框架，大梁与柱子的连接处没有一钉一铆，整个框架至今无一松动，无一倒塌。屋顶是由

图 4-24 清代粮仓建筑结构

红柳、芦苇编制的芭子铺盖的。库的底部全用青方砖铺设，在院内随处可见清代库遗址的青方砖、石条、石制消防池等（图 4-24）。

敦煌清代粮仓历经磨难、饱经风霜，建筑结构独特。目前，这些粮仓大部分仍然发挥着囤积粮食的作用。目前，以这种规模保留下来的古代粮仓在西北甚至全国都十分罕见。

笔者在考察该粮仓时，曾询问当地百姓，这样一座粮仓大概能储存多少粮食，说是至少可以储存 60 吨以上。按照一人一年大约吃 200 公斤粮食计算，一座粮仓便可供 300 人吃一年，那么 72 座粮仓至少可以供两万人吃一年；而 72 座粮仓的占地面积大概相当于当时敦煌城的三分之一的面积，由此可以推想敦煌在历史上曾经处于多么重要的战略地位。

2003 年南关粮仓被甘肃省政府列为“省级文物重点保护单位”，定名为“敦煌南仓”。

（二）古代文化遗物选介

图经：丝路途中的地理指南

所谓图经，即是我国古典地图中一种独特的样式，它的特点是有图有经（说明文字），以图为主，以经说图，图与经相辅相成。图经，可以说是古代非常有实用价值的地理指南，特别是对于在数千公里漫长艰难的丝绸之路中的行旅者尤为重要。

丝路中的艰险，在敦煌壁画中有不少生动的情景描绘。如隋代第 420 窟窟顶东披《法华经变》中，真实反映了当时丝路商旅途中的艰难险境。壁画根据《法华经・观世音菩萨普门品》经文“有一商主，将诸商人，赍持重宝，经过险路”，遇险求救观世音菩萨的内容，首先描绘了大商主出发前先往寺院祈祷祝愿，然后描绘商主头戴毡帽，身穿圆领窄袖袍，骑着骏马，随行商贾们赶着满载货物的骆驼、毛

图 4-25　隋代第 420 窟东披　法华经变·丝路商旅

驴上路。部分驼队正登上险峰，一只骆驼失蹄翻滚下山崖，崖下是一片湖泽。一群商贾一边吆喝，一边小心翼翼地拖住正在下山毛驴的尾巴。前面的商贾们卸下货物正在山坡上休息，马群在涧边饮食水草。另一群商贾正和一群全副盔甲的盗贼搏斗（图 4-25）。最后，脱离劫难后的商贾们庆幸并感念观世音菩萨。

惊心动魄的场面令观众有身临其境之感，这显然源于作者对现实生活的感受。敦煌是丝绸之路上往来商旅必经之地，作者有条件按照自己所熟悉的人物、牲畜以及见闻，创造出商队长途跋涉、翻山越岭的惊险动人场面。正如玄奘《大唐西域记》中所描述的："溪谷杳冥，峰岩危险，猛兽暴害，群盗凶残""商侣往来，苦斯艰险……橐驼数千，赍货逐利，遭风遇雪，人畜俱丧。"

盛唐第 45 窟南壁根据该经文绘制的《胡商遇盗图》描绘了另一番景象：一群高鼻深目、卷须浓髯、头戴毡帽、身着贯头衫之西域商人，牵着驮载丝绸的毛驴，行进在山谷之中。突然，从悬崖深壑中走出三个持刀强盗，拦劫货物，商人们双手

图 4-26　盛唐第 45 窟南壁　胡商遇盗

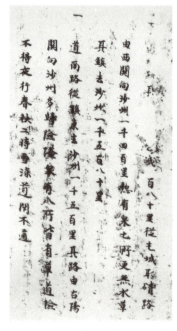

百八十里從屯城取磧路
由西關向沙州一千四百里總有泉七所更無水草
其鎮去沙州一千五百八十里
一道南路從鎮東去沙州一千五百里其路由古陽
關向沙州多緣險隘泉有八所皆有草道險
不得夜行春秋二時雪涤道閉不通

图 4-27　P.5034《沙州都督府图经》

合十念诵“南无观世音菩萨”，无奈之际只能祈求神佛保佑。而周围山树花草，则颇为宜人，更反衬了商人们的不幸遭遇（图 4-26）。

图经，有利于行旅者随时了解前方道路状况。敦煌藏经洞出土的 P.5034《沙州都督府图经》中，不仅详细介绍了沙州所辖敦煌县、寿昌县的河流、渠道、泉泽、堰坝、道路、祥瑞、歌谣等情况，还特别提及途中有无水草，每处水草地的距离，路况的好坏，行走的难易，道路开闭的季节等。如其中记载：“一道南路，从镇东去沙州一千五百里，其道由古阳关向沙州，多缘险隘，泉有八所，皆有草，道险不得夜行，春秋二时雪涤道闭不通。”（图 4-27）另外还详载了由

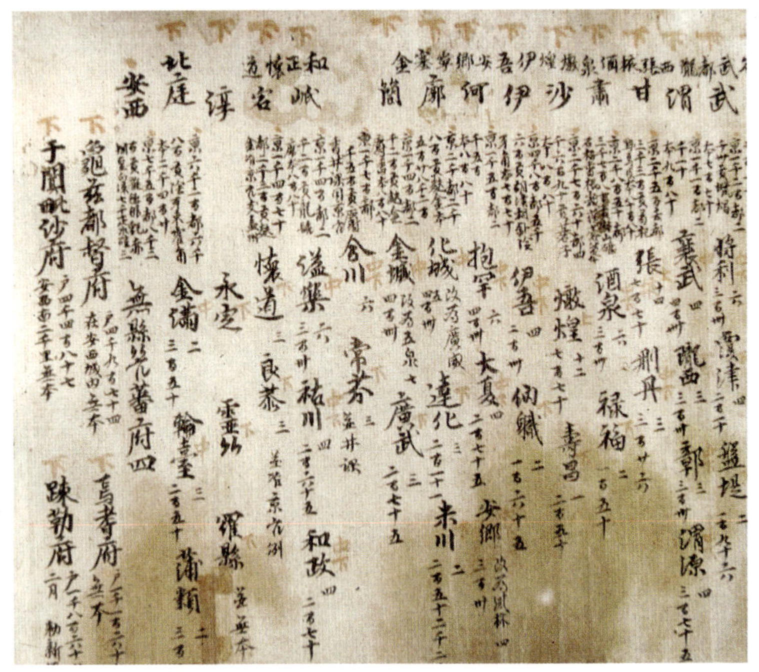

图 4-28 唐代地志残卷 敦煌市博物馆藏第 58 号

播仙镇东通沙州，西通新城，南通吐谷浑及吐蕃境，北通焉耆，东南通萨毗城等道路状况。

除此之外，藏经洞出土的《西州图经》《沙州城土境》《地志残卷》（图 4-28）《诸道山河地名要略》《慧超往五天竺国传》《五台山志残卷》等图经地志资料，对于丝路中的行旅者都是非常有参考价值的地理指南。

星图：观察天象的重要工具

敦煌藏经洞遗书中，保存了丰富的天文学资料。其中最引人注目的是两幅精美的古代星图，一幅是现藏英国图书馆的《全天星图》，为 S.3326；一幅是现藏于敦煌市博物馆藏 076 号（旧编 058 号）的《紫微垣星图》。其中《全天星图》是世界上现存星数最多，也是最古老的一幅星图（图 4-29）。

《全天星图》画在 8 世纪初的一幅长卷写本上。写本前端已残，现存云气图 25 幅，其后是 13 幅星图，前 12 幅依十二“次”顺次绘制，各图之后有一小段文字，

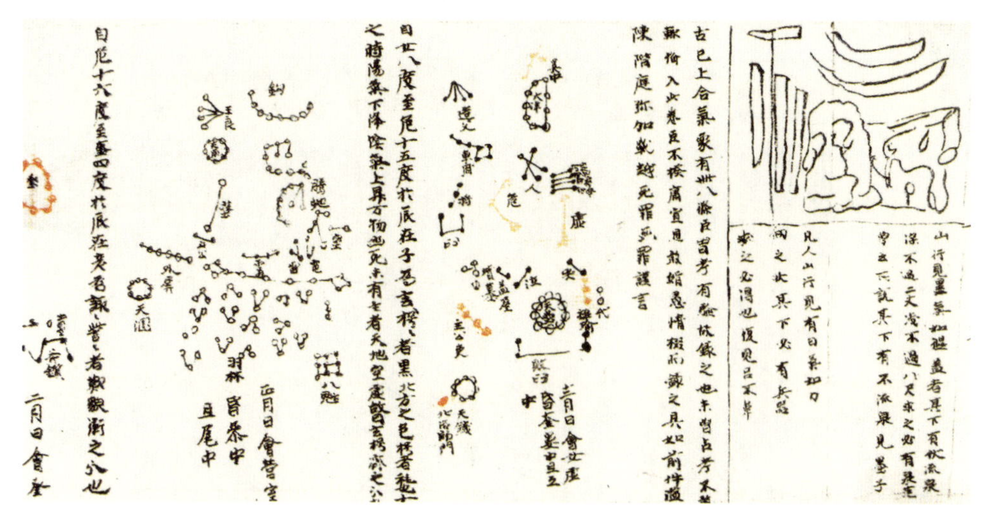

图 4-29　S.3326 全天星图

说明该“次”在天区所占赤道距离及其分野等。第 13 幅图为紫微垣星图。星图之后绘一手执弓箭的电神，右书“电神”，左书“其解梦及电经一卷”。

《全天星图》的绘制方法在星图史上是很有特色的。星图对赤道区域的星和对北极附近的星采用两种不同的画法，赤道区域用圆柱投影的方法，从十二月开始，按照每月太阳的位置，分 12 段画出，中间夹有说明文字；北极附近以天际为中心，将球面投影于平面，这种方法类似国外的麦卡托圆筒投影法。麦卡托是荷兰数学家兼地理学家，他在 1568 年刊印了第一幅《麦卡托投影航海图》。敦煌唐代《全天星图》的出现，证明了中国天文学家使用圆柱投影的时间要比麦卡托早八百多年，可见敦煌星图的画法是相当先进的。直到现代画星图仍然采用这种方法，所不同的只是现代把南极附近的星再绘到另一张星图上。此前星图的画法，一种是以北极为中心，把全天的星投影在一个圆形平面上。这样的画法缺点很大：越到南天的星，彼此在图上相距越远，而实际上相距越近。另一种画法是用直角坐标投影，把全天的星绘在所谓的“横图”上，采取这种办法，赤道附近的星与实际情况较为符合，但北极附近的星就差得太远，根本无法会合到一起。为了克服这两种画法的缺点，只得把天球一分为二：把北极附近的星画在圆图上，把赤道附近的星画在横图上。《全天星图》就是按照这种方法画的最早的一幅。

《全天星图》中关于恒星的画法采用了以色分类的画法，把中国古代天文学家石申、甘德、巫咸三家的星分别表示：甘德的星用黑点表示，石申和巫咸的星有橙黄色点加黑圆圈表示。经学者详细考证，认出全图共绘 1359 颗星（或曰 1332 颗），影括了当时北半球肉眼所能见到的大部分恒星。欧洲各国在望远镜发明以前，始终没有超过 1022 颗星的星图。因而，敦煌星图被公认为世界上现存星图中最古老的一幅，而且是星数最多的一幅。我国古代天文学家在当时的条件下何以能观测到这样多的星，至今仍是一个难解的谜。

这幅星图很早以前就引起国内外学者的重视。英国著名的中国科技史学家李约瑟博士对敦煌星图给予高度评价，称其为“一切文明古国流传下来的星图中最古老的一种”。他在对中国和欧洲古代各种星图进行对比之后说：“欧洲在文艺复兴以前

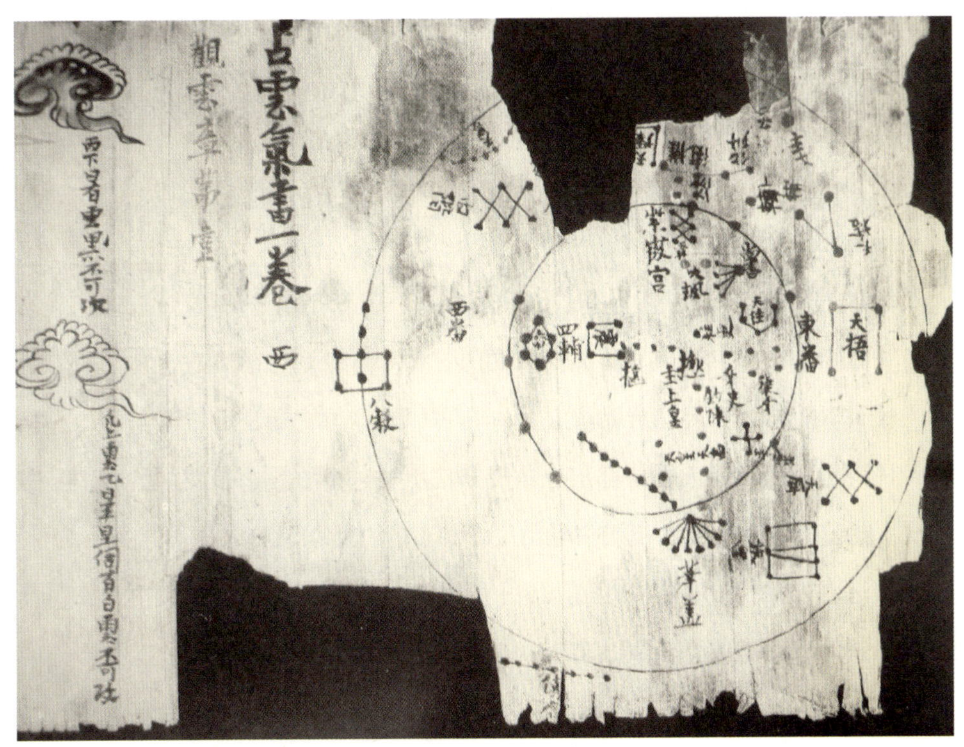

图 4-30　紫微垣星图　敦煌市博物馆藏第 76 号

可以和中国天图制图传统相提并论的东西，可以说很少，甚至简直就没有。”

《紫微垣星图》现藏敦煌市博物馆，卷长近 3 米，正面为《唐人写地志》，卷背写《占云气书》，在《占云气书》前面绘《紫微垣星图》（图 4-30）。图中将紫微垣诸星绘在直径分别为 26 厘米和 13 厘米的两个同心圆内，内圆把紫微垣的东蕃和西蕃连接起来。以黑色圆点表示甘德的星，红点表示石申和巫咸的星。星官共 32 个，星数 137 个。由于紫微垣星图中有西蕃、东蕃这些标示方向的文字，由此可以推知本图为左西、右东、上南、下北，这和人们仰视星空的情形是一致的。这幅星图标绘细致，并绘出上规（内规）圆圈，据此可推测出它的观测地点和年代。据学者考证，这幅星图观测地点的地理纬度为北纬 35 度左右，相当于西安、洛阳等地。

敦煌星图在世界天文学史上占有十分重要的地位，西方科技史家蒂勒、布朗等都认为：“从中世纪直到 14 世纪末，除中国星图以外，再也举不出别的星图了。”

星图是天文学家观测星辰的形象记录，它真实地反映了一定时期内，天文学家在天体测量方面所取得的成果。同时，它又是天文工作者认星和测星的重要工具，其作用犹如地理学中的地图，星图对于天文学家们就像地图对于旅游者一样极为有用。天文知识不仅有利于人类认识自然，更有利于人类改造和利用自然。

指导农业生产的历书

历书，古时称“通书”或“时宪书”，是按一定历法排列年、月、日、节气并提供有关数据的书。它反映了自然界的时间更替和气象变化的客观规律，对农业生产和人民日常生活有重要指导意义。我国自古以农立国，历法的准确与否，直接影响国计民生，所以历代天子，都十分重视修订历法一事。历书在我国已有一千多年的历史。封建王朝时代，由于历书是由皇帝颁布的，所以又称“皇书”。

我国远在古代就设有专掌观察天象、推算历法的官职。秦汉有太史令，唐代设太史局，宋元有司天监，明清改名为钦天监。中国历史上，各个朝代都有自己的历书，但因时间久远，古代历书如何演进发展，因实物太少而难觅其发展轨迹。1900 年在敦煌藏经洞发现的古历日，则大大地开阔了人们的眼界。敦煌遗书中共有古历

40余件。其中最早的是北魏历日，最迟的是北宋历日，大多数是唐末、五代、宋初历。在我国，除出土的少许汉简记载内容简单的历谱外，敦煌古历日是现存最早、内容最丰富的一批古历书。

这些历日文书有中原类和本地编写类两种。其中来自于外地者只有五件：《北魏太平真君十一年（450年）十二年（451年）历日》《唐乾符四年丁酉岁（877年）历日》《唐大和八年甲寅岁（834年）具注历日》（图4-31）《唐中和二年（882年）剑南西川成都府樊赏家历日》《太平兴国三年（978年）应天具注历日》。

藏经洞保存的40余件历日，除少数来自中原王朝和外地外，有35件是敦煌当地自编的，其中最早者为《唐元和三年（808年）戊子岁具注历日》。自古以来，历书都是由封建王朝组织编写，并向全国管辖区颁发的，唐德宗兴元元年（784年）以前，敦煌地区使用的就一直是唐朝的历书。唐德宗贞元元年（785年）吐蕃军队攻占了敦煌，敦煌同唐王朝的联系被割断，象征王权的中央历书也无法颁行到这里了。吐蕃使用地支和十二生肖纪年，这不符合汉人行之已久的用干支纪年、纪月、纪日的习惯，也无法满足敦煌汉人日常生活的需要，于是，敦煌地区开始出现当地自编的历书。60余年后，尽管张议潮举义成功，使敦煌重新回到了唐王朝的怀抱，但敦煌地区自编历书已成习惯，民间仍继续使用自编历书，这种情况一直延续到宋初，前后达两个世纪之久。因此，敦煌出现了好几位大历学家，最重要的就是翟奉达和翟文进父子俩，也可能是叔侄。已知翟奉达撰订的有《大唐同光四年具注历日》《天

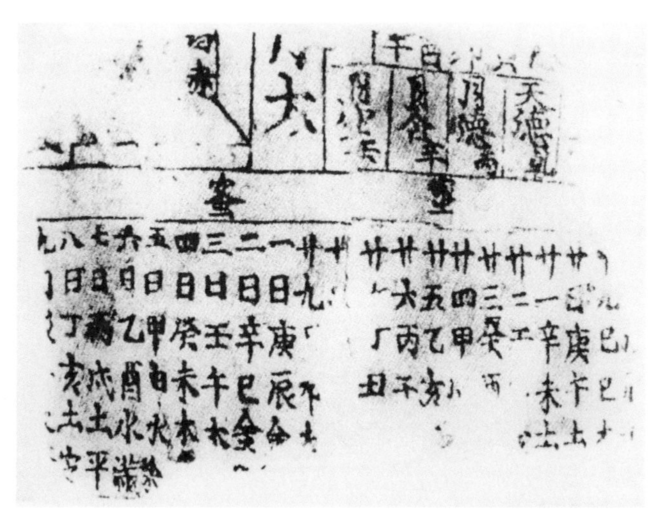

图4-31 Дx.2880《唐大和八年甲寅岁具注历日》

成三年戊子岁具历》《天福十年具注历》等。

相对于朝廷颁行的历书，地方历书常常被称作小历。敦煌历日的朔日与同一时期的中原历不尽一致，常有一到二日的差别，闰月也很少一致，比中原历或早或晚一两个月。但纪日干支同中原历却十分一致，表明中国古来干支纪日的连续性并未因地方自编历日而中断，反映了当时河西地区特定的历史背景。

在敦煌历日中，最引人注目的现象，就是来自西方基督教的星期制度。星期制度最早引入我国历法，就是从敦煌历日开始的。一星期的各日在敦煌历日中都有

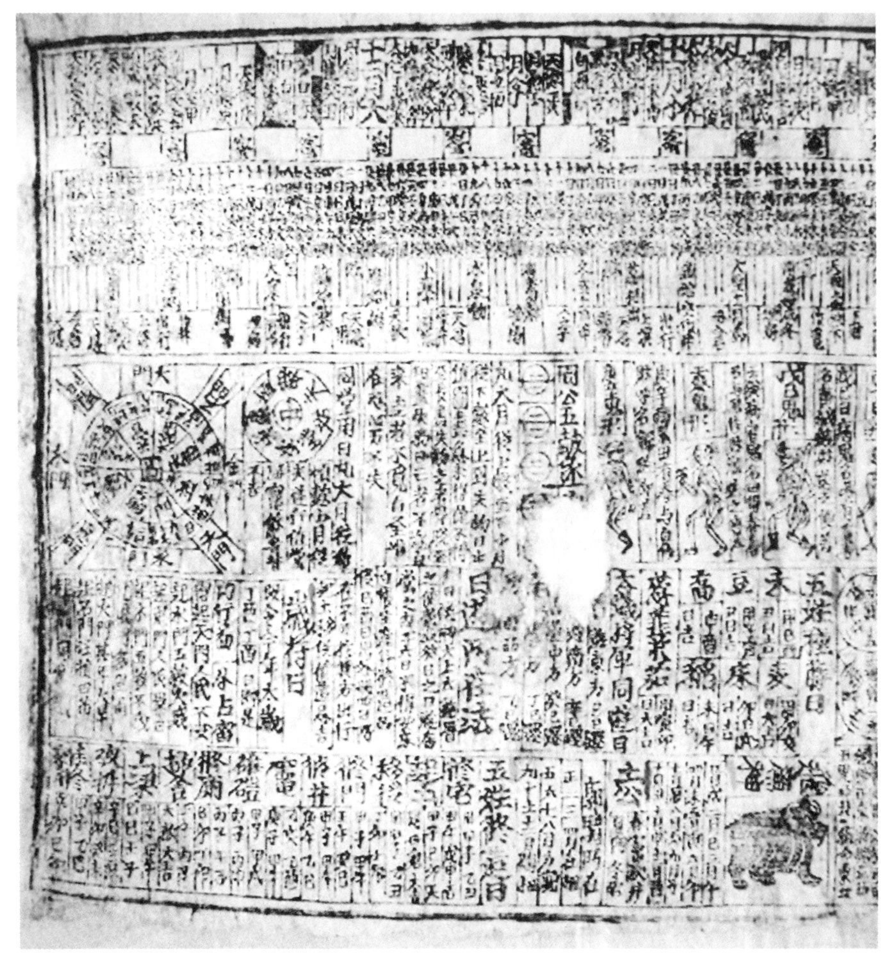

图 4-32 Or.8210 唐乾符四年丁酉岁历日

特定的术语：星期日是“密”，从星期一到星期六依次是“莫”“云汉”“嘀”“温没斯”“那颉”“鸡授”。一般说来，敦煌历日都在正月初一注上星期几，以后的都省略了，或只在星期日注一“密”字，以下由人们推算。

在敦煌40多件历日中，《北魏太平真君十一年（450年）十二年（451年）历日》，内容十分简单，但这是现存敦煌历日中年代最早的一件，也是现知唯一的北魏历书实物。《唐乾符四年丁酉岁（877年）历日》，是我国现存最早的印刷本历书，也是现存敦煌历书中内容最丰富的一件（图4-32）。

敦煌历日的发现，为研究古代历书的演进发展提供了重要材料，在中国历法史上意义深远。

二牛抬杠：延续至今的农耕方式

二牛抬杠，是敦煌壁画中的一个画面。在榆林窟中唐第25窟北壁的《弥勒经变》，为了表现“一种七收”的场面，画面中绘一个男子头戴斗笠，身穿长袍，双手扶犁，正在犁地。一黄一黑两头健壮的耕牛正在拉动插入土地的木犁前行。男子身后有一位妇女正在往犁过的地里播撒种子。画面展现的就是中国传统的所谓“二牛抬杠”的耕作方式（图4-33）。

2011年10月，笔者在武威天梯山石窟考察途中，在武威市郊区看到公路两旁田野中一些农民正在牵牛耙地，突然发现这些农民驾驭的不是一头牛，而是两头牛时，当时有惊呆了的感觉。——发现眼前的场景竟然和敦煌壁画中一千年前的“二牛抬杠”画面几乎一模一样！

田野中，一个农妇在前面用一条细铁链牵拉着一头牛，后面两头牛的嘴并套着，两个脖子也被一根杠子横压在一起，正共同用力往前拉耙耧；后面一农夫双手将两条缰绳拉得绷直，右脚蹬压着耙耧，耙耧上压着一块大石头（图4-34）。敦煌壁画中与此略有不同的是农妇没有在前面牵牛，而是在后面播种，另外两头牛的嘴没有被套在一起，后面的是曲辕犁或三脚耧而不是耙耧，其他则完全相同。

一千多年前的农耕方式，竟然到了今天还在沿用，令人为之感叹不已。

图 4-33　榆林窟中唐第 25 窟北壁　一种七收

图 4-34　武威市郊区的农民正在耙地

《六字真言碑》与民族大团结

敦煌地区古代遗留下来的碑刻，现存大部分立于敦煌莫高窟，主要记载与石窟开凿有关的内容。其中元代至正八年（1348 年）所立的《莫高窟六字真言碑》反映了敦煌当时复杂但和谐的民族关系。

《莫高窟六字真言碑》又称《莫高窟六字真言碣》，至正八年（1348 年）五月十五日僧守朗立。碑石已残，但正面文字基本完好，现存敦煌研究院。残石高 0.79

米，宽 0.57 米。上额自右往左横刻“莫高窟”三字，碑心刻四臂观音坐像。坐像上方及左右两侧各刻“六字真言”二行，计有梵、藏、汉、西夏、八思巴蒙古、回鹘等六种文字，内容为“唵嘛呢叭咪吽”。“真言”左侧有功德主速来蛮西宁王及妃子、太子等 7 人题名，下部及右侧为沙州路及河渠司提领、大使、百户、僧人、长老等 72 人题名及立碣年月。外围之外，左有似尼 2 人题名，右有刻石匠 1 人题名。全部题名 82 人，据姓名推测，有蒙古、汉、西夏、回鹘等族人。碑石上的多种民族文字和题名中的不同民族，反映了当时敦煌的民族关系。这块《莫高窟六字真言碑》是民族大团结的实物见证（图 4-35、4-36）。

另外，敦煌地区保存的其他碑刻，也是敦煌文化特别是敦煌石窟营建的历史见证。这些碑刻主要有：

敦煌发现时代最早的碑碣，是 1944 年于敦煌西北大方盘城内掘得的晋泰始十一年（275 年）的乐生碑，碑高 4 尺，宽 6 寸，隶书 3 行，碑碣云：“泰始十一年二月十七日甲辰造乐生。”

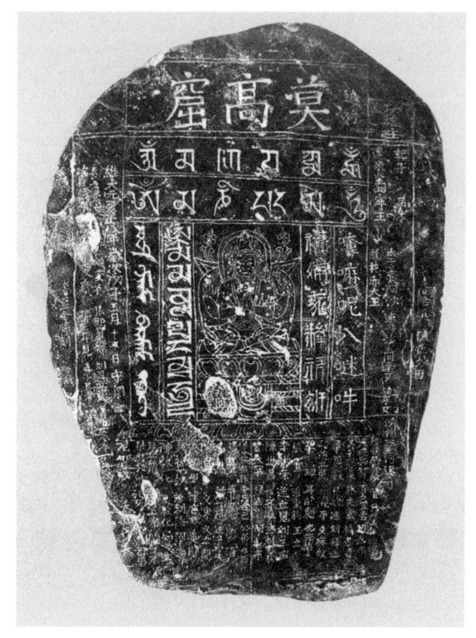

图 4-35 莫高窟六字真言碑

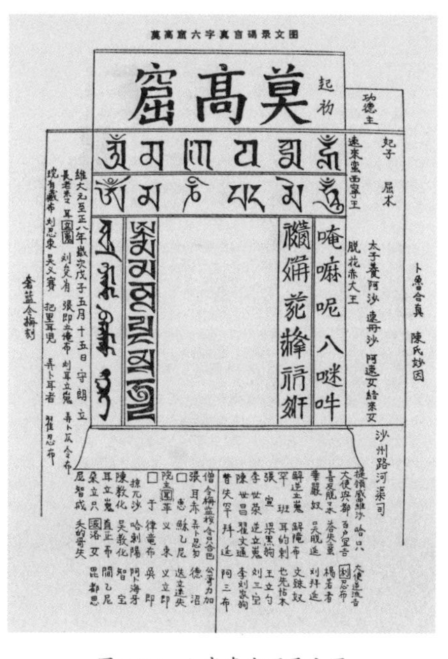

图 4-36 六字真言碣录文图

《李克让修莫高窟佛龛碑》：原石立于莫高窟第 332 窟内，后碑残毁，残碑今存敦煌研究院。该碑立于武周圣历元年（698 年）。碑文主要记述敦煌莫高窟的开创史和李氏家族世系。

《唐陇西李府君修功德碑》《唐宗子陇西李氏再修功德记》：碑石现立于莫高窟第 148 窟前室南侧。碑阳为《唐陇西李府君修功德碑》，刻于唐大历十一年（776 年），记载陇西李氏世系和开凿第 148 窟的情况；碑阴为《唐宗子陇西李氏再修功德记》，刻于唐乾宁元年（894 年），接上碑记述李氏世系发展情况等内容。

《洪辩碑》：碑石嵌于莫高窟第 17 窟（藏经洞）西壁。碑文内容包括三个部分，上段刻唐敕河西都僧统洪辩及沙州释门义学法师悟真告身；中段刻唐宣宗诏书；下段刻唐宣宗所赐的信物名牒。立碑时间据考大约在唐咸通年间。

《大唐河西道归义军节度使索公纪德之碑》：碑石现藏敦煌博物馆。碑文记载为索勋统治瓜沙时期曾兴废利民而歌功颂德。碑刻于唐昭宗景福元年（892 年）。碑的另一面为《大唐都督杨公纪德颂》，碑中杨公究系何人，众说纷纭，尚待研究考证。

《重修皇庆寺记》：碑石现存敦煌研究院。两面刻文，原碑石立于莫高窟文殊洞（第 61 窟），碑石所记功德主多与《莫高窟六字真言碑》相同，立于元至正十一年（1351 年）。

另外，在莫高窟还存有清代和民国时期的部分木质刻碑，如《重修千佛洞三层楼功德碑记》《重修千佛洞宝贝佛殿功德记》《重修千佛洞九层楼碑记》等。

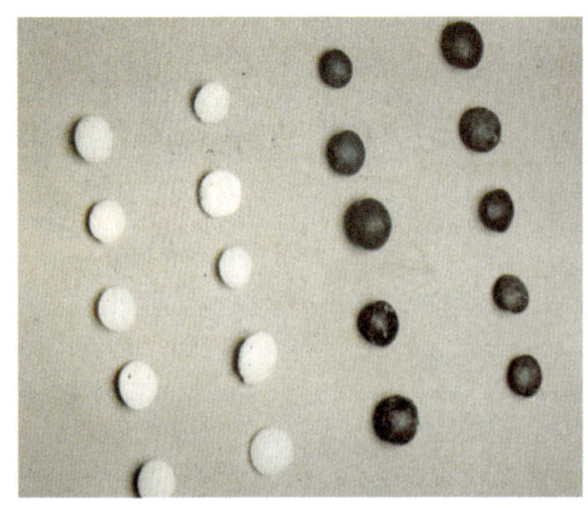

图 4-37　寿昌城遗址出土的棋子　敦煌市博物馆藏

棋子与骰子：娱乐与博弈的工具

敦煌市博物馆保存有 1982 年从南湖乡境内的寿昌城遗址出土的围棋子 60 多枚，其中黑子 40 多枚，白子 20 多枚。这些棋子呈圆饼状，中间两面突起；直径约 1.2 厘米，中厚约 0.75 厘米，重 12 克左右，为玉石或花岗石质地，磨制精细，外形美观，光泽宜人（图4-37）。另外，在寿昌城遗址还出土有大量半成品和毛坯品。

图4-38 中唐第7窟东壁 维摩诘经变·弈棋

据史书记载，在古代，围棋子是敦煌地方政府向朝廷进贡的特产。据《新唐书》卷40记载：“沙州敦煌郡……土贡：棋子。”《通典》卷6亦载：“敦煌郡：贡棋子二十具。”敦煌市博物馆藏《天宝年间地志残卷》亦载：“敦煌沙州：贡棋子。”《古今图书集成》汇考二之十二记载：“唐，沙州土贡棋子、黄矾、石膏。”

图4-39 宋代第454窟东壁 维摩诘经变·弈棋

古代的寿昌城南有龙勒山，盛产白玉和水晶石；北有博格多山，属天山余脉，多产红、黑玉石和冰洲石。敦煌向朝廷进贡的围棋子可能就是从这两座山上采取白黑两种玉石制作的。根据规定，敦煌郡每年向朝廷贡送棋子二十具。每具按当时流行的19×19道围棋格局布子，需白黑两种棋子计361枚，二十具就是7220枚，这在当时无机械化生产的情况下，用手工磨制，是一项很沉重的负担。加上敦煌本地以及周边地区的需求，数量应该很大。结合考古发现和文献记载推测，唐代寿昌城中很可能有一个具有传统精湛工艺水平的围棋子制作基地。

古代敦煌地区流行围棋活动，在敦煌壁画中有不少反映当时围棋活动情景的画面。中唐第 7 窟《维摩诘经变》中有一幅对弈图，画面中绘一矮桌上布棋盘，矮桌两侧各坐一人正作对弈状，矮桌后侧中央有一观棋者（图 4-38）。又如莫高窟宋代第 454 窟东壁《维摩诘经变》中，绘一矮桌上布棋盘，矮桌两侧各坐一人，均以右手正欲布子，显示双方正在激烈鏖战；画面右侧绘维摩居士旁观（图 4-39）。第 454 窟中心佛坛上的清代绘的屏风画内，也有一幅对弈图，画面中绘一长桌，桌上放一棋盘，长桌两侧各有一老者作对弈状，另有一人伏在桌旁观看，颇为生动（图 4-40）。不过这些画面中的棋盘并非完全写实，有的棋盘中纵刻有 11 条线，横刻有 17 条线；有的棋盘上横有 9 ~ 11 条线，纵有 14 条线；有的棋盘上纵横均只有 9 条线。

藏经洞出土文献中也有不少反映当时围棋活动的记载。如 S.5725《失名类书》云："玉女降，帝与之围棋甚娱。"P.2718《王梵志诗一卷》云："双陆智人戏，围棋出专能。解时终不恶，久后与仙通。"

图 4-40　第 454 窟佛坛上清代绘屏风画　弈棋

关于围棋，敦煌文献中最重要的是 S.5574 号《棋经一卷》（图 4-41），该写卷作者不详，"棋经一卷"是其尾题，卷首约残三、五行，实存 159 行，2400 余字。正文第一篇篇名已佚，其余为《诱证（篇）第二》《势用篇第三》《象名（篇）第四》《释图势篇第五》《棋制

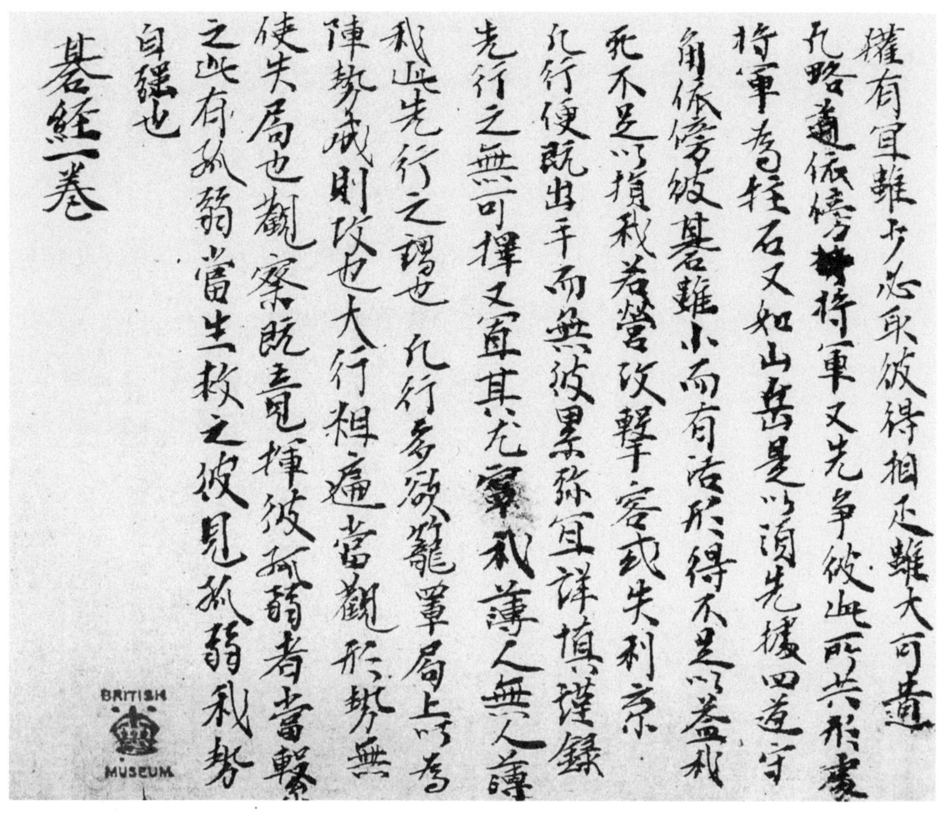
權有宜雖少必乘彼得相走雖大可遺
凡略遺依傍將軍又先爭彼此所共形處
將軍爲柱石又如山岳是以須先據四道守
角依傍彼棊雖小而有活於得不足以益我
死不足以損我若營攻擊容或失利京
凡行使既出手而無彼累孫宜詳慎謹錄
先行之無可擇又宜其尤寧我薄人無人薄
我此先行之理也　凡行多欲籠罩局上以爲
陣勢成則攻也大行相遍當觀於勢無
使失局也觀察既竟揮彼孤弱者當繫
之此有孤弱當生救之彼見孤弱我勢
自强也
棊經一卷

图 4-41　藏经洞出土 S.5574　棋经（部分）

篇第六》和《部帙篇第七》。附录有三篇：《棋病法》《棋法》（原佚篇名）和梁武帝萧衍的《棋评要略》。根据文中忌讳，有学者认为此书原成于北周，是中国现存最早的围棋理论著作，不过其抄写年代尚未确定。

唐宋时期敦煌地区还流行双陆、樗蒲、藏钩等博弈类娱乐活动。藏经洞出土文献中，有不少当时双陆博戏活动的描写，如 P.2999《太子成道经》记载：“是时净饭大王，为宫中无太子，优（忧）闷寻常不乐，或于一日，作一梦，[梦见] 双陆频输者，明日，[即] 问大臣是何意旨。大臣答曰：‘陛下梦见双陆频输者，为宫中无太子，所以频输。’”

也有不少关于樗蒲的记载，P.2418《父母恩重经讲经文》云：“贪欢逐乐无时歇，打论樗蒲更不休。”又云：“伴恶人，为恶迹，饮酒樗蒲难劝激；常遣慈亲血泪垂，每令骨肉怀愁戚。”P.3266《王梵志诗残卷》诗云：“男年十七八，莫遣倚街衢，若不行奸盗，相构即樗蒲。”“饮酒妨生计，樗蒲必破家。但看此等色，不久作穷查。”

关于藏钩活动的记载，S.4474《释门杂文》云：“藏钩：公等设名两扇，列位分朋，看上下以探筹，睹（赌）争胜负。或长行而远眺，望绝迹以无纵（踪）；远近劳藏，或度貌而难恻（测）。钩母怕情而战战，把钩者胆碎以兢兢，恐意度心，直擒断行。或因言而□（失）马，或因笑以输筹，或含笑而命钩，或缅鲜（腼腆）而落节。连翩九胜，踯躅十强，叫动天崩，声遥海沸，定强弱于两朋，建清斋于一会。”京河字 12 号《父母恩重经讲经文》云：“几度亲情命看花，数遍藏钩夜欢笑。”

特别值得注意的是，在莫高窟北区 B146 出土了几枚唐代的骨制骰子实物（图 4-42），由此可见当时敦煌地区确实盛行双陆、樗蒲、藏钩等博弈类娱乐活动。

绣工精湛的丝质绣品

1965 年，敦煌文物研究所在莫高窟第 130 窟窟内、第 122、123 窟窟前以及第 125 ~ 126 窟窟前裂缝中分别发现了丝织物一批，经整理共 60 多件，其中一件北魏太和十一年时期的丝质刺绣佛画特别引人关注。

这幅绣工精湛的佛画，发现于第 125 ~ 126 窟窟前裂缝中，残高 56 厘米，残宽 59

图 4-42　北区 B146 出土　唐代骨制骰子

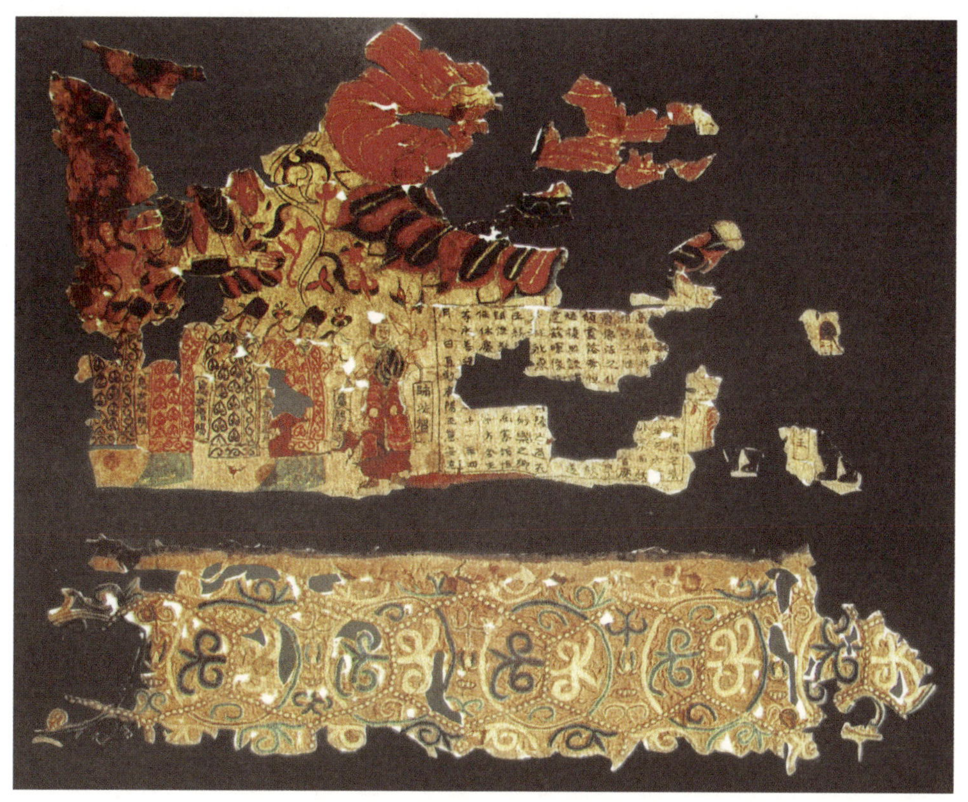

图 4-43 北魏太和十一年丝质绣品

厘米。从残存部分可以看出此画由三部分组成，即横幅花边、说法图、发愿文和供养人（图 4-43）。

横幅花边由联珠状龟背纹与圆环纹叠套组成主体纹样，空隙内填饰忍冬、花苞、花蒂纹，四周空处饰以忍冬纹和鱼纹。

说法图中的人物形象残损严重，从少量残迹推测，居中者为穿红色袈裟的结跏坐佛，坐佛右侧为身穿绿色长裙的胁侍菩萨。坐佛左侧全残，按照布局，此处应有一身胁侍菩萨。

发愿文和供养人中，发愿文居中，从右往左纵书十四行，每行十字，现存文字约有半数。文中残存“……十一年四月八日直懃广阳王慧安造”等记载。发愿文左侧残存男供养人二身，第一身为身穿袈裟的供养比丘；第二身残存头部和足部，长脸、直眉、圆目，头戴黑色圆顶高帽，脑后垂带，足穿乌靴，榜书题名仅存一“王”字，当系“……王”。发愿文右侧有女供养人一列五身，第一身为光头，身穿红色袈裟，榜书题名“师法智”；第二身至第五身都戴紫褐色高冠，脑后垂带，身穿对襟桃形忍冬纹和卷草忍冬纹长衣，长裙覆脚后曳，衣裙或绿或黄，依次题名“广阳王母”“妻普贤”“息女僧赐”“息女灯明”。

该绣品由三层织物组成，正反两面为细而柔软的平纹丝织物，中层为较粗的麻织物。正面的佛画是在黄褐色的丝织物上以锁针绣法绣制。四周镶以丝织物边。绣品的花边部分，仅以彩线绣出花纹，其底即黄褐色丝织物。花边以外的其他部分则全部绣出，衬底处用浅黄色线，图像用红、黄、绿、紫、蓝等彩色线。朱红主要用于表现服饰和人物的鼻、耳、手、脚等，绿、蓝色用于表现花纹，紫褐色用于表现冠带、靴等。画面配色和谐协调，色彩鲜明浓丽，绣工精湛。

这件绣品，是表现佛教题材的绣品中较早的一件。它的发现，为探讨由汉至唐刺绣工艺的发展变化，提供了非常重要的实物资料。

第五章

吾国之伤心史

——文物被劫录

1900年，王道士雇人清沙时偶然发现藏经洞，大批珍贵文物重现天日，是我国文化史上的一件大事。然而藏经洞发现于帝国主义正在加紧侵略中国的时代，国家处于内忧外患之际，大量藏经洞文物被西方各国的所谓“探险队”“考察团”掠去。

同时，面对敦煌藏经洞文物的发现，各级地方官员一方面是漠不关心的态度，另一方面是比比皆是的行贿受贿行为，甚至出现了具有保管敦煌藏经洞文物大权的何彦昇、何震彝、李盛铎、刘廷琛、方尔谦等官员监守自盗和出卖文物等最为卑鄙可耻的行为，反映了中国官场长期腐败的状况。

为此，早在1930年，爱国学者陈寅恪先生就沉痛地说：“敦煌者，吾国学术之伤心史也。其发见之佳品，不流入于异国，即秘藏于私家。”

王圆禄与藏经洞的发现

藏经洞是敦煌莫高窟第17窟的俗称，是附属于第16窟的小窟，位于16窟甬道北侧壁内。该窟因曾发现数以万计的古代文书和美术品等文物而得名。藏经洞出土文物与甲骨文、汉简、明清档案，被誉为近代古文献的四大发现，这些出土文物已成为敦煌学的主要研究对象。

图5-1 王圆禄（1849~1931年）

王道士（1849 ~ 1931年），湖北麻城人（图5-1），本名圆箓，一作元录，又作圆禄。家贫，为衣食计，逃生四方。清光绪初，入肃州巡防营为兵勇。奉道教，后离军，出家受戒为道士，道号法真，曾远游新疆，约光绪二十三年（1897年）至敦煌莫高窟。在洞窟南区北段，清理沙石，供奉香火，收受布施，兼四出布道募化，小有积蓄，乃于莫高窟第16窟东侧建道观“三清宫”，又名“太清宫”，俗称“下寺”。

关于王道士发现藏经洞的经过有几种说法：

其一，据第16窟甬道南壁清光绪三十二年（1906年）所立《重修千佛洞三层楼功德碑记》记载：“鄂省羽流圆禄，又能宏乐善之心，不辞劳瘁，不避星霜，旋睹迤北佛洞寂寥，多为流沙所淹没，因设愿披沙开洞。庚子孟夏，新开洞壁偏北，复掘得复洞，内藏释典充宇，铜佛盈座。”王道士参与三层楼修建之事，所说可能源于王道士之口。

其二，据王道士的徒子赵玉明、徒孙方至福在王道士去世后百日（1931年）所立《太清宫大方丈道会司王师真墓志》记载，“夫吾师姓王氏，名园箓……又复苦口劝募，急力经营，以流水疏通三层洞沙。沙出，壁裂一孔，仿佛有光；破壁，则有小洞豁然开朗，内藏唐经万卷、古物多名。……此光绪廿五年五月廿五日事也。”立碑时已距藏经洞发现之时30余年，似有所据，但未必准确。又，“廿五年”“廿五日”可能是误记或是为了凑“五”之吉数，应是“廿六年五月廿六日”。

其三，据现存于敦煌研究院的王道士《催募经款草丹》记载：“本朝光绪皇帝年内……贫道誓愿募化补修为念。至贰拾陆年五月贰拾陆日清晨，忽有天炮响震，忽然山烈（裂）一缝，贫道同工人用锄挖之，欣出闪佛洞壹所……内藏古经数万卷。”所说“天炮响震”或有故弄玄虚之嫌，如果说藏经洞是在清理第16窟甬道积沙过程中偶然发现的，当是接近事实的推测。该《草丹》中对藏经洞的发现时间，明确记载为清光绪二十六年五月二十六日，即1900年6月22日。

其四，据叶昌炽《缘督庐日记》光绪二十九年十一月十二日（1903年12月30日）记载：“汪栗庵大令自敦煌寄至唐元拓片。……又旧佛像一幅，所绘系水陆道场图。……又写经四卷，皆《大般涅槃经》。……闻此经出千佛洞石窟中，至门熔铁灌之，终古不开，前数年始发而入，中有石几石榻，榻上供藏经数百卷，即是物也。当时僧俗皆不知贵重，各人分取。”汪栗庵即汪宗翰，汪宗翰除了送上一些敦煌文物，还通报了藏经洞发现的情况，但很不准确。《缘督庐日记》光绪三十年九月五日及七日（1904 年 10 月 13 日及 15 日）又分别记载：“敦煌王广文宗海，以同谱之谊馈塞外土宜，拒未收。收唐写经两卷，画像一帧，皆莫高窟中物也。……夜，敦煌王广文来，云莫高窟开于光绪二十六年，仅一丸泥，砉然扃鐍自启。”王广文除了送来一些藏经洞文物，还介绍了藏经洞发现时较为真实的情况。

其五，说王道士雇敦煌贫士杨某抄写经文。有一天，杨某吸旱烟消闲，吸后将烟杆向窟壁磕烟锅头，觉有空洞回音，疑有秘室，便告诉王道士。当夜他们两人就持灯破壁，果见复室，积满写卷、印本、画幡、铜佛等。也有人说，杨某的好奇心不是由磕烟灰引起的，他是在洞窟的甬道间放了一张桌子，背壁而坐，抄写经文，抄经之暇，常以芨芨草燃火点旱烟吸，燃余之草则插在身后墙壁的裂缝中。有一次，杨某点烟后的余草较长，插入裂缝中竟然深入不止，以手试击，其声中空，于是告知王道士，两人半夜破壁探看，发现复室。

一般而论，王道士雇人清沙时发现藏经洞的说法较为可信，因为在莫高窟第 16 窟甬道北壁可以明显看到一道道沙线掩埋到甬道顶，由此可知积沙曾对甬道两侧之壁形成巨大压力，北壁的藏经洞由于内空而产生破裂，一旦把积沙清理掉，必然会发现裂缝，甚至出现墙壁塌陷的情况。

王道士发现藏经洞既有其必然性，也有其偶然性。说有必然性，是因为他雇用人员清理洞窟中堆积多年的积沙，踏踏实实做了大量的具体工作，只有清除积沙，藏经洞的洞门才能显露出来；说有偶然性，是因为王道士当初清除洞窟积沙，不是为了要发现什么，而是为了清扫洞窟，发现藏经洞纯属偶然的结果。

斯坦因：诈骗藏经洞文物第一人

斯坦因（Marc Aurel Stein，1862 ~ 1943 年），英国人，原籍匈牙利；早年在维也纳、莱比锡等大学学习，后游学牛津大学和伦敦大学（图 5-2）。曾任拉合尔东方学

图 5-2　斯坦因（1862~1943 年）

院校长、加尔各答大学校长等职。斯坦因出生于匈牙利一个犹太人家庭，终身未婚，把全部精力投入到考古探险事业上。

斯坦因在英国和印度政府的支持下，先后进行了四次中亚探险：

第一次探险（1900～1901 年），主要对塔里木盆地南缘地区进行考察，访问并确定了于阗古都约特干，发掘了丹丹乌里克、尼雅等古代遗址，获得大量文献文物。在此期间，他得到和阗直隶州知州潘震的鼎力相助。最为重要的是，他以后到敦煌也是经潘震特别介绍的。

第二次探险（1906～1908 年），除重访和田和尼雅等遗址外，还发掘古楼兰遗址，并深入河西走廊。1907 年 3 月 12 日至 6 月 13 日，斯坦因在敦煌期间，在中国师爷蒋孝琬的帮助下，利用王道士的无知和对宗教信仰的感情，诈骗到藏经洞出土的敦煌写本二十四箱以及绢画和丝织品等五箱。另外，斯坦因在敦煌附近的长城沿线还掘得大量汉简。

第三次探险（1913～1915 年），又重访和田、尼雅、楼兰等遗址，并再次到敦煌，又从王道士手中获得五百七十余件敦煌写本，还发掘了黑城子和吐鲁番等地遗址。

1930 年，拟进行第四次中亚探险，被南京政府拒绝，其间获得少量文物，但下落不明。

斯坦因三次中亚探险所获敦煌等地出土文物和文献，主要入藏伦敦的英国博物馆、英国图书馆和印度事务部图书馆，以及印度德里中亚古物博物馆（今新德里的印度国立博物馆）。

由于斯坦因在探险中有着惊人的发现，特别是获取到大量的珍贵文物资料，深受英国政府的赞赏，被英国女王授予爵士勋号，并获得牛津大学、剑桥大学名誉博士学位等荣誉。

关于斯坦因获取敦煌藏经洞文物的性质，众说纷纭，笔者认为应将其定性为诈骗，其理由在于斯坦因为了获取藏经洞文物对王道士使用了欺骗手段，正如他自己在《斯坦因西域考古记》和《沙埋契丹废墟记》中所述："我用我那很有限的中国话向道士述说我自己之崇奉玄奘，以及我如何循着他的足迹，从印度横越峻岭荒漠，以至于此的经过，他显然是为我所感动了。"（转引自刘进宝《敦煌学述论》，甘肃教育出版社 1991 年版，第 149、150 页）"我很快确信虽然道士对佛教的东西知道得不多和不感兴趣，但却以他自己的方式对唐代大和尚唐僧（王这样称呼）非常羡慕，就像我以另一种方式赞赏玄奘一样。"（珍妮特·米斯基著、田卫疆等译《斯坦因：考古与探险》，新疆美术摄影出版社 1992 年版，第 267 页）一提到玄奘，王道士便来了精神，高兴地带斯坦因他们去观看他雇人画在壁上的《西游记》唐僧取经图（图 5-3）。而斯坦因假意地对王道士的业绩大加称赞，使得这位文化水平不高但熟知《西游记》唐僧取经故事的道士觉得斯坦因与他真是志趣相同，情投意合，所以原有的一点点顾忌便彻底烟消云散了。王道士先取出一些样品给斯坦因、蒋

图 5-3　王道士和"西游记"壁画

孝琬看，恰巧经卷上正好写着译经人玄奘的名字。蒋孝琬趁机说这是唐僧显灵，亲自选定这一时刻，把这些神圣的佛经展示在斯坦因面前，是希望这位来自遥远印度的虔诚信徒和弟子能把它们带回印度老家去。斯坦因也特别对王道士说，玄奘是不会同意把这些佛经永远塞在这个黑洞洞中继续受冷落的。王道士对斯坦因的话深信不疑，于是斯坦因暗示，愿意捐一笔钱来赞助王道士恢复莫高窟昔日的繁荣。蒋孝琬这时建议斯坦因离开，由他来与王道士交涉如何平静地取得这批文献文物。最后，"王道士鼓足勇气同意了我的请求。但条件很严格，除我们三人外不得有任何人得到丝毫如何交易的暗示，而只要我继续留在中国的土地上，这些发现物的来源不得透露给任何人"。这以后，斯坦因"迅速搜集了所有各种可能装有手稿或特别有趣东西的捆包"，"我有理由宣称在这次外交斗争中我取得了基本成功。除了我从各种各样的包捆中挑选的珍品外，他还同意给我 50 捆非常完好的汉经文卷轴和 5 捆吐蕃文的东西。为换得所有这些物品，约相当于 500 卢比的 4 块马蹄银（约 200 两纹银）递到了道士手中"。"所有'千佛'洞里取出的物品只花去政府 130 英镑，仅梵文棕榈叶手稿和一些其他'古董'就值这个数目"（珍妮特·米斯基著、田卫疆等译《斯坦因：考古与探险》，新疆美术出版社 1992 年版，第 272 ~ 279 页）。

从这些斯坦因的自述中，可以明显看到其关于玄奘的话纯属谎言，目的是为了从王道士手中得到藏经洞中的文物。为此，将斯坦因获取敦煌文物的行为定性为诈骗行为既符合客观史实，也具有一定的法律意义。

图 5-4　伯希和（1878~1945 年）

伯希和诈骗藏经洞文物的过程

伯希和（Paul Pelliot，1878 ~ 1945 年），法国人，出生于巴黎一个商人家庭，早年在法国政治科学学院、东方语言学院等处学习，精通汉文，专研汉学（图 5-4）。1899 年往越南河内，学习并供职于印度支那考古学调查会，即法兰西远东学院。

伯希和在 1900 ~ 1902 年曾为法兰西远东学院搜罗

图书资料，三次来到中国北京等地，在八国联军侵入北京时利用各种手段获得大量珍贵文物。1906 年率中亚考古探险队，借道俄国、中亚而进入我国新疆地区进行考古发掘活动。1907 年 10 月在乌鲁木齐时，从曾任伊犁将军的甘新总督长庚那里得到敦煌藏经洞出土的古代写本一卷，又从一位因义和团之事而被流放至此的“澜公爵”载澜处获赠敦煌藏经洞写卷《妙法莲花经》一卷，并从二人处获知敦煌藏经洞被发现的秘密。伯希和还得知斯坦因已去过敦煌，可能藏经洞中的文献文物已经被斯坦因都拿光了，但他仍在 1908 年 2 月 25 日率探险队到达敦煌城，稍作停顿后便迫不及待地到达莫高窟。

伯希和一行来到莫高窟，这时藏经洞的门“被铁锁紧闭”，王道士不在莫高窟。伯希和利用这段时间对莫高窟进行了全面的考察。他们对所有洞窟进行编号、测量、拍照和抄录各种文字题记，将大部分洞窟进行了详细的记录，拍摄了大量的照片，这是有史以来对莫高窟第一次全面而详细的考察活动。

当王道士回到莫高窟后，伯希和便与王道士进行交涉，他流利的汉语很快就博得了王道士的好感。王道士从谈话中了解到伯希和并不知道斯坦因带走经卷一事，因此对这些洋人的坚守诺言感到满意。伯希和同样使用了金钱诱惑的办法，经过大约二十多天的交涉，在 3 月 3 日，伯希和被带进藏经洞，允许他在洞中挑选自己满意的经卷。面对着这数万件珍贵文献，伯希和“惊呆了”，他在《敦煌藏经洞访书记》中写道：“3 月 3 日，钥匙终于到了，这是天主教封斋前的星期二（狂欢节的最后一天），我得以进入了‘至圣所’，我简直被惊呆了。自从人们从这一藏经洞淘金的 8 年来，我曾认为该洞中的藏经已大大减少。当我置身于一个在各个方向都只有约 2.5 米、三侧均布满一人多高、两层和有时是三层厚的卷子的龛中时，您可以想象我的惊讶。”

在以后的三个星期中，伯希和在藏经洞中，借助昏暗的烛光，以每天一千卷的速度，将所有经卷翻检了一遍，并“将它们分成两份，其一是精华和高级部分，也就是要不惜一切代价让他们出让的部分；另一堆部分是尽量争取获得、同时在无奈

图 5-5　伯希和在藏经洞翻检文物

时也只得放弃的部分”，“我仍不认为忽略掉了任何最重要的东西，不仅仅对于一份卷子如此，而且对于一页破纸也如此”（图 5-5）。在挑选中，他还经常偷拿其中的精品。据当时和他在一起的同事瓦兰博士回忆：“他的外套里塞满了他最喜欢的手稿……容光焕发，喜气洋洋。有一天晚上，他拿给我们看的是一份圣约翰斯托里福音；另一次，他拿来一份有八百年历史的描写一个奇异小湖的文稿。该湖位于敦煌之南的很高的沙丘上。再一次是一份有关这个寺院的账目。”

挑选工作结束后，伯希和遇到的最大难题，就是如何征得王道士的同意，把挑选出来的手稿卖给他。王道士不敢答应这样的要求，为此伯希和与王道士在极其秘密的情况下进行了多次会谈。据瓦兰回忆中说：“会谈的结果是，我们自己也必须在极端保守秘密的情况下才能提到有关发现书库的事，即使在我们的信件里也必须如此。”最后，在答应保守秘密后，伯希和以 500 两白银（约 90 镑）换得了藏经洞 6000 余件写本，它们的数量虽然没有斯坦因获取的多，却是藏经洞写本中的精华。伯希和把这批秘藏的东西经过小心谨慎的包装之后，就安排人用船舶运往法国。瓦兰回忆说：“只是当努埃特带着满装我们的选品的箱子上了轮船之后，伯希和才公开地谈到这些东西，并携带一箱手稿前往北京。”不过，伯希和这次来京，主要是采购图书。他考虑到所获取的文物还在运输途中，因此对在莫高窟得到写本的事守口如瓶。

同年12月，伯希和回到河内的远东学院。1909年5月，伯希和又来到北京，出示给中国学者一些敦煌卷子并说出了它们的由来，当时在北京的许多著名学者如罗振玉、蒋伯斧、王仁俊、董康等都目睹了敦煌宝藏，大为震惊。

据说，伯希和是以捐助香火钱为诱饵，与王道士进行交易的。如果此说有据，将伯希和获取藏经洞文物的性质，定性为诈骗行为也是恰当的。

华尔纳盗劫敦煌文物的过程

华尔纳（Langdon Warner，1881～1955年），美国人（图5-6）。1903年毕业于哈佛大学，1906年留学日本，专攻佛教美术。1910年又在朝鲜和日本调查佛教美术。华尔纳曾前往伦敦、巴黎、柏林、圣彼堡等地参观过斯坦因、伯希和、勒柯克、科兹洛夫等人盗取的中国西北的文物，并与一些当时研究西域美术而著名的中国美术专家和汉学家有过接触与交往，也读过他们的书，使他对中国西北产生了浓厚的兴趣。

1923年，美国哈佛大学福格博物馆物色人选，组织中国考察队，准备前往中国西北从事古物搜集，华尔纳成了最佳人选。

图5-6 华尔纳（1881~1955年）

1923年7月，华尔纳一行到达北京，在燕京大学找了一个叫王近仁的学生充当翻译兼事务员，并由于政治原因得到直系军阀吴佩孚的支持，为他们在中国行动提供了极大的方便。

考察团首先由北京经洛阳到西安，然后才正式开始考察。第一个目的地是黑城遗址，即额济纳，途经泾川、兰州、武威、张掖、酒泉等地，于11月到达黑城遗址。由于早在此前俄国人科兹洛夫已来过此地，并有大量发掘，因此华尔纳的收获不大，于是前往敦煌。

1924年1月21日，华尔纳到达敦煌莫高窟。此时藏经洞中的宝藏早已被分得一干二净，因此藏经洞与他倒没什么干系，但在经过参观考察之后，面对敦煌艺术，他惊呆了。他在《在中国漫长的古道上》中写道：“我除了惊讶得目瞪口呆外，再无别的可说……现在我才第一次明白了，为什么我要远涉重洋，跨过两个大洲，在这些烦恼的日子里，蹒跚地走在我的马车旁边。”“我到这里来原是为了核对古物年代，是为了能轻易地驳倒那些学者教授们，并且也是为了发现艺术影响的。现在我站在一所佛堂中央，双手插在衣袋里，陷入了沉思之中。”

图 5-7　华尔纳盗掠的第 328 窟供养菩萨像

在经过一番沉思后，华尔纳决定以壁画剥离和彩塑搬迁的方式，进行文物盗窃。当晚他在给妻子的信中写道：“我的任务是，不惜粉身碎骨来拯救和保存这些即将毁灭的任何一件东西。若干世纪以来，它们在那里一直是安然无恙的，但在当前看来，它们的末日即将带来。”“就是剥光这里的一切，我也毫不动摇。”

为了顺利进行工作，华尔纳给了当时看守莫高窟的王道士一些礼物之后，王道士同意他揭取壁画。后来华尔纳又以 70 两银子的价钱从王道士处得到了第 328 窟盛唐的精美彩塑供养菩萨像一身（图 5-7）。当时他用特制的一种胶布，用涂有黏着剂的胶布片敷于壁画表层，剥离莫高窟第335、321、329、323、320等窟的精品壁画12块（或曰26块）。他在揭取壁画时采取的这种方式极其简单、原始、拙劣，导致壁画受到摧残。另外，还购得敦煌写本《妙法莲华经》残卷。由于气温寒冷，不利于胶水的使用，加上缺乏助手，他便在剥取了壁画之后，于1924年4月返回兰州，经北京回国。

1925年2月，华尔纳又组织了一个七人的考察团，并邀请北京大学陈万里先生同行做释读汉文碑铭的工作。

考察团于1925年2月16日离开北京，5月19日到达敦煌，在与敦煌官府接洽的过程中，因为华尔纳第一次的破坏行为已使当地老百姓十分气愤，他们也向王道士责问此事，使得王道士不得不靠装疯卖傻过日子，因此考察千佛洞的要求被拒绝。经过一番商讨，最后给考察团制定了一系列规定：

1. 考察团成员不准住宿千佛洞；
2. 考察团成员参观千佛洞要由当地派人监视，并必须当日返回县城；
3. 不准破坏壁画及其他一切文物。

不仅如此，当地老百姓组织了一队人专门监视考察团的行动，时时有发生武力的可能性，在如此严密的监视下，考察团一行也不得不草草结束考察活动，只活动了3天便于5月23日离开敦煌，之后转到安西榆林窟考察。当时由于全国各地爆发了反帝爱国的“五卅”运动，北京大学决定不与哈佛大学合作，并电令陈万里与考察团决裂，提前返校，于是陈万里在瓜州与考察团分手。美国一方也考虑到中国国内的形势，电报要求华尔纳一行结束活动回国，于是华尔纳不得不解散考察团，中止考察活动，于同年8月返回哈佛大学。

综合华尔纳的动机及其手段等情况来分析，与斯坦因、伯希和的行为相比较，将华尔纳剥夺敦煌壁画的行为定为盗窃性质，应该说是准确的。不过，另外值得注意的是，在华尔纳剥离敦煌壁画时，作为翻译兼事务员的中国人王近仁，在一旁是竭力劝阻，还是像蒋孝琬一样为华尔纳出谋划策，学界似乎无人关注。

图 5-8　大谷光瑞（1876~1948 年）

大谷探险队：以盗宝为主要目的

大谷光瑞是日本西本愿寺法主，也是西本愿寺第 22 代宗主（图 5-8）。大谷探险队，即大谷光瑞派遣的三次中亚探险队。

1900 年，大谷光瑞被派往欧洲考察宗教，见到斯文·赫定、斯坦因、伯希和等人中亚探险的成果，决定利用回国途中往中亚探险，从而揭开了日本考察中国西北的序幕。

大谷探险队的成员是在第三次探险时到达敦煌盗宝的。1910 年橘瑞超从伦敦前往吐鲁番、楼兰、和田等地发掘（图 5-9）。1911 年中国爆发了辛亥革命，形势发生了较大变化。大谷光瑞也长时间没有得到橘瑞超的消息，很是焦急，便决定派吉川小一郎前往寻找。吉川经上海、武汉、兰州，于 1911 年 10 月 3 日到达敦煌，他首先拍摄了洞窟。在敦煌期间，吉川一方面派人向新疆各地发电报寻找橘瑞超，一方面又在敦煌进行盗宝活动，先后得到了一些写经、文书并骗取了几尊彩塑（图 5-10）。

此时橘瑞超也正由新疆的若羌装扮成维吾尔人向敦煌进发，在路上碰到一位从敦煌回来的维族人，知道了吉川小一郎在敦煌找他的消息。于是赶往敦煌，于 1912 年 1 月 26 日到达，与吉川会合。在敦煌，他们分别从王道士及其他人那里买到一些敦煌写本。两人在敦煌活动了一些时间，吉川前往吐鲁番，橘瑞超前往瓜州。在瓜州，橘瑞超又收到国内的电报，要求他马上中止活动回国，于是他只好回头，赶上吉川一起经哈密到吐鲁番。吉川决定在吐鲁番继续发掘，橘瑞超则前往乌鲁木齐，取道西伯利亚回国。吉川直到 1913 年 2 月才离开吐鲁番，经焉耆到库车，调查了库木吐喇、苏巴什等地后，又西进喀什，南下和田，北上伊犁，最后东返乌鲁木齐，经吐鲁番、哈密、敦煌、酒泉等地，于 1914 年 5 月经北京回国，从而结束了日本大谷光瑞第三次中国西北考察活动。

图 5-9　与敦煌房东在一起的橘瑞超（1890~1968 年）

大谷探险队的人员构成本身不是学者，而且他们考察的范围也过于广泛，他们所发掘的东西没有很好的记录，其科学发掘所得很大程度是以盗宝为目的，因此资料意义与价值大大降低，对古迹文物造成了严重的破坏。

图 5-10　吉川小一郎

三次大谷探险队的收集品主要存放在神户郊外大谷光瑞的别墅二乐庄，部分寄存在帝国京都博物馆（今京都国立博物馆）。1912 年 11 月曾在二乐庄举办收集品展览。1915 年将所得精品影印刊布在《西域考古图谱》中。1914 年大谷光瑞辞掉宗主职位，大谷收集品随之分散，一部分随二乐庄卖给久原房之助，久原将这批收集品寄赠给朝鲜总督府博物馆，今藏首尔国立中央博物馆；寄存在京都博物馆的部分，现入藏东京国立博物馆。大部分收集品在 1915 年至 1916 年运到旅顺，后寄存关东厅博物馆（今旅顺博物馆），曾编有简目，与探险队员的部分日记一起，发表在《新西域记》中。此外，又有大量收集品运回日本京都。1948 年大谷光瑞去世后，在西本愿寺发现从大连运回的两个装有收集品的木箱，后捐赠给龙谷大学图书馆。留在旅顺的部分仍保存在旅顺博物馆，其中敦煌写本六百余件，于 1954 年调到中国国家图书馆保存。

剥割壁画的俄国探险队

当瑞典人斯文·赫定、英国人斯坦因、法国人伯希和、日本大谷探险队等在中国西北活动时，俄国人也分外眼红，积极筹备，准备前来分食。

其实俄国人到敦煌的时间比英国人斯坦因还要早一步。1903 年奥勃鲁切夫便从王道士手里“买”走了两包写本，代价是六包劣质的石蜡。

鄂登堡（1863 ~ 1934 年），又译奥登堡，俄国探险家，生于后贝加尔州。1885 年彼得堡大学东方语言系梵文波斯文专业毕业。1894 年通过博士论文答辩，获得博士学位，留校任教。1900 年为俄国科学院研究员，1903 年被选为科学院通讯院士，1908 年被选为院士。1903 年创建俄国中亚研究委员会，以后又组织了几次中亚考察队。1904 年起任科学院常任秘书，1916 年任亚洲博物馆馆长，1917 年又在克伦斯基的临时政府中当过教育部长（图 5-11）。

图 5-11　鄂登堡（1863~1934 年）

鄂登堡对中国西北的考察活动是在所谓的“俄国委员会”的主持下进行的，该组织是研究中亚及东亚的俄国委员会的简称。而其中扮演最重要也是最不光彩角色的是俄国驻喀什领事馆，这也是一个当时为各国探险家和考察团服务的中间机构，该组织也向俄国及各国提供中国新疆各地的文物消息，并直接参与盗劫活动，得到过数以千计的宝物，他们亦与当地的文物贩子相互勾结。

图 5-12 俄国探险队

1914 年沙俄的一个考察团成立，成员有鄂登堡、画家兼摄影师杜丁、矿业工程师兼地形测绘员斯米尔诺夫、画家宾肯贝格、民族学家罗姆贝格、十名辅助人员和一名中国翻译，以及在到达新疆塔城后雇用的七名哈萨克人。这一次他们的目的地是敦煌莫高窟（图 5-12）。

考察团是沿塔城、奇台、乌鲁木齐、吐鲁番、哈密到敦煌的。1914 年 8 月 20 日他们到达千佛洞，然后按计划分工进行。在敦煌期间，他们详细研究了洞窟壁画与彩塑，认真进行了摄影、复描、绘画、测绘、考古清理、发掘和记录工作，包括很少有人注意的莫高窟北区石窟也都作了一定的考古清理，并绘制了莫高窟南区和北区的崖面平面图。

考察团的主要工作是在敦煌最为寒冷的冬天进行的，工作一直进行到 1915 年初。当时世界形势发生了变化，第一次世界大战爆发，中国参战的消息使他们恐慌，不得不提前结束考察，于 1915 年 1 月 26 日启程回国。他们不仅带走了在莫高窟测绘的443个洞窟平剖面图、拍摄的两千多张照片、绘制的几百张绘画以及记录的详细资料，还剥取了一些壁画，拿走了几十身彩塑，同时带走了从南北两区洞窟中清理发掘出来的各类文物，加上在当地收购的文物，如各类绘画品、经卷文书等，浩浩荡荡地离开了莫高窟，真可谓满载而归（图5-13）。

鄂登堡考察团回国后，将他们的资料分成两部分：写卷移交亚洲博物馆，即今天的东方学研究所圣彼得堡分所；艺术品、地形测绘资料、民族学资料、考察记录和日记等存入俄国博物馆、民族学博物馆、地理学会等博物馆，后全部收藏在艾尔米塔什东方部。现藏于此博物馆的敦煌文献与艺术品等主要包括雕塑、壁画、绢画、纸本画、麻布画以及丝织品等，其中幡画66件、绢画137件、纸本画43件、壁画14幅、彩塑28幅、织物58件以及近二千张照片等。而藏于东方研究所圣彼得堡分所的佛经文书约有二万件。

图5-13　俄国探险队满载文物离开莫高窟

图 5-14　被剥走的北魏第 263 窟壁画 伎乐天、千佛、供养人（局部）

由于诸多原因，俄罗斯的这批文物，尤其是其中的绘画一直很少透露，不过近年有所改观。另外因为鄂登堡的工作日记一直秘藏在苏联科学院档案库，所以鄂登堡如何搞到这么多的藏经洞文物，至今仍然是一个谜。

值得注意的是，俄罗斯探险队带走的文物中，至少有十多幅从洞窟中剥割的壁画，其性质与华尔纳用胶布剥取壁画的手段同样恶劣，但知道华尔纳卑鄙行为的人很多，而对于俄罗斯探险队的卑鄙行为，却几乎无人知晓，很少有人对此披露并谴责。俄罗斯探险队盗走的这批壁画，都是艺术精品，其中有北魏第 263 窟的伎乐天、千佛、供养人（图 5-14），也有隋代第 433 窟的《睒子经变》等，且面积很大，如第 263 窟的伎乐天、千佛、供养人高 197 厘米，宽 69.5 厘米；第 433 窟的《睒子经变》高 17 厘米，宽 144 厘米（图 5-15）。另外，他们盗走隋代第 253 窟彩塑菩萨、宋代第 111 窟彩塑阿难和迦叶等，也都是艺术精品（图 5-16）。

官家盗窃团伙——何彦昇、何震彝、李盛铎、刘廷琛、方尔谦等

有这么几个人，不论是在什么地区、什么国度，也不论是在战争年代，还是在

图 5-15　被剥走的隋代第 433 窟壁画《睒子经变》（局部）

和平时期，他们的行径都会被人们一致肯定为盗窃性质。他们利欲熏心，不仅是真正的盗窃敦煌藏经洞文物者，还是真正的将敦煌文物贩卖给外国人的卖国贼。他们就是高学历、高文化、高官位并且拥有押送、保管敦煌藏经洞文物大权的何彦昇、何震彝、李盛铎、刘廷琛、方尔谦等人。

图 5-16 被劫走的宋代第 111 窟彩塑 阿难、迦叶

何彦昇（1860～1910 年），何震彝之父，李盛铎之亲家，乳名恬生，字秋辇，江苏省江阴县人。光绪十五年己丑（1889 年）副贡生。潜心好学，亦能文章，兼通列国语言文字，作为参赞出使俄国。回国后历任直隶按察使、甘肃布政使、新疆巡抚等职（又曰甘肃藩司、代理巡抚），也是敦煌藏经洞文物的押运官。

何震彝（1880～1916 年），何彦昇之子，李盛铎之女婿，字鬯威，号穆忞，出生于江苏江都（今扬州）。12 岁能诗，博闻强识，可操英语、日语等外语，出口成章，少年得志。光绪三十年（1904 年）进士，时年 25 岁。何震彝还是法学专家。他曾在 1913 年撰写《何震彝宪法草案》，该草案刊登于《法政杂志》第 3 卷第 1 号。

李盛铎（1858～1937 年），何震彝之岳丈，何彦昇之亲家，字椒微，号木斋，江西德化（今九江）人。光绪十五年（1889 年）中殿试一甲第二名（榜眼），赐进士及第。历任翰林院编修、国史馆协修、京师大学堂总办、江南道监察御史、内阁侍读学士、顺天府府丞、太常寺卿；出使日本大臣、出使比利时大臣，出使各国政治考察大臣，山西提法使、山西布政使、陕西巡抚；入民国后，又曾任大总统顾问、参政院参政、国政商榷会会长等职。于光绪三十一年至三十二年（1905～1906 年）任驻比利时大臣时，获英国剑桥、牛津两大学名誉博士学位，是我国著名收藏家、校勘家、版本

图 5-17　李盛铎

家、目录学家（图 5-17）。

刘廷琛（1868～1932 年），李盛铎之同乡，字幼云，号潜楼，江西德化（今九江）人。光绪二十年（1894 年）进士，入选翰林院。历任国史馆协办、陕西提学使、学部参议、京师大学堂总监督、学部副大臣等职（图 5-18）。

方尔谦（1871～1930 年），李盛铎之友，字地山，江苏江都人（今扬州），好收藏文物，善书法与楹联，曾任袁世凯家庭教师。

图 5-18　刘廷琛

这些人，多是当时有权有势的官僚，他们之间有密切的家族或亲友、乡友等关系，所以这里把他们冠之以"官家"。下面是他们盗窃敦煌藏经洞文物的大体经过：

1909 年 9 月（宣统元年八月），罗振玉前往北京苏州胡同拜访伯希和，伯希和出示了一份自编的敦煌莫高窟藏经洞出土文献目录，并展示随身所带的《老子化胡经》《尚书》残卷等十多种敦煌卷子。罗振玉从伯希和处得知敦煌莫高窟藏经洞还有 8000 多卷写本遗存，于是迅速报告学部左臣乔树楠，并代拟电报稿，命令甘肃都督毛实君让敦煌县令立即查点、封存藏经洞文献，不许卖给外人（图 5-19），并让甘肃布政使（或曰"新疆巡抚"）何彦昇作为押运官将所有剩余文书全部解送到北京保存。

何彦昇在押解过程中，每到一处就让当地官员抽取挑选所押解的卷子，沿途所失至今无法知道有多少数量，有哪些内容。不仅如此，当第二年运载写本经卷的大车进入北京之后，何彦昇没有马上将押解的东西上交学部，而是拉到自己家的院子里交给儿子何鬯威（何震彝）。当时报到官府的敦煌卷子清单上只有卷数而没有卷名、行款等，所以何彦昇、何鬯威伙同李盛铎（何鬯威的岳父）、刘廷琛、方尔谦等亲友，把其中许多精品窃为己有，为充数则将长卷撕为几段乃至十几段。在中饱私囊之后，何彦昇才不紧不慢地将“劫余”送交学部，入藏京师图书馆，共 9000 余卷。另外，有学者研究认为，有大量写本经卷是“李氏等人实际上是在经卷入藏学部后才攫取到手的。李盛铎当时……在学部任职；刘廷琛也是学部大臣，故此近水楼台，监守自盗”。

罗振玉《姚秦写本僧肇维摩诘经解残卷校记序》中亦记此事曰：“江西李君与某同乡，乃先截留于其寓斋，以三日夕之力，邀其友刘君、婿何君及扬州方君，拔其尤者二三百卷，而以其余归部。李君者富藏书，故选择尤精，半以贻其婿，秘不示人；方君则选唐经生书迹之精者，时时截取数十行鬻市。”

官僚世宦盗窃敦煌写卷之事，当时社会上就有传闻，并有官员揭发上告。学部侍郎满人宝熙便上章参奏，但因辛亥革命爆发而没有查问。但这毕竟是一桩大案，学部为掩人耳目，只把押运差官傅委员（傅宝书）扣留，但随后经人说情而被释放。吴昌绶《松邻书札》中致张祖廉一札云：“顷鬯威（何震彝）同年来，谓访公未值，有言托为代致，甘省解经之傅委员，淹留已久，其事既无佐证，又系风流罪过，今穷不得归，日乞鬯威为道地。弟闻前事已了，堂宪本不深求，可否仰仗鼎言，转恳主掌诸君，给札放行，其札即由公交鬯威亦可，渠既相嘱，特为奉致，望径复之。”于是这桩盗窃敦煌文物

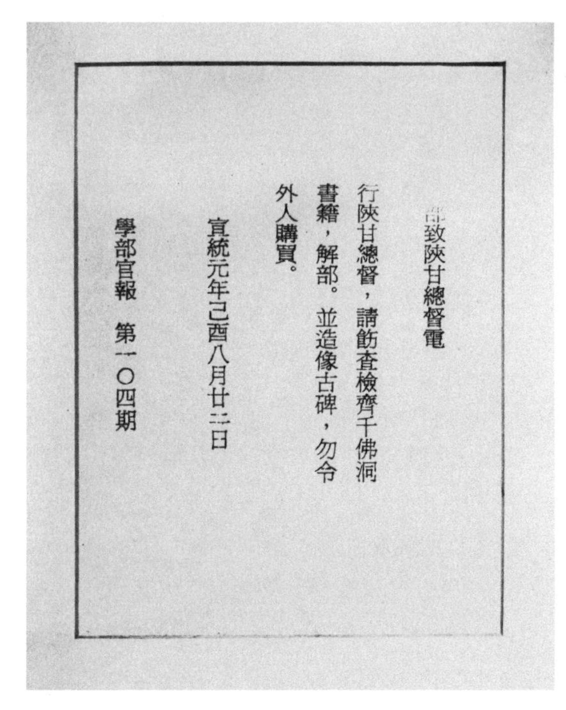
部致陝甘總督電
行陝甘總督，請飭查檢齊千佛洞書籍，解部。並造像古碑，勿令外人購買。
宣統元年己酉八月廿二日
學部官報　第一〇四期

图 5-19　清学部宣统元年八月廿二日致陕甘总督电文

的大案，最后以“事出有因，查无实据”结案。

被窃写卷当时就流到了市场上。据罗振玉《鸣沙石室佚书序》记载：“遗书窃取，颇留都市，然或行剪字析，以易升斗；其佳者或挟持以要高价，或藏匿不以示人。”

后来何家藏品大多卖给日本京都藤井氏有邻馆。李家藏品一小部分归南京国立中央图书馆（今在台湾），另外大部分卖到了日本，其中 1935 年一次就卖给了日本人四百多卷，获八万元日金，这批写卷至今下落不明（图 5-20）。

由此可知，何、李等人不仅是真正的文物大盗，而且还是真正的卖国贼（图 5-21）。

腐败官场：严泽、廷栋、汪宗翰、叶昌炽、端方等

面对敦煌藏经洞文物的发现，各级地方官员一方面漠不关心，另一方面却行贿受贿，腐败不堪。这也是藏经洞文物遭劫的主要原因。

严泽，1900 年王道士发现藏经洞宝藏时的敦煌县令。据说，在藏经洞发现不

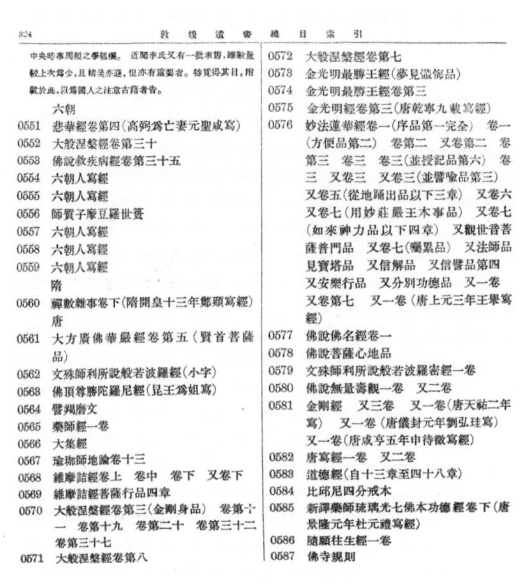

824　敦煌遺書總目索引

中央時事周報之學觚欄。近聞李氏又有一批求售，雖數量較上次為少，且精美亦遜，但亦有重要者。特覓得其目，附載於此，以為國人之注意古籍者告。

六朝
0551 悲華經卷第四(高弼為亡妻元聖威寫)
0552 大般涅槃經卷第三十
0553 佛說救疾病經卷第三十五
0554 六朝人寫經
0555 六朝人寫經
0556 師質子摩豆羅世賽
0557 六朝人寫經
0558 六朝人寫經
0559 六朝人寫經
隋
0560 禪數雜事卷下(隋開皇十三年鄭頵寫經)
唐
0561 大方廣佛華嚴經卷第五(賢首菩薩品)
0562 文殊師利所說般若波羅經(小字)
0563 佛頂尊勝陀羅尼經(昆王為姐寫)
0564 讚羯磨文
0565 藥師經一卷
0566 大集經
0567 瑜珈師地論卷十三
0568 維摩詰經卷上　卷中　卷下　又卷下
0569 維摩詰經菩薩行品四章
0570 大般涅槃經卷第三(金剛身品)　卷第十一　卷第十九　卷第二十　卷第三十二　卷第三十七
0571 大般涅槃經卷第八
0572 大般涅槃經卷第七
0573 金光明最勝王經(夢見懺悔品)
0574 金光明最勝王經卷第三
0575 金光明經卷第三(唐乾寧九載寫經)
0576 妙法蓮華經卷一(序品第一完全)　卷一(方便品第二)　卷第二　又卷第二　卷第三　卷三　卷三(並授記品第六)　卷三　又卷三　又卷三(並譬喻品第三)　又卷五(從地踊出品以下三章)　又卷六　又卷七(用妙莊嚴王本事品)　又卷七(如來神力品以下四章)　又觀世音菩薩普門品　又卷七(囑累品)　又法師品　見寶塔品　又信解品　又信譬品第四　又安樂行品　又分別功德品　又一卷　又卷第七　又一卷(唐上元三年王舉寫經)
0577 佛說佛名經卷一
0578 佛說菩薩心地品
0579 文殊師利所說般若波羅密經一卷
0580 佛說無量壽觀一卷　又二卷
0581 金剛經　又三卷　又一卷(唐天祐二年寫)　又一卷(唐儀封元年劉弘珪寫)　又一卷(唐咸亨五年申待徵寫經)
0582 唐寫經一卷　又二卷
0583 道德經(自十三章至四十八章)
0584 比邱尼四分戒本
0585 新譯藥師琉璃光七佛本功德經卷下(唐景隆元年杜元禮寫經)
0586 隨願往生經一卷
0587 佛寺規則

图 5-20　李盛铎 1935 年卖给日本人的敦煌写卷部分目录　引自《敦煌遗书总目索引》

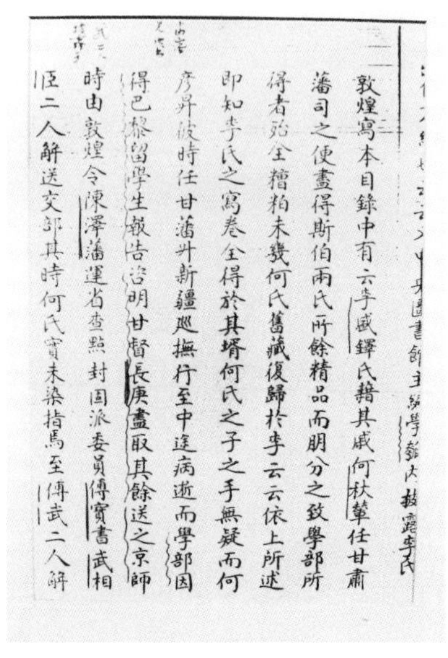

敦煌寫本目錄中有云李盛鐸氏藉其戚何秋輦任甘肅
藩司之便盡得斯伯兩氏所餘精品而朋分之致學部所
得者殆全糟粕未幾何氏舊藏復歸於李云云依上所述
即知李氏之寫卷全得於其壻何氏之子之手無疑而何
彥昇彼時任甘藩升新疆巡撫行至中途病逝而學部因
得巴黎留學生報告咨明甘督長庚盡取其餘送之京師
時由敦煌令陳澤藩運省查點封固派委員傅寶書武相
臣二人解送交部其時何氏實未染指馬至傅武二人解

图 5-21　《敦煌劫余录》编目赘言中记载李盛铎盗经事件（之一）

久，王道士很快就将消息报告给了这位严大老爷，并挑选了一些书法精良的敦煌卷子送上。然而，县令严泽除了留下两个卷子以外，未对如何保管或处理藏经洞文物作任何指示。

据谢稚柳《敦煌石室记》记载，王道士不久又雇了毛驴，“私载经卷一箱至酒泉，献于安肃道道台满人廷栋。廷栋不省，认为此经卷其书法乃出己下，无足重。王道士颇丧沮，弃之而去”。廷栋也未对如何保管藏经洞文物作任何指示，只是后来将一些经卷送给嘉峪关一个比利时的税务官、新疆的长庚将军和潘道台等人。有学者考证，现北大藏卷 D31 号《大般涅槃经》和上海博物馆藏第 23 号《佛说佛名经》等写卷，便可能出自廷栋处和甘肃藩台处。

汪宗翰，号栗庵，湖北省通山县人，1890 年考中进士，学识渊博，对于古代文献有较深的认识。1902 年 3 月至 1906 年 2 月任敦煌县令，其间利用职权获得不少藏经洞文物。光绪二十八年（1902 年）后陆续将《大中五年（851 年）洪辩告身牒碑》等拓片、《宋乾德六年（968 年）绘水月观音像》《大般涅槃经》等绢画和写经送赠给甘肃学政叶昌炽，同时报告了有关藏经洞发现的情况。叶昌炽向甘肃藩台建议将藏经洞文物运到兰州保存，后因缺乏经费，光绪三十年三月改命敦煌县检点封存藏经洞。汪宗翰在送给叶昌炽的敦煌绢画上题“光绪三十年四月朔（1904 年 5 月 15 日）奉檄检点经卷画像”。但不知何故，他一直未派人查点藏经洞文物并造册，也未派人看守，也未对藏经洞进行真正有效的封存，或考虑将文物运到敦煌县城内保管封存。

叶昌炽（1849～1917 年），字兰裳，又字鞠裳、鞠常，自署“苌居士”、“歇后翁”，晚号“缘督庐主人”（图 5-22）。原籍浙江绍兴，后入籍江苏长洲。早年就读于冯桂芬开设的正谊书院，曾协助编修过《苏州府志》。1889 年应试及第，授翰林院编修，入京任职于国史馆、会典馆等处，1902～1906 年担任甘肃学政。叶昌炽是清末著名藏书家和金石学家，学识渊博，著有《语石》《缘督庐日记》《藏书纪事诗》《滂喜斋藏书记》等书。

图 5-22 叶昌炽 引自王冀青《国宝流散——藏经洞纪事》

叶昌炽上任不久就接到汪宗翰关于敦煌藏经洞情况的报告，然后向甘肃藩台建议将所有这些古代文物运到省城兰州保存，后改命敦煌县检点封存藏经洞。

叶昌炽在任期间，曾收受敦煌县令汪宗翰送赠的不少敦煌藏经洞文物，这在其《缘督庐日记》中略有记述，光绪二十九年十一月十二日（1903 年 12 月 30 日）、三十年八月二十日（1904 年 9 月 29 日）分别记载：

汪栗庵大令自敦煌寄至唐元拓片。……栗庵共拓寄：《唐索公碑》，其阴《杨公碑》；《李大宾造像》，其阴《乾宁再修功德记》；经洞《大中碑》。皆六分。元《莫高窟造像》四分，《皇庆寺碑》二分，皆前所已收……又旧佛像一幅，所绘系水陆道场图。……又写经四卷，皆《大般涅槃经》。……敦煌僻在西荒，深山古刹，宜其尚有孑遗。闻此经出千佛洞石室中。

汪栗庵来公私两牍。……又宋画绢本《水月观音像》，下有绘观音菩萨功德记，行书右行，后题“于时乾德六年岁次戊辰五月癸未朔十五日丁酉题记”。……又写经三十一叶。……皆梵文。以上经像栗庵皆得自千佛洞者也。

除此之外，叶昌炽还收受敦煌文人王广文（王宗海）送赠的一些敦煌文物，其《缘督庐日记》光绪三十年九月五日（1904 年 10 月 13 日）记道：

敦煌王广文宗海，以同谱之谊馈塞外土宜，拒未收。收唐写经两卷，画像一帧，皆莫高窟中物也。写经一为《大般若经》之第百一卷，一为《开益经》残帙。画像视栗庵所贻一帧笔法较古，佛像上有贝多罗树，其右上首一行题“南无地藏菩萨”，下侧书“忌日画施”四字，次一行题“五道将军”，有一人兜牟持兵而立者即其像。在一行题“道明和尚”，有僧像在下。其下方有妇人拈花像，旁题一行云：“故大朝于阗金玉国天公主李氏供养。”元初碑版多称“大朝”，然不当姓李氏。此仍为唐时物耳，

公主当是宗室女，何朝厘降，考新旧《唐书》外夷传或可得。（图 5-23）

叶昌炽虽然识得敦煌文物之价值，虽然曾向甘肃藩台建议将这些文物运到省城兰州保存，但这是他职责本分所在，并不能谓其有功，正如他自己后来在《缘督庐日记》宣统元年十月十六日（1909 年 12 月 28 日）及十二月十三日（1910 年 1 月 23 日）所忏悔说：

午后，张暗如来言，敦煌又新开一石室，唐宋写经画像甚多，为一法人以二百元捆载而去，可惜也！俗吏边氓安知爱古，令人思汪栗庵。

中国守土之吏，熟视无睹。鄙人行部至酒泉，未出嘉峪关，相距不过千里，已闻其室发现事，亦得画像两轴、写经五卷，而竟不能罄其宝藏，輶轩奉使之为何！愧疚不暇，而敢责人哉？！

是啊，为何叶昌炽当时不再往西走上一千里路，亲自到莫高窟看个究竟呢！

值得注意的是，叶昌炽也像其他官吏一样，收受贿赂，只是对他不感兴趣的普通“塞外土宜，拒未收”而已。

又，身居清王朝要职的两江总督后转任直隶总督兼通商事务大臣的满人端方，早在斯坦因到达敦煌之前，已收到从甘肃地方官员手中寄送的藏经洞精美绢画与写经。

当时官场之腐败，还体现在很多方面。如斯坦因劫走了第一批文物之后，甘肃政府采取了极其愚昧的补救方法：由敦煌县府责成王道士将部分经卷装在两个转经桶内，其余的经卷则仍令堆在洞中，由

图 5-23　叶昌炽旧藏　五代　地藏菩萨像　引自敦煌研究院编《敦煌图史》

图 5-24　斯坦因为王家彦拍摄的全家福　引自敦煌研究院编《敦煌图史》

王道士“妥为保守，毋再遗失私卖”。

又，王道士在上奏慈禧太后的《催募经款草丹》中，说太后“赐银壹万两，近闻其名而未得其款”，一两都没有到他手中。如果此事属实，这只能解释这一万两银子在中途被各级贪官截走了。

又，后来政府下令将劫余文献全部运京并拨款六千两银子作为收经价，而最后王道士到手时只有三百两，其余部分下落不明。

又，汪宗翰之前 1901 年的敦煌县令是郘绪棣，之后 1906 年 1907 年的敦煌县令是黄万春、王家彦和章乃诚。王家彦任期为 1907 年 3 月至 7 月，其间斯坦因从王道士手中骗走大批敦煌卷子（图 5-24）。这些县令在保护敦煌文物上均无所作为，亦无人对其问责。

从以上情况可以看到，当时的官员或无所作为，或办事不力，或行贿受贿，几乎都收受了王道士或其他人的贿赂——敦煌藏经洞文物（汪宗翰等人向叶昌炽赠送绢画、写经等也属于行贿性质）。如此盛行贿赂之风的官场，敦煌文物怎能不被外人骗劫，怎能不会滋生何彦昇、李盛铎之类的内贼?

第六章

绿洲新貌

——名胜古迹与地方特产

人们到敦煌旅游，几乎都是慕敦煌艺术之名而来，因此首先的参观景点毫无疑问是莫高窟。而当参观了莫高窟以后，往往许多人提出疑问：这么辉煌的艺术宝库，古人为什么会在此开窟、造像、绘画，给我们留下如此丰富的宝贵财富？

其实，莫高窟并不是孤立存在的，它的出现和存在，同周边的自然环境、人文环境都有密切的关系。当我们面对三危山的耀眼金光和宕泉的潺潺流水，便会理解古人为什么会在这里选址开窟。当我们来到阳关或玉门关前，便会想到曾有多少将士在这里戍守征战，曾有多少商贾、僧侣、使臣在这里验证过关，而经济、文化的繁荣也必然会带来宗教的繁荣。当我们站在沙州古城遗址和白马塔前，自然会想到曾经的敦煌郡肩负着“西抚诸国，总护南北交通”的重要任务，想到多少僧人为了求法或传法而献身在这条路上。当站在那一池清澈的月牙泉旁或发现戈壁滩远处的海市蜃楼，则会看到大漠中的古代行旅中那充满渴望的眼神；还有那令人毛骨悚然的魔鬼城……所有的一切，都与莫高窟的创建发展以及壁画中所描绘的内容有着密切的关系。

敦煌许多地方特产也同样积淀着沉重的历史，如碧光粼粼的夜光杯让我们看到周穆王西征的战车，而甜甜的李广杏让我们感受到汉武帝开拓西域的雄心壮志，还有那酸甜的葡萄、优质的棉花、阿拉伯风格的地毯也让我们联想到一千多年前敦煌的农业经济，看到当时中原与西域的各种文化经济交流。具有浓郁西北风味的驴肉黄面、浆水面、羊肉粉汤、酿皮子等地方小吃也包含、融合了敦煌人开放兼容的胸怀。

所谓“敦煌”，东汉应劭曾解释说：“敦，大也，煌，盛也。”“大也”“盛也”，就是开发、开拓，就是兴旺、发达。“敦煌”一词，就是“开放”和“兼容”的意思。莫高窟周边的自然环境、人文环境以及敦煌的各种地方特产和小吃等等，无不体现了敦煌文化的开放性和兼容性。

（一）敦煌名胜古迹

1. 宕泉河与三危山

据记载，莫高窟的窟前，曾经是“前流长河，波映重阁”。这条长河便是今日的宕泉，亦名大泉。宕泉河现距洞窟约 200 米，河道宽约 30 米，因灌溉园林需要，一般只能见到涓涓细流；夏季洪水，冬季冰河，颇为壮观（图 6-1）。

泉水源头距莫高窟南约 15 公里，流经莫高窟前，北行约 1 公里没入戈壁之中。

宕泉河东岸，散存有 10 余座僧人舍利塔，游人常以此为背景留影，艺术家们在此画笔一挥，快门一按，便是很有震撼力的作品。

我常常纳闷：同样是埋葬死人的地方，现代公墓除了清明等时节，人们一般不

图 6-1　宕泉河

愿意去。而佛教的舍利塔群，人们常在其间巡礼、游玩，并与此合影，甚至谈情说爱，流连忘返。

离开莫高窟往南，顺宕泉河道逆流走约 2 公里，在河湾所抱的山冈上，有古代城堡一座，现尚存断垣残壁，任人凭吊，这里便是成城湾。据说，这里可能是五代归义军节度使曹元忠夫妇避暑的别墅。城堡附近还尚存有宋代建造的华塔，即依据《华严经》在塔顶有一层层花瓣、一层层小塔，借此表现一种无穷无尽的宇宙观—“莲花藏世界”。

继续往南，河道变窄，两岸逐渐变为数米、数十米、上百米的断崖峭壁。此时在幽谷芦草丛中行走，或许感到浪漫，或许感到苍凉，或许感到恐怖，其情景与美国西部片中的环境类似。如此走 1 公里许，蓦然发现，两岸的三危山与鸣沙山之山脉，在这里几乎相连在一起，只相隔几米，抬头仰望，只能见到一线天际。大概，千万年前这两条山脉原本就是一体。

在崎岖河道中又行数十米，走出山谷，渐渐豁然开阔，竟出现一片绿色树林。原来，这里便是“文革”期间敦煌研究院专家学者放羊的地方—大拉牌。当年住人的土坯平房和菜地，荒废在那里，似乎在述说着什么。

据说，这段峡谷，乃是古代敦煌至榆林窟及紫亭县（肃北蒙古族自治县）的一条捷径。

继续往上行，河面渐渐宽阔，两岸渐趋平缓，小溪流也越来越多。大约十余公里，便是宕泉河的源头，为了保护水源，敦煌研究院每年都要安排在此植树。

再继续往南一二公里，翻过山坡，便是肃北蒙古族自治县的戈壁大漠，平平荡荡，一望无际。

如此，到大拉牌需要半天，到宕泉源头需要 1 天，而要登三危山，则最好计划一天时间。

从莫高窟向东面一眼望去，似乎三危山很近，一般估计两个小时便可来回，其实不然。莫高窟到三危山脚下，便大约有五六公里，沙漠地带，走一步退半步，还

图 6-2　三危山

要过几条大沟，故需要一二个小时。途中偶尔会看到野兔和黄羊，令人阵阵兴奋。

三危山顶峰海拔一千八百多米，说来也不算高，但山势险峻，确如古人所云："三峰耸峙，如危欲坠，故云三危。"沿着一条崎岖弯曲的羊肠小道，约 1 个多小时，能够爬上主峰顶。因山上寸草不生，光秃秃的，万一不小心摔倒，根本没东西可抓，骨碌碌一滚便是万丈深渊（图 6-2）。

据说，山上曾发现树木、小草化石，知其在远古时绝非不毛之地。

一边爬山，一边可以欣赏路边的嶙峋怪石。下面赤褐色的岩石，矿物成分有钾长石、斜长石、石英、云母、磷灰石、角闪石等，其中云母矿物包含又有黑云母、白云母、金云母、绢云母等，在阳光照射下，反射出奇异多彩的金光。难怪当年乐僔会"忽见金光，状有千佛"。

主峰顶上，古代曾建有寺塔，但至清末只是保留遗址而已，至今尚存的是 1928 年在废址上修建的王母宫。神话传说，西王母曾住在这三危山上，并有三青鸟送信引路。

从山顶俯瞰群山，峰峦叠嶂，峥嵘突兀，或似万马奔腾，或似汹涌浪潮，或似血染沙场，气势磅礴，令人浮想联翩。

沿山脊南望，峰峦山谷间，隐约可见散落着的几处寺、塔和牌坊，这里曾保存有宋代慈氏塔的老君堂。至今尚有甘泉涌出的观音井、在蓝天中兀然而立的“南天门”等，在这光秃秃的群山间，尤显人类顽强的生存力。

凭空西望，宕泉河像一缕缠绵而悠长的青色飘带。透过西岸那疏密相间的绿叶青枝，银灰色的砾岩峭壁上，蜂拥错杂的古洞飞檐，在一片紫烟云气之中若隐若现，那就是千佛灵岩——莫高窟。

再向西北望去，戈壁大漠深处可见一簇绿色，敦煌城便隐约于其间。

2. 鸣沙山与月牙泉

鸣沙山、月牙泉风景区位于敦煌市南五公里处，夏季白天烈日流沙烫脚，故晚餐后黄昏去最佳。

鸣沙山又称神沙山、沙角山。东西连绵约 40 公里，南北宽约 20 公里，相对高

图 6-3 鸣沙山

度数十米或百米以上；主峰海拔1700余米。山体为流沙堆积而成，沙分红、黄、绿、白、黑五色。远看，山势如虬龙蜿蜒起伏；近观，峰峦如削，脊似刀刃（图6-3）。

然而，登三危山之险，在此荡然无存。你只会感到很累，会更深刻地理解“看起容易做起难”这句话的含义。绵绵细沙，看上去令人心旷神怡，忍不住想在上面翻滚，但在上面爬行，却是进一步，退半步，似乎始终行而不进；仰望若远若近的峰顶，常使游人望沙兴叹：“难！难！难于上青天。”

不过，当你气喘吁吁，深一脚、浅一脚地爬上山顶，顿时天地豁然开朗，放眼望去，一道道沙峰在夕阳照耀下，如大海中的金色波浪，气势磅礴，汹涌澎湃；细看眼前的沙坡，微风吹来，如清波荡漾的涟漪，时而湍急，时而潺缓，时而萦回涡旋；再往山下看去，一泓清泉，像一个妙龄少女，温存地依偎在情人的怀抱中。

其实，登上山顶的享受还不仅仅是眼福，更多的是下山的体验。当你顺着陡坡或滑，或滚，或跳，如得要领快速下滑时，会觉得两肋生风，驾空驭虚，仿佛有羽化成仙飘飘然的感觉；如不得要领，跌跌绊绊，连滚带跳，也别有一番情趣。

而假如能结伴数十人、数百人一起下滑，推动流沙疾速奔泻，只见沙浪滚滚，如同一幅幅锦缎张挂沙坡，又若金色群龙飞腾，耳边骤然响起阵阵轰鸣声，初如丝竹管弦，继若钟磬和鸣，进而金鼓齐鸣，不绝于耳，令人惊心动魄而又玩味无穷。鸣沙山便是因此得名，而其鸣响之谜，可能是因沙粒互相摩擦发出声响，众声汇集共振，再经山谷共鸣放大音量，然后形成巨大轰鸣声。

下滑到山脚，缕缕浓郁的沙枣花香直扑鼻窦，继而是一股清冽的凉气扑向脸面，眼前便是酷似一弯新月的月牙泉（图6-4）。

古人云：“晴空万里蔚蓝天，美绝人寰月牙泉，银山四面沙环抱，一池清水绿漪涟。”

泉边，白杨亭亭玉立，垂柳阴阴翠拂，沙枣花香袭人，丛丛芦苇摇曳，对对野鸟飞翔，风景如诗如画。

泉内，游鱼成群，岸边绿草如茵。据传此鱼称“铁背鱼”，能医治疑难杂病；草

图 6-4 月牙泉

称“七星草”，有催生壮阳作用。据说，吃了鱼和草，可以长生不老。因之，月牙泉又称为“药泉”。

泉南岸台地上，原建有娘娘殿、龙王宫、药王洞、玉泉楼、雷音寺等雕梁画栋的古建筑群，湖光倒影，相映成趣。

泉四周是高耸的沙山，然而，“经历古今，沙填不满”“泉映月而无尘”“亘古沙不填泉，泉不涸竭”，其神奇之处就是流沙永远填埋不住清泉。经科学家考察，这儿沙不掩泉有两个原因：一是党河地下潜流源源地不断补充到泉内，使泉水保持动态平衡；二是由于泉水四周沙山环绕，地势南北高、东西低，风随山移，从东南口吹入，急旋上升，挟带细沙，飞上山头，又从西北山口吹出，这种常年特定的风向走势，造成了沙粒上升和泉如月形的美景。

然而，“沙不填泉”并非永恒不变。据 20 世纪 50 年代测量，月牙泉东西长约 218 米，南北最宽处 54 米，平均水深 5 米。近年来由于诸多原因，水面骤减，水位下降，目前东西长仅百余米，南北最宽处仅 20 余米，平均水深不足 1 米。20 世纪 60 年代初，水域面积 22 亩；1998 年水域面积仅存 6 亩，后淘泉清淤、回灌治理，

图 6-5 沙州古城遗址

2005 年水域面积 8.5 亩。

这些枯燥的数字令人触目惊心。想到这些数字，看着眼前依然算得上如烟如画的美景，真是“别是一般滋味在心头”。

3. 沙州古城与白马塔

夏秋时节，来到敦煌，当你傍晚乘着习习凉风，过党河大桥西行，漫步在郊外的田间小路上时，一座古老的土墩在清烟淡雾中若隐若现。几段断墙残垣映入眼帘，棉花吐白，玉米飘香，桃李醉人，令人心旷神怡，恍入世外桃源。这就是沙州古城遗址（图 6-5）。

沙州古城遗址今已辟为耕地，仅在南、西、北三面有残存的断续城墙。原古城规模较大，东西宽约 718 米，南北长约 1132 米。在西北角留有城墩，比城墙高出一倍多。下部为夯土版筑，上部多用厚大土坯砌成，残高 16 米。

汉武帝开通西域，于元鼎六年（前 111 年）设敦煌县，后置敦煌郡。该城就是当时的敦煌郡治，是汉王朝统辖西域的军政中心，肩负着“西抚诸国，总护南北交通”的重要任务。公元 400 年，李暠在此城建都，称西凉王，敦煌有史以来第一次成为国都。421 年，北凉王沮渠蒙逊派兵攻打敦煌城，敦煌太守李恂带领长史宋承、武卫将军张弘等将士坚守此城。随之，蒙逊又亲自率兵两万余众来攻城。围攻数月，损兵折将，久攻不下，只好令将士在城东党河上筑起高三丈、宽三丈五的大坝，拦聚党河水淹城。李恂挑选了一千壮士，搭板为桥，偷偷地潜出城外，意欲决堤放水，保护城池。不料，这一行动被敌兵发现，壮士被杀害，目的未能实现。最后，水淹州城，宋承、张弘只得开门投降，李恂自杀身亡，百姓尽遭杀害。西凉国灭，该城逐渐衰落。

隋唐时期，该城仍是郡、州治所在地。唐武德二年（619 年），在此置瓜州；武德五年（622 年）改为西沙州；贞观七年（633 年），正式名为沙州。

清雍正三年（1725 年），党河决堤，冲毁城池，故弃旧城另筑新城（今敦煌城）。

敦煌古为中西要道上的咽喉之地，东来西去的商旅、各国使臣、将士和僧侣都要从这里经过。而今，当年气势恢宏的城门楼子已成为一堆黄土，两条新修的马路把这段古城墙紧紧夹在中间。由于修路，部分城墙被破坏，如今只剩下这不足 20 米的城墩。另外，在白马塔南面 100 多米处还残存几段城墙断垣。

白马塔，在沙州古城遗址南面约 1 公里处。

相传前秦建元十八年（382 年）九月，皇帝苻坚令骁骑将军吕光和陵江将军姜飞，率七万人马西伐龟兹，并嘱咐："朕闻西国有鸠摩罗什，深解法相，善闲阴阳，为后学之宗，朕甚思之。贤哲者国之大宝，若克龟兹，即驰驿送什。"吕光等于 384 年攻破龟兹，并征服西域三十余国后，请高僧鸠摩罗什一起东归传经。

当行至敦煌时，鸠摩罗什夜晚梦见他所乘的白马托梦说，白马本是上界天骝龙驹，受佛祖之命，特送他东行。现已进阳关大道，马将超脱生死之地，到葫芦河将另有乘骑。次日醒来，果然白马已死去。当地佛教信徒遂葬白马于城下，修塔以纪念，取名"白马塔"。

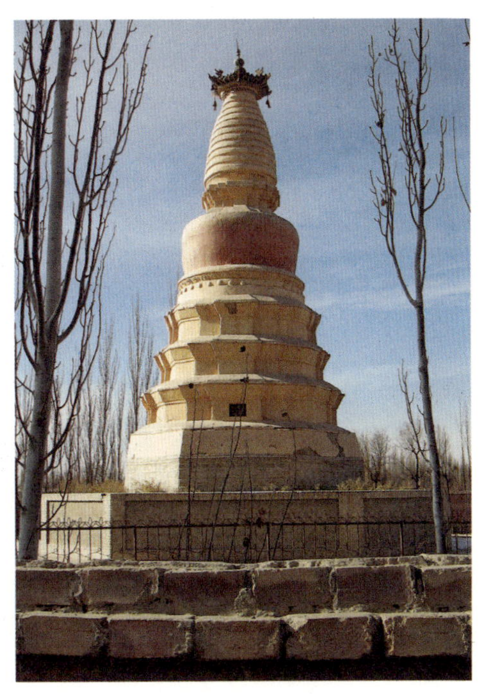

图 6-6　白马塔

现存白马塔造型别致，古朴玲珑，塔身 9 层，高 12 米，直径 7 米，以土坯砌成，中有立柱，外涂以草泥、石灰。基层呈八角形，以砖包砌，每角面宽 3 米，第 2 ~ 4 层呈折角重叠形；第 5 层下有突出的乳钉，环绕一周，上为仰莲花瓣；第 6 层为覆钵形塔身；第 7 层为法相轮形；第 8 层为六角形的坡刹盘，每角挂风铃一只；第 9 层为连珠式塔尖。整体塔呈明代喇嘛塔风格（图 6-6）。

相传每年农历七月二十四日，即白马下葬的这一天，人们还能听到白马的萧萧长嘶。有诗叹曰：

晋宋梁陈齐代间，高僧求法去长安。
去人成百归无十，后辈曾知前辈难。
云岭崎岖浸骨冷，流沙波浪彻心寒。
当佛发愿前途进，往往将经容易看。

4. 火神庙与西云观

火神庙与西云观是敦煌近百座古庙寺观中幸存的两座，对于了解古代敦煌的多元化宗教和寺观建筑艺术等，都有着非常重要的意义。

火神庙大殿位于今敦煌市沙州镇北邮电巷市农机管理站院内北面。现存大殿一处，大殿修筑在用青砖砌筑的台地上，台地高 1 米，青砖长 0.28 米，宽 0.13 米，厚 0.6 米。殿基础青砖砌筑，墙体土坯砌筑，土坯长 0.35 米，宽 0.16 米，厚 0.06 米。门南开，门宽 1.3 米，高 2.2 米。殿前用长 0.77 ~ 1.4 米、宽 0.28 米的青麻石条做台阶，台阶高 0.96 米。大殿东西长 15.35 米，南北宽 11 米，墙宽 0.60 米，高 7 米。平面成长方形，建筑面积 168.85 平方米。硬山两面坡三开间，前卷棚出廊。苇席板上抹草泥挂瓦。殿前南 6.6 米处有东

图 6-7　火神庙大殿与殿前古树

西间隔6米的百年古榆树两棵，树周长1.1～2.9米（图6-7）。

据清道光十一年刊《敦煌县志》中所载“敦煌城关总图”，其县城东门外靠北一侧标有“火神庙”。该志卷三“建置志·庙宇”条又载：“火帝庙，在护城东关北面，嘉庆十一年建。”从“火帝庙”所在的方位看，与“敦煌城关总图”中所标识的“火神庙”方位一致，因此可以肯定，这里的“火帝庙”指的就是图中的“火神庙”，由此可知敦煌火神庙建于嘉庆十一年，即公元1806年。

图6-8 西云观

《敦煌县志》卷七“杂类·风俗”条又载：“元宵前后三夕，各街巷张灯，火神庙灯牌尤盛。”可知这座敦煌火神庙在元宵节期间有燃灯的习俗。

西云观，位于敦煌市西郊，是敦煌现存唯一的道教建筑（图6-8）。西云观始建于清雍正八年（1730年），相传庙观初建时，地址定在县城南郊，当大殿桩线钉好后，一夜之间，桩线自移到现在的地址，人们认为是神灵之意，不敢再动。建工期间，一朵浮云每日自西而来，为工者遮阳，故庙观建成后起名为“西云观”。

西云观创建之初，仅有歇山式的前、后殿各1座，南北配殿各5间。民国时期曾两次续建，使该观殿堂错落，楼阁相望，雕梁金碧，彩画生辉。

西云观古建筑坐西向东，为三进院建筑群，东西长95米，南北宽40米。平面呈长方形，建筑面积2500平方米，占地面积3800平方米。主体建筑有山门、钟楼、鼓楼、灵官殿、真武殿、三清殿、七真殿、八仙殿等十余座殿堂。

据传，观内的悬塑《西游记》、鲁班窗、花鸟屏风画在当地号称“三绝”。据民间传说，建观时鲁班下界，道子再世，故有“窗棂奇似鲁班技，壁画惊疑道子工”

之说。

据有关介绍，悬塑《西游记》在前殿四周，是以民间所传《西游记》为蓝本制作的系列彩雕。此雕塑近百米长，高台为基，四面环通，采用连环画的形式表现故事情节。不过，笔者在2014年9月考察西云观时只见到中殿外的壁画《西游记》（图6-9）。

鲁班窗，又名“筛底花窗”，镶于正殿门楣。此窗长宽二尺有余，其奇巧之处在于整个窗是用一根根的木头编织出来的，通窗不见一个钉铆。全窗每边排列五个或六个六角形的小格，每格都是长短均匀的小木条，纵横交叉，榫连而成。此窗设计巧妙，技术高超，沐风雨而不变形，经沧桑而未朽损，世人尊称为鲁班下世所造，故名鲁班窗。至今，这个窗子仍然完整地保存在敦煌市博物馆（图6-10）。

图6-9　西云观　唐僧取经图

图6-10　西云观　木花窗

花鸟屏风画，在前殿中心神龛西壁，共四幅，整个画面线条流畅，技法娴熟。特别是一幅《麻雀啄谷图》，谷穗籽粒饱满，沉甸欲坠，雀儿似啄非啄，形象逼真（图6-11）。

另外，前殿内左右两壁，绘《唐王游地狱图》《王灵官转世修行图》。画者以娴熟的笔法绘出的华丽衣着，好似微风徐起，衣袂飘然，佩玉叮当；人物的喜怒哀乐跃然墙上，或怒或叱，如泣如诉，皆萦绕耳畔（图6-12）。

图 6-11 西云观 麻雀啄谷图

图 6-12 西云观 审鬼图

神秘的传说，优美的景致，使敦煌西云观成为闻名遐迩的“香火胜地”。

5. **海市蜃楼与魔鬼城**

当行旅在柳园往敦煌市区途中，或从敦煌市区到阳关、玉门关途中，望着公路两旁的茫茫戈壁滩，不经意间，突然会发现远处有一片片湖泊或浩渺的大海。特别是在盛夏和初秋，晴天烈日下，远处那碧波荡漾、水草飘曳的景象，令人顿生清凉之感。

然而，不管你是行走还是乘车，当你怀着激动的心情试图靠近那充满诱惑的水域时，却无论如何也到达不了她的跟前。她仿佛像个调皮的小姑娘一样和你捉迷藏，你往前追，她往后退，总是赶不上。偶尔回头一望，湖泊或大海又跑到你的身后。时而，水域中突然会生出一片小岛，漂浮在水面上，若隐若现；时而大海中出现仙山琼阁，烟波浩渺，水天一色。

原来，这是发生在大漠戈壁中的“海市蜃楼”。科学的解释是海边或沙漠地区，阳光在不同密度的空气里发生折射现象，即可把此地的景物移于彼处，甚至折射到半空中，有时是景物轮廓或局部，有时则是全体。更有甚者，还可以将不同地域的景物叠加在一起重新组合，幻化出另一种奇特的美景。

由于受天气、角度等诸多因素的影响，海市蜃楼是可遇而不可求的奇特景象，但到了敦煌，无论如何也有必要到郊外的茫茫戈壁中去感受一番。特别是当你遥想千年前的僧人、商侣、使臣们在这路途漫漫的戈壁中艰难行进的情景，一定会有更多的感受。正如《戈壁怀古》所咏叹：

数百里灰蒙蒙凄惨惨阴戚戚只觅见几根沙棘几株红柳几粒驴粪好一个空荡荡荒凉景象；

几千年如过隙似梦幻像云烟仅留的一身虚名一堆白骨一无所有真正是虚渺渺海市蜃楼。

大漠戈壁中气象万千，不仅有奇特景观“海市蜃楼”，还有鬼斧神工的自然地貌。如距玉门关西 85 公里处，便有一处被人称为“魔鬼城”的雅丹地貌群落。

“雅丹”，维吾尔语，原意为具有陡壁的土丘，是干燥地区的一种风蚀地貌。距玉门关不远的这处的雅丹地貌，距敦煌市区约 170 公里，位于甘肃、新疆交界处，属于罗布泊边缘地区。

据初步测算，魔鬼城长宽各约 20 公里、总面积约为 400 平方公里。这里地形怪异，气候变化无常，常常给人以种种幻觉，因而被当地人称之为魔鬼城。

由于风的长期猛烈吹蚀，魔鬼城里松软的沙土石被卷走，地面被侵蚀成规则的沟壑，而坚硬的土石层则成为高矮不等的土岗，并被刀刻斧凿般地雕成一个个状如石人、石马、骆驼、乌龟、鳄鱼、石柱、蒙古包、宫殿、城堡、蘑菇等千姿百态、惟妙惟肖的造型（图 6-13）。一俟夜幕降临、劲风吹过时，这里便发出恐怖的呼啸，犹如千万只野兽在怒吼，令人毛骨悚然。

图 6-13　雅丹地貌

沟壑间的一些貌似城堡、宫墙、石柱的地貌，有时令人联想到敦煌壁画中的帝释天宫，有时又令人联想到壁画中的阴曹地府；而一些似人似物的形体各异的岩石，则使人联想到牛头马面。荒漠中时而一阵阵寒风嗖嗖吹过，似乎有鬼魂随风飘来，令人不寒而栗。

思绪又常常把人带到了远古，带到了汉时的张骞、东晋的法显和唐代的玄奘，想到他们都曾在这条道路上长途跋涉，也想到《西游记》中唐僧师徒四人西行途中遇到的妖魔鬼怪，说不定他们都曾在这魔鬼城中被迷惑、徘徊、犹豫，一步一步艰难地行进。

《大唐大慈恩寺三藏法师传》曾记载："唯望骨聚马粪等渐进。顷间忽见有军众数百队满沙碛间，乍行乍止，皆裘褐驼马之像及旌旗矟纛之形，易貌移质，倏忽千变，遥瞻极着，渐近而微。法师初睹，谓为贼众；渐近见灭，乃知妖鬼。"玄奘所见，既可能是大漠中的海市蜃楼，也可能是由雅丹地貌形成的魔鬼城，更有可能是两者的结合。

6. 渥洼池与西湖湿地

渥洼池为"天马"的故乡，位于敦煌市西南 70 公里处，南湖乡政府东南 4 公里处，因邻近古寿昌城，又名"寿昌海""寿昌泽"。

自古以来，这里水草绿茵，土地肥沃，禽鸟栖息，兽畜寄居，为理想的天然牧场和屯田佳地。据敦煌文献《寿昌县地境》载："寿昌海，源出县南十里。方圆一里，深浅不测，即渥洼池水也，利长得天马之所。"传说汉武帝时，有一名叫暴利长的人，原系朝廷命官，因得罪皇上，被充军到此屯垦拓荒时，设计捕捉到一匹野马，献与汉武帝，谎称此马是从渥洼池泉眼跃出的神马。汉武帝见其马体态魁伟，骨骼非凡，以为是他最尊崇的太乙神赐给他的宝马，起名为太乙天马，并乘兴作了《太乙之歌》。从此，“渥洼池”同“天马”一举驰名。

沧海桑田，昔日的“渥洼池”早已荡然无存。1932 年，当地在古渥洼池之地筑坝蓄水，称“黄水坝”。1938、1943、1983 年又进行了多次大规模的扩建维修工程，蓄水库达 200 万立方米，昔日渥洼池今已成为沙漠中的绿色明珠。如今，这里独得一片清凉世界，凭水望去，但见远山迷荡，烟霭云气，岸柳拂拂，芦苇婆娑，鱼虾遨游（图 6-14）。每逢金秋，瓜果累累，桃梨满树，那红紫间绿的葡萄架似云如霞，而珠光玉色的李广杏更是诱人馋涎，为“天马”的故乡增添了无穷的魅力。

关于渥洼池，藏经洞出土的唐人《敦煌廿咏》中《渥洼池天马咏》曾云：

渥洼为小池，伊昔献龙媒。
花里牵丝去，云间曳练来。
腾骧走天阙，灭没下章台。
一入重泉底，千金市不回。

西湖湿地，位于敦煌南湖即渥洼池之北，在地理位置与南湖共同形成了一道保护敦煌绿洲的天然屏障，其重要意义可以说胜过位于这两地的阳关和玉门关。一来曾经两关的设立完全依赖于两地的水源，二来如果这两地的水源干涸，其西侧的库木塔克沙漠便会对敦煌这块绿洲形成极大的威胁。

在西湖湿地的戈壁大漠，亘古千年的胡杨树（图 6-15）、郁郁葱葱的芦苇荡，以及众多红柳、梭梭、白刺和罗布麻等植物顽强地坚守在沙漠前沿，编织成一道又一道不屈不挠的绿色屏障，阻挡着库木塔克沙漠的东移，在保护敦煌、维护河西走廊乃至西部的生态平衡中，发挥着十分重要的作用。

这是一片戈壁沙漠和绿洲湿地镶嵌共存，大批珍禽迁徙休整，野骆驼、鹅喉羚

图 6-14 敦煌南湖（渥洼池）

等珍稀动物栖息繁衍的广袤之地，这也是一片片胡杨林曾被多次乱砍滥伐、大片枯死，甘草被疯狂采挖，湿地被牛羊任意践踏的极度干旱的多灾多难之地。

为了保护这片神奇的土地，遏制生态环境的进一步恶化，这里已经成立了敦煌西湖自然保护区。目前，保护区总面积有 66 万公顷，区内有野生动物 146 种，其中鸟类 91 种，哺乳类 38 种，鱼类 4 种，两栖类 2 种，爬行类 11 种。其中国家Ⅰ级野生动物有野骆驼、金雕、黑鹳等，国家Ⅱ级野生动物有鹅喉羚、猞猁、灰背隼、燕隼、红隼、游隼、灰鹤、蓑羽鹤、白琵鹭、大天鹅、纵纹腹小鸮、雕鸮、短耳鸮等。

图 6-15 敦煌西湖的胡杨林

保护区内有种子植物133种，属于国家重点保护的植物有裸果木、梭梭、胡杨、沙生柽柳、沙生芦苇、甘草等，区内还生长有罗布麻、盐穗木、花花柴、骆驼刺等荒漠或盐生植物，这些都是珍贵的荒漠绿化树种和基因资源。

保护区的湿地面积有11.35万公顷，是荒漠区重要的水源涵养区，其中芦苇沼泽3.428万公顷，是我国西部荒漠地区极为珍稀且面积较大的芦苇沼泽区之一。

这里有丰富的自然景观资源和人文历史遗迹，为了让人们更多地了解自然生态环境与敦煌文化的关系，已经在玉门关往雅丹地貌途中，即距离玉门关仅十公里之处，开发了可供参观的景区。景区内大片湿地、荒漠植被镶嵌于戈壁、沙漠之间，形成奇特的自然景观，主要自然景观有湿地苇海、野麻花海、湖风盐沼、胡杨秋色、红柳沙包、雅丹堡垒、戈壁幻境、丹青画山、沙海幽谷和长城烽燧等，又称为“敦煌西湖十景”。

另外，2010年9月和2012年9月，国家林业局先后在敦煌西湖放归普氏野马27匹，其中有母马11匹。两次放归的野马经过多次自然分群，逐步形成了三

图6-16　敦煌西湖的普氏野马

个繁殖群和一个全雄群。如果有缘，在景区内还能见到这些濒临灭绝的普氏野马（图 6-16）。

7. 敦煌老八景与新八景

敦煌的人文和自然景观，早在明清时期就有“敦煌八景”之说。如清代道光十一年刊《敦煌县志》中，知县苏履吉在《重修肃州新志》等志书的基础上，根据《沙州卫志·景致》的记载，修订“敦煌八景”，并配以诗文和插图。现叙录如下：

第一景：两关遗迹（图 6–17）

西界阳关与玉关，于阗古道迹犹存。曾看定远成功返，已遣匈奴绝塞奔。

此日歌传三迭曲，当年地纪万军屯。一方雄控今何苦，几度春风许等论。

第二景：千佛灵岩（图 6–18）

南山一望晓烟收，石洞岭岈景色幽。古佛庄严千变相，残碑剥蚀几经秋。

摩挲铜狄空追忆，阅历沧桑任去留。玉塞原通天竺国，不须帆海觅瀛州。

第三景：危峰东峙（图 6–19）

矗立三峰碧汉间，相看积雪接天山。朝暾初上高如掌，暮霭微凝翠若鬟。

是处排空还耸峙，几回凭眺欲跻攀。停车道左频翘首，云白无心出岫间。

第四景：党水北流（图 6–20）

党河分水到十渠，灌溉端资立夏初。不使北流常注海，相期东作各成潴。

一泓新涨波浪浅，两星平排树影疏。最爱春来饶景色，寒水解后网鲜鱼。

第五景：月泉晓澈（图 6–21）

胜地灵泉彻晓清，渥洼犹是昔知名。一湾如月弦初上，半壁澄波镜比明。

风卷飞沙终不到，渊含止水正相生。竭来亭畔频游玩，吸得茶香自取烹。

第六景：古城晚眺（图 6–22）

雉堞迷离映夕阳，城西原是古敦煌。榛苓已作今时慕，禾黍谁怀故国伤。

最美三秋呈霁色，依然四郡镇岩疆。闲来纵目荒郊外，一阵清风晚稻香。

图 6-17　两关遗址

图 6-18　千佛灵岩

图 6-19 危峰东峙

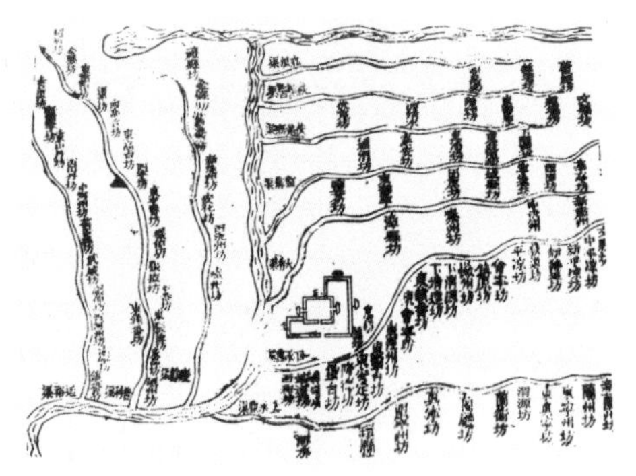

图 6-20 党水北流

第七景：绣壤春耕（图 6–23）

周围绣壤簇如茵，翠色平铺处处新。南陌风和晴欲遍，西畴日暖绿初匀。老农扶杖依田畔，稚子携锄立水滨。但愿长官勤抚字，丰年屡报乐吾民。

第八景：沙岭晴鸣（图 6–24）

沙州自古是名区，地似鸣传信不诬。雷送余音听袅袅，风生细响语喁喁。如山积满高千尺，映日晴烘彻六隅。巧夺天工赖人力，声来能使在斯须。

近年来，敦煌市提出走文化旅游融合发展之路，重新包装“莫高窟—鸣沙山·月牙泉”和“阳关—玉门关—雅丹地质公园”两大景区，在打响敦煌“老八景”的基础上，包装打造“敦煌新八景”，即：雷音宝刹、夜市星光、党河风情、葡萄

图 6-21 月泉晓澈

图 6-22 古城晚眺

图 6-23 绣壤春耕

图 6-24 沙岭晴鸣

万顷、悬泉冬韵、雅丹夕照、卧佛晨光、大漠光电等八大景观，希望借此拓展旅游发展空间，提高旅游的文化含量和功能。

（二）地方特产与小吃

1．敦煌地毯、敦煌棉花、敦煌夜光杯

敦煌地毯 敦煌地毯历史悠久，工艺世世代代相传，是一种精细的传统手工艺术加工而成的织物。敦煌地毯原料为纤维长、光泽好、拉力强的高级羊毛线。用这样的线织出的成品，让人感觉色泽协调，花纹灵活；摸上去毯面光滑明亮，质地柔软，富有弹性；外观古色古香，给人一种暗中透亮、安静舒适的感觉。

敦煌地毯采用传统工艺，融敦煌壁画中的绚丽西北山川粗犷为一体，兼有阿拉伯风格的色彩、图案。色彩鲜艳，制作精细，图案多样，边饰讲究，质地坚实，经久耐磨，是十分理想的居室铺设和装饰壁挂精品（图 6-25）。

敦煌棉花　敦煌地处河西走廊西端，是我国重要的棉花生产基地之一。据敦煌藏经洞出土文献记载，敦煌种植棉花的历史至少可以追溯到一千多年前的晚唐五代时期。敦煌壁画中也有反映当时纺线、织布的画面，如晚唐第 196 窟北壁《华严经变》中绘了一架构图简单的织机，五代第 98 窟北壁《华严经变》中绘了一架脚踏立式织机和一辆纺车（图 6-26、6-27）。

敦煌由于光热资源丰富，所产棉花具有“色泽好、纤维长、保温性强”之特点（图 6-28）。敦煌本地曾经生产的一种“三兔牌”棉絮，是将优质棉花梳理为薄纸状，层层铺匀精制而成，具有舒适耐用，柔和透气，轻巧美观等特点，曾被评为甘肃名牌产品和敦煌地方名品。

图 6-25　敦煌地毯

敦煌夜光杯　夜光杯是用从祁连山中采来的玉石雕琢而成的，是很名贵的饮酒器皿。相传，周穆王应西王母之邀，赴瑶池盛会。席间，西王母馈赠周穆王一只碧光粼粼的酒杯，名曰“夜光常满杯”。“杯是白玉之精，光明夜照”。周穆王如获至宝，爱不释手，从此夜光杯名扬千古。

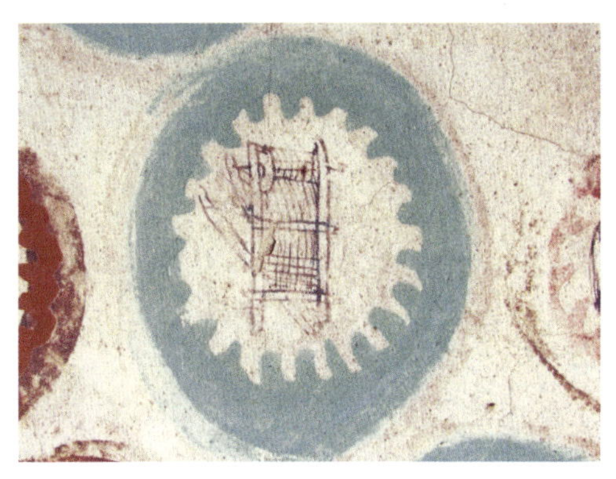
图 6-26 五代第 98 窟北壁 脚踏立式织机

图 6-27 五代第 98 窟北壁 纺车

图 6-28 绽放的棉球

图 6-29 敦煌夜光杯

夜光杯质地光洁，色泽斑斓，宛如翡翠。用其盛装美酒，酒色晶莹澄碧；尤其皓月映射，清澈的玉液透过薄如蛋壳的杯壁熠熠发光。唐人王翰诗云“葡萄美酒夜光杯”，诗以杯出名，杯因诗增辉，古今闻名，驰誉遐迩。

敦煌出产的夜光杯色泽有翠绿、鹅黄、羊脂白等，光泽长久不变，造型丰富多彩。带有天然纹理，石色墨绿，薄如蛋壳、手感细腻，具有“一触欲滴”的美妙效果（图 6-29）。

2. 李广杏、鸣山大枣、阳关葡萄、敦煌瓜、香水梨、杏皮水

李广杏　又名“李光杏”，是毛杏在敦煌地区发展而来的一种特产水果。据说其名称来源于飞将军李广的传说，得益于当地气候地理条件，以味道鲜美可口而闻名。

李广杏果实外形规正，近似圆形，果大赛李，果皮金黄色，色泽油光鲜亮，皮薄肉多核小，味美汁多，香气四溢（图 6-30）。李广杏含有丰富的矿物质和维生素，营养十分丰富。果肉可鲜食，也可制成杏干、杏脯、杏酱等，还可用作酿杏酒的原料；杏仁也可作为制糕点、冷食、糖果的原料。

敦煌地处西北高原，属典型的温带大陆性气候，夏季日照时间长，昼夜温差大，而其沙质土壤又特别适合瓜果的生长，所以敦煌的瓜果味道特别鲜美可口。

敦煌素有“瓜果之乡”的美称，而“李广杏”可称为敦煌水果之王。近年，敦煌人民又培育出一种“李广桃”的新品种（图 6-31）。

鸣山大枣　是敦煌大枣的优良变异单株，品质优良，以果实大而得名。其枣呈椭圆形，每颗鲜枣的重量一般为 30 克左右，大者可达 40 克以上。成熟后外表光亮，红中透黑，宛若红宝石；肉质细腻，甘美可口。鸣山大枣含糖量高，并含有丰富的蛋白质、脂肪、维生素以及钙、磷、铁等营养物质，药用价值极高，是补血、益气、养肾、安神之佳品。

图 6-30　敦煌李广杏

图 6-31　敦煌李广桃

图 6-32　鸣山大枣

图 6-33　阳关葡萄

图 6-34　敦煌瓜

图 6-35　香水梨

鸣山大枣不仅耐储藏，而且宜制干枣和酒枣（图 6-32）。敦煌酒枣风味独特，制法是秋后挑选个大饱满的鲜枣，用酒搅拌，封存于瓦坛中，到冬春启封，鲜活如初。枣香伴着酒香，确能使人馋涎顿溢，熏熏欲醉。

阳关葡萄　古阳关下盛产葡萄，主要品种有无核白珍珠、白水晶、马奶子，喀什红、玫瑰香等。因阳关周围属沙漠型气候，光照时间长，昼夜温差大，长出的葡萄皮薄，色鲜，清香多汁，酸甜可口，品质优良（图 6-33）。阳关葡萄既可鲜食，又可风干，还可酿酒。如今，古阳关下的阳关镇已成为葡萄生产基地，新建的 1000 米葡萄长廊，内设石凳、石桌，游人步入葡萄长廊，一边观赏，一边品尝，悠然自得。

敦煌瓜　到敦煌不吃敦煌瓜，可以说是一大遗憾。古时敦煌一带盛产美瓜，《汉书·地理志》曾记载："敦煌古瓜州，出美瓜。狐入其中，不露首尾。"可见敦煌瓜不仅栽培历史悠久，而且品质兼优。敦煌瓜品种多，水分足，含糖量极高，是消暑解渴的佳品。其品种有炮弹瓜、尝蜜红、克克齐、黄河蜜、金皇后、香瓜、白兰瓜等（图 6-34）。其中克克齐又名可口奇，属于古瓜州甜瓜的后裔。该瓜呈条状或椭圆状，一般在十斤左右，含糖量高达百分之十七。瓜外表遍布细小裂纹，色有翠绿、乳白、金黄等几种。瓜瓤洁白如玉，"甜如蜜，脆如梨"，奇香无比。如在居室内放一瓜，满室香味浓郁，经久不散。不过，随着科学培育技术的不断发展，克克齐这个品种已经逐渐被其他品种所取代。

香水梨　隆冬季节来到敦煌，你就会看到一种冰冻如石、黑褐晶亮的水果。将它浸入凉水之中，约一刻钟后，果品表面蜕出一层薄薄的冰壳，剥去冰壳，去皮吮食，顿觉酸甜清凉，余香沁人心脾。这就是敦煌特有的冰消香水梨。

香水梨俗称软儿梨，是敦煌传统的水果品种，栽培历史悠久。果型浑圆如球，果品色泽金黄，果质白中透黄，沙嫩绵软，水汁欲溢，芳香宜人（图 6-35）。香水梨不仅冰冻后甘美适口，鲜吃依然甘甜清冽，并且微酸中略带葡萄酒的韵味。香水梨营养丰富，含有柠檬酸、苹果酸、葡萄糖、果糖以及多种维生素，食之可以解烦去燥，润肺生津，是食疗兼备的妙品。

杏皮水　杏皮水是杏皮茶的俗称，是具有敦煌当地特色的消暑饮料。其制作过程很简单，以当地著名的李广杏为原料，用干杏皮或杏干加清水熬制过滤，自然放凉后，放适量冰糖而成。口感酸甜，清爽解渴。也可略加冰镇，口感更佳。

3．驴肉黄面、浆水面、臊子面

驴肉黄面　在敦煌流行一句话：天上的龙肉，地上的驴肉。也就是说，在沙漠边缘的敦煌城，最好吃的是驴肉。驴肉黄面是敦煌的一道名吃，到过敦煌的人都会在路边看到很多驴肉黄面馆。

据说敦煌的驴肉来自昌马散养的长毛驴，散养在高寒的山区，高寒地区野生名贵药材常常混在草中为驴所食，因此驴肉的味道、营养价值甚佳。

酱驴肉厚实，不像酱牛肉一样松酥，肉质紧促有质感，咸淡适宜。特别是驴筋，吃起来很有嚼劲和口感。吃酱驴肉时，一般搭配一小碟蒜蓉和一碟辣椒酱。辣椒酱是用鲜红辣椒剁制而成的。驴肉卤制，切成大片加热，上面盖一层香菜，看上去很有分量和食色（图 6-36）。

敦煌黄面细如金线，柔韧筋道，溜滑顺口。面煮好后捞出放在大碗里，颜色黄澄澄的，非常光亮，上面淋一层香菇汁。香菇汁是用香菇末、猪肉、水豆腐等做成的臊子，带着汤汁。豆腐小块小块的，很有些嚼劲（图 6-37）。也有的是在黄面上撒一层木耳、驴肉丁、辣椒、番茄等，有时也放一点腌制的咸韭菜。

驴肉和黄面搭配吃起来，别有一番滋味和情趣，再辅之一大碗热热的黄酒，更佳。

浆水面　是以浆水做汤汁的一种面条。其味酸、辣、清香，别具一格，是夏季常见小吃。浆水，就是用蔬菜，在沸水里烫过后，加酵母发酵而成的一种特殊菜汤。其中芹菜浆水为上品，颜色清纯，味道清香。

浆水面广泛流行于敦煌家家户户，它含有多种有益的酶，能清暑解热，增进食欲，为夏令佳品（图 6-38）。三伏盛暑食之，不仅能解除疲劳，恢复体力，而且对高血压、肠胃病和泌尿系统疾病有一定的疗效。夏天的浆水，还常常当作预防中暑的清凉饮料，直接饮用。陇上气候干燥，土地含盐碱过多，所以常食味酸性凉的浆水，不但能中和碱性，而且还可以败火解暑、消炎降血压。

臊子面 是敦煌的一种传统特色面食，历史悠久，以薄、筋、光、酸、辣、香而著名。做法是将面粉加水和匀，用面杖把面团擀薄，切成细细的长条煮熟，加汤食之。臊子面关键在汤，其制作很讲究，先将臊子（猪肉或羊肉、萝卜、木耳、洋芋等）在锅内炒好后加入水，再辅之豆腐、葱、蒜、香菜、虾片、芝麻等。将面挑入碗后，再舀汤浇到碗中，即成一碗难得的美食（图6-39）。用臊子面待客，是敦煌人最好的款待。

图 6-36 敦煌酱驴肉

图 6-37 敦煌黄面

图 6-38 敦煌浆水面

图 6-39 敦煌臊子面

4. 羊肉粉汤、酿皮子、炸油糕

羊肉粉汤 是敦煌传统小吃。选用敦煌本地饲养的膘肥体壮羯羊，宰好洗净切成大块，然后清水下锅。待快熟时，

图 6-40 敦煌羊肉粉汤

图 6-41 敦煌羊肉合汁

图 6-42 敦煌酿皮子

图 6-43 敦煌炸油糕

打净血沫，放入少许精盐，肉熟后捞出，剔骨，后将剔骨回锅，温火熬煮成汤。食用时，先将骨汤兑水，放入适量生姜、胡椒、花椒、桂皮、辣椒、精盐、萝卜片、大蒜等香料煮沸，再将熟肉切成薄片与煮熟的粉条盛入碗中，舀入沸汤，上面撒上香菜末或韭菜、大葱等（图 6-40），或根据自己口味再浇上几勺辣椒油，观之红黄绿白，香味扑鼻，食之香辣爽口，肥而不腻，并有滋补、发热、祛寒之效。近年来，敦煌人对羊肉粉汤作了一些改进，里面加上肉丸子等，谓之羊肉合汁（图 6-41）。

酿皮子　敦煌酿皮子，晶莹黄亮透明如玉，其味酸辣清香，柔韧爽口。酿皮虽是小吃，但可作主食充饥解饿，也可当菜肴，充当下酒冷盘。冷热均宜，四季可食。

酿皮的制作，是在优质面粉中掺和适量的蓬灰，用温水调成面团，再放入清水中翻搅搓洗，使面粉中的蛋白质和淀粉充分分离。将分离出的蛋白质放进蒸笼蒸熟，便是“面筋”，再将沉淀了的淀粉糊舀在蒸盘中蒸熟，便是“酿皮”了。将蒸熟的酿皮，从盘中剥离，切成长条，配上面筋，浇上醋、辣椒油、芥末、韭菜、蒜泥等佐料，吃起来香辣凉爽，口感柔韧细腻，回味悠长（图 6-42）。

炸油糕　在油面中包入冰糖、白糖、玫瑰香精、核桃仁、芝麻等，加工成小圆饼。然后在油锅中煎炸后即可食，吃起来香甜酥松（图 6-43）。

其特点为色泽金黄，皮酥肉软，油而不腻，香中有甜，老少皆宜。制作方法，先取白面、糖、油、水为原料，将水烧开，然后将白面粉倒入沸水锅中拌匀，待烫面用手摸不粘时，翻倒在面案上。凉后，500 克烫面兑 150 克干面，揉匀堆放起来，天热时放 2 小时，天凉时放 4 小时。然后包糖馅压扁，投入油锅文火炸制，外皮炸成金黄色后捞出，即可食用。

第七章

莺歌燕舞

——传承非物质文化遗产

非物质文化遗产，是指各种以非物质形态存在的与群众生活密切相关、世代相承的传统文化表现形式。非物质文化遗产是以人为本的活态文化遗产，它强调的是以人为核心的技艺、经验、精神，其特点是活态流变。

非物质文化遗产最大的特点是不脱离民族特殊的生活生产方式，是民族个性、民族审美习惯的“活”的显现。它依托于人本身而存在，以声音、形象和技艺为表现手段，并以身口相传作为文化链而得以延续，是“活”的文化及其传统中最脆弱的部分。

敦煌不仅保存有驰名中外的敦煌石窟艺术和藏经洞出土文物，也不仅保存有大量的文化遗址和遗物，同时还传承有不少非物质文化遗产。如敦煌彩塑制作技艺、敦煌壁画制作技艺、敦煌曲子戏、敦煌剪纸、敦煌民歌、敦煌民间谚语、敦煌民间笑话、敦煌民间故事以及敦煌庙会、敦煌社火、敦煌打铁花等，内容非常丰富。在对敦煌市各乡镇非物质文化遗产进行的“拉网式”全面普查中，便收集到敦煌曲子戏原始手稿45万字、敦煌民间故事原始手稿12万字、敦煌民间谚语680条、敦煌民间笑话原始手稿6万字、敦煌社火原始手稿8万字、敦煌民间戏曲音乐115首等。这些项目遍布在敦煌市9个乡镇、55个行政村和11个城市社区。

敦煌地区的非物质文化遗产，是敦煌文化中一个不可忽视的内容，它不仅有助于我们全面了解和深入研究敦煌文化，有助于探讨敦煌文化的继承与创新，同时也有助于推动今天的经济和文化建设。例如敦煌曲子戏《全家福》，可能与藏经洞出土的敦煌变文《韩擒虎话本》之间有一定的渊源关系。又如敦煌两千年来延续不断的水利设施建设和灌溉用水管理制度，则反映了敦煌历代政府和官员对民生问题的高度重视和行之有效的管理。

敦煌彩塑制作技艺

敦煌彩塑制作技艺历史悠久，它的产生比敦煌佛教造像更为久远。从史料记载可见，自西汉敦煌建郡到莫高窟开凿之前的400多年，当地泥塑艺术已经有着深厚传统和技艺传承。自从敦煌石窟建造开始后，随着佛教的传入，西域造像技艺也传入了敦煌，与中原的雕塑技艺相互交融，敦煌及外来的民间工匠不仅在石窟中雕塑了大量的彩塑，也在寺院内造神塑像。据敦煌文献记载，从西晋至元代建有寺院58座、道观8座、祠庙18座。到了清代、民国，更是大兴土木，修建庙宇，在城乡共建造寺院庙宇140余座。如果每座庙宇以50身塑像来计算，寺庙塑像就多达700余身。而敦煌石窟中保存的彩塑就更多了，仅莫高窟便保存了大小彩塑3000多身。

敦煌佛教艺术源于印度，石窟造像源于印度石刻，但敦煌地区岩质不宜雕刻。三危山、鸣沙山下的崖体，均属玉门系砾岩地质，极其粗松，便于开凿洞窟，但不宜雕刻造像，因此敦煌先民因地制宜，就地取材，自汉晋以来，便发展了以泥土为主要原料的敷彩泥塑。

敦煌属党河冲积平原，沉积土丰富，为发展泥土艺术的敦煌民间彩塑提供了非常有利的条件。

敦煌生长着红柳、芦苇、芨芨草，是人们自古以来用于编制生活用品、造纸、建房、夯垒、筑城之必需品，同时也是制作敦煌民间彩塑不可缺少的上好材料。

敦煌气候干燥，泥塑作业中易干裂，故塑造多采取稀泥薄加层叠塑造法，这种手法与一般彩塑制作方法相比确有独到之处。敦煌民间彩塑历经千年依然保存完好，不仅依赖于当地的气候干燥，也得益于这种因地理环境造成的独具特色的制作技艺。

敦煌彩塑以沉积土、黄沙、红柳、芦苇、芨芨、麦秸、麻刀、棉花、蛋清、米汁等为材料塑造，以矿物质颜料彩绘而成。因其工艺手法独到，可塑性强，质感厚重、坚固耐久，许多作品历经千百年依然完好如新，色泽艳丽。敦煌气候干燥，泥塑作业中易干裂，故塑造多采取稀泥薄加层叠塑造法。

敦煌民间彩塑制作技艺的具体步骤如下：

1. 骨架。

木胎骨架：适用于小型彩塑。用木料削出人物大形，再薄塑一层棉花细泥。

木架骨架：适用于中型彩塑。取材红柳等，根据造型采取绳扎、榫接、钉装、包纱等手段搭设。

石胎骨架：巨型泥塑，在开凿洞窟时预留石胎，然后凿孔插桩，布筋扎草，挂泥塑造。

2. 制泥。采用沉积土加入黄沙、麦秸、麻刀、棉花等掺水和制。为提高胶性在表层细泥中加入适量蛋清、米汁。

3. 塑造。用芨芨草、芦苇在骨架上捆扎出大形，然后进行上大泥、塑形、收光三个流程（图 7–1、图 7–2）。

4. 敷彩。敦煌彩塑通常是由塑匠和画匠合作完成，多采用矿物质颜料，色调华丽，图案缜密。

图 7-1　用圆木制作的骨架和用芨芨草、芦苇捆扎的人形

图 7-2　上大泥后的塑像

敦煌民间彩塑的类型有圆塑、浮塑、影塑等；佛教作品有菩萨、弟子、天王、力士、天兽、飞天以及僧俗人物等；道教作品有玉皇、王母、地母、真武、老君、关公、张飞、火神、马王、牛王、虫王、赵公明、阎王、牛头、马面等。

敦煌民间彩塑有1600百余年发展历程，保存了各个历史时期的优秀作品，其艺术变迁，既是一部中国佛教彩塑发展史，又是一本彩塑制作技艺教科书。它是敦煌本土人民与外来工匠共同创造的独具地方特色的艺术形式，是中华民族文化艺术之结晶。敦煌民间彩塑历史悠久，对周边和内地石窟、寺庙造像都产生过深远影响。它作为一门艺术载体，对于当代传承、借鉴传统艺术，为现实社会服务，都将是不可缺少的宝贵经验。

然而，随着现代材料技术的发展，玻璃钢等化工材料逐渐取代泥塑，传统彩塑从骨架、制泥、塑造一次性成型的制作技术已很少被人采用。由于时代的发展、科技的进步，民间彩塑工匠生存的空间越来越小，除了在新建的寺庙、道观制作彩塑外，再无别的用场，只好改做别的行当。青年学这门技艺的人甚少，民间彩塑制作技艺面临失传的困境。另外，随着高等教育普及，师徒传承日趋消亡。爱好美术的学子大都选择院校实现成才之路而放弃拜师学艺之路，传统的传承方式失去生存土壤，在这种大环境下，能够完整掌握敦煌彩塑制作技艺者屈指可数。因此，如何将敦煌民间彩塑传承下去，是目前值得重视和思考的问题。

敦煌壁画制作技艺

敦煌壁画制作技艺作为一种古老的画种，早在汉晋时代起就已遍布于敦煌以及周边地区。随着佛教的东传，道教的西布，从公元4世纪开始，敦煌地区大规模开窟造像与绘制壁画，使原有的壁画制作技艺在汉晋艺术传统基础上，吸收融汇了来自印度、西域等地的绘画形式与技法，得到了极大的拓展和提升。

敦煌壁画制作技艺主要由地仗制作、画稿设计、布局定位，放大稿样、敷色绘制、沥粉堆金、线描等流程构成。其中地仗制作的技艺特殊复杂，体现了敦煌地方特色。而画面布色绘制中，其天然矿物颜料和部分天然植物颜料、动物颜料的制作

图 7-3 各种天然矿物质颜料

与使用，也充分体现了敦煌壁画制作技艺的独特性和代表性（图 7-3）。由于民间绘制技法的特殊性，使其作品坚固耐久，历经千年依然色泽鲜艳，富具民间绘画特有的美感和魅力。

敦煌壁画制作技艺主要用于寺院、洞窟、道观、宗祠、牌楼、亭廊的建筑和壁画绘制，还大量用于百姓的庄院、生活用具装饰等绘制。

敦煌附近的三危山山崖均属玉门系砾岩地质，石质疏松，适宜开凿石窟。敦煌位于党河冲积扇平原，又是大移民区域，修建庙宇众多。石窟和庙宇一般都要绘制壁画和雕梁画栋，但壁画无法直接绘制壁上。敦煌先民因地制宜，就地取材，采用河流常年冲积沉淀的澄板土，与当地生长的植物等作为壁画地仗的制作材料，同时采用三危山中的矿物质颜料，为敦煌泥质绘画持续千年的绘制提供了充足的条件。

敦煌干燥的气候，使敦煌民间石粉彩绘留存千年仍色彩斑斓，也造就了敦煌民间石粉绘画独特的绘制技艺。

图 7-4　壁画绘制过程

敦煌壁画制作技艺的具体制作工艺步骤如下（图 7-4）：

1. 制作墙画。用掺入细碎麦秆的泥巴抹到开凿好的石壁上，然后在上面粉刷一层红沙泥，形成光滑平整的墙壁面。

2. 勾画轮廓。用红粉或墨线弹出画面的大体位置，再分割成若干小平面。然后在各小平面内确定所绘内容，再起稿勾画出轮廓形象。

3. 涂刷底色。用有一定覆盖面的颜色刷底，使整个壁画有一个统一的基调，其形象轮廓隐约可见。

4. 敷彩上色。根据底稿内容，细致地将各种颜料描绘到相应的位置上。

5. 勾定型线。上完色彩后，用墨线或赭色线精心勾勒出人物五官、手足、衣饰等细部，使形象更加清晰完整。

6. 沥粉堆金。用皮囊装入稀石膏，挤压条状，绘成图案线条，待干后，贴上金箔或描上金粉，使画流金溢彩。

7. 提神点睛。在人物的眼、鼻等处勾描“高光”，做到形象鲜明、生动传神的艺术效果。

敦煌壁画制作技艺的发展已有 2000 多年的历史。历朝历代的民间画匠在继承汉民族和西域民族绘画技艺的基础上，吸收融合了外来绘画表现手法，发展成为具有敦煌地方特色的绘画艺术。

敦煌莫高窟中保存了自前秦建元二年（366 年）至 1935 年近 1600 年间的 45000 多平方米壁画。另外，据敦煌文献记载，从西晋的“仙岩寺”到元代的“雷音寺”，敦煌有 58 座寺院，有“灵图观”等道观 8 座，有“仓慈庙”等祠庙 18 座。清代、民国在城乡修建寺、庙、宫、观、祠等多达 140 余座。民间素有“三步两道桥，一里五个庙”、“坊坊有庙，庙庙供神”之说，每座庙的石粉壁画按 200 平方米计算，多达 28000 平方米。

敦煌壁画制作技艺从古至今，一直延续传承。但随着历史的发展，时代的变迁，壁画制作技艺有兴盛也有衰败。在清代、民国时期，大兴土木，修建庙宇，民间画匠主要绘壁画、彩斗栱。到了新中国成立后，民间画匠只在老百姓的柜子、箱子描绘装饰画，主要画寿木（棺材）。改革开放后，恢复古建筑，新修寺庙，建造牌楼、亭阁长廊，民间画匠有了用武之地。在继承壁画传统技法的基础上，大胆创新，将石窟中的飞天、图案画等绘制于新建的古建筑上。

然而，现在的生活用具基本上都不需要绘画，彩绘技艺一般只用于画寿木，因此民间画工逐渐减少。为此，民间绘画者队伍变异、滑坡、萎缩并存。现在的青年民间绘画者，主要以临摹敦煌壁画作为旅游工艺品出售为生存方式，敦煌民间的壁画制作技艺面临失传的窘境。

推陈出新的驴肉黄面

敦煌地处西北内陆，气候干燥少雨，夏季炎热，冬季寒冷，人们多以面食为主。面食的吃法和制作花样较多。敦煌黄面始创于清朝宣统元年。敦煌人马官福在敦煌城中开店经营敦煌风味小吃，在长期的经营中摸索创制了敦煌黄面。敦煌黄面柔韧筋道、色泽黄亮，吃起来美味爽口。

敦煌黄面是一种小麦面制品，制作工艺极其讲究，全程用手工制作，操作非常不易。做法是将面粉用蓬灰水、碱等原料和成较硬的面团，经多次揉搓达到最均匀为止，即可拉面。拉面师傅时而将面拉成长条，时而旋转拧成麻花状（图 7-5），可以将一团七八斤重的面团拉成一把如粉丝的面条，也可以根据客人的不同需要，将面拉成圆形、宽形、韭叶形等。下锅煮熟的面色泽黄亮，柔韧如丝。再用肉丁、葱段、蘑菇块、豆腐等制作成卤汁，趁热与黄面相拌，观之红黄绿白，闻之香味扑鼻，食之香辣爽口，令人大饱口福。

图 7-5　拉面师傅将面团拉成麻花状

图 7-6　敦煌驴肉黄面

敦煌人民每逢喜庆节日、家中来客、朋友聚会、寿诞生日等，都要制作敦煌黄面招待亲朋好友，以表诚心。

改革开放以来，随着敦煌旅游业的蓬勃兴起，为了迎合大众口味，满足不同人群的需要，敦煌黄面的吃法又进一步被创新。其中，同驴肉配伍，荤素相间，吃起来开胃去腻，清热解烦，风味独具（图 7-6）。

据说敦煌的驴肉来自昌马散养的长毛驴，散养在高寒的山区，高寒地区野生名贵药材常常混在草中为驴所食，因此驴肉的味道、营养价值甚佳。

驴肉和黄面，搭配吃起来，别

有一番滋味和情趣，再辅之一大碗热热的黄酒，更佳。

黄面的制作技艺传承有序，最负盛名的黄面馆有两家，一家是顺张黄面馆，另一家是达记黄面馆。顺张黄面可谓百年老字号，始创于清朝，已历经五代传人，创始人为马官福，第二代传人为马顺张，第三代传人为张世存，第四代传人为张征、张斌，第五代传人为张黎星、张永亮。顺张黄面是敦煌黄面的典型代表，拉面技艺精湛，做出的黄面柔韧黄亮，吃起来美味爽口，很受消费者喜爱。

庙会乡间的曲子戏

每当农历四月初八的千佛洞、三月三的西云观、五月端午节的月牙泉以及浴佛节的雷音寺，人们在赶庙会的过程中，往往在远处就能听到一阵阵悠扬婉转的唱腔，走近一看，原来有一些人正在表演一种地方小戏—曲子戏。

敦煌曲子戏，亦称“小曲戏”、“小调戏”、“老眉户”等。起源于敦煌民间，可能受到唐宋时期的敦煌变文、曲子词和俚曲小调的影响，兴盛于清朝末年和民国初年。

敦煌曲子戏包含了文学、音乐、舞蹈、曲艺、特技等艺术成分，主要由原始剧本、唱腔曲调、器乐曲牌三大部分组成，由演员扮演人物表现故事，或者以歌唱来叙述故事。戏剧情节大多反映当时民间的现实生活，情节风趣幽默，生活气息浓厚，曲调优美动听，乐者使人开怀大笑，悲者使人泪水涟涟。

曲子戏是群众自发组合的一项民间文化活动，演唱者自娱自乐。演唱形式主要有两种：一是舞台演出，俗称彩唱，有演出场地，如在庙会中搭台表演；二是地摊坐唱，俗称清唱，可在乡村地头随处演唱。

曲子戏主要特点是主题集中，短小精悍，最小的戏一个人就能演一折戏，短者在台上演出十几分钟，人数多的也不过四五个角色。而剧目题材非常广泛，表现了社会的各个层面，反映的都是人们日常生活中熟悉的人和事，人们的爱和恨，有同情赞美，也有鞭挞讽刺。故事大多有激烈的矛盾冲突，内容风趣幽默。其唱腔优美，悠扬婉转，韵味十足，感染力很强。敦煌曲子戏还非常讲究表演中的“做”（即动

图 7-7　敦煌曲子戏——老换少

图 7-8　敦煌曲子戏——放风筝

图 7-9　敦煌曲子戏——打懒婆娘

图 7-10　敦煌曲子戏——两亲家打架

作）和“舞”（即舞蹈）。为了使表演剧目引人入胜，在人物动作、舞蹈设计上也费了功夫，艺人们表演时，扭的欢，走得飘。翩翩起舞，轻盈活泼，使人看得出神。

敦煌曲子戏流传下来的原始剧本有《小放牛》《老换少》（图 7-7）、《磨豆腐》《放风筝》（图 7-8）、《大保媒》《张连卖布》《苛财鬼变驴》《打懒婆娘》（图 7-9）、《小姑贤》《告斧头》《当皮袄》《砸烟灯》《王大娘钉缸》《两亲家打架》（图 7-10）、《顶砖》《八洞神仙》《怒沉百宝箱》《尼姑赶船》《全家福》《闻太师显魂》等数十个剧目。其中的《全家福》说的是汉朝元帅韩擒虎和番邦大王韩有奇父子交战的故事，可能与藏经洞出土的敦煌变文《韩擒虎话本》之间有一定的关系。

敦煌埙的制作技艺

埙是古代用陶土烧制的一种吹奏乐器，圆形或椭圆形，有六孔，亦称“陶埙”。埙的音色悠扬、婉转凄凉，最能表达塞外离别愁绪之情。

在20世纪70年代，甘肃省博物馆考古队曾在玉门火烧沟发掘出20余枚造型别致的鱼形多孔陶埙。这些彩陶埙是新石器时代的遗物，不仅形制独特，造型美观，而且音孔也有所增加，最多者已有三个按音孔，可以吹出四个不同的音来。作为乐队中一种实际演奏的乐器，埙也出现在敦煌壁画中。在莫高窟第220窟南壁《西方净土经变》下端的经变乐舞中的乐队、榆林窟第25窟南壁《观无量寿经变》下端的经变乐舞中的乐队，都有埙参与伴奏。

埙主要分布在我国的山西、甘肃、河南、山东省等地。其中，甘肃省的埙主要指的就是敦煌埙，主要分布在敦煌阳关镇一带，其特殊的制作方法、技法和所使用的材料基本上与莫高窟雕塑一脉相承。

敦煌古代工匠在埙的创作实践中，积累了非常丰富的经验，使完成后的埙收缩小，不开裂，更牢靠，保存久远。做埙的工序有很多，概括起来有制泥、制埙胚、整形、开孔、烧制、上漆等环节，过程相当长。下面对主要环节作具体描述：

1. 和泥。首先是选泥，为黏性较好的胶泥、红泥或黑泥。看谁家挖地基，一般在地下两米深处就有硬质的胶泥。其次是筛泥，把泥放入盆中，加入一定的水，泡几天成泥浆，再用细筛子将其过滤一遍或几遍，把泥中的杂物和小石子筛除出去，以尽量保持泥质的纯度，这样在烧制的过程中埙就不容易开裂。等泥浆阴干到一定程度，用手卵成团状在光滑的地板或石板上摔打，使泥有一定的韧性和硬度，直到泥不粘手。把摔打成型的泥条用塑料膜包起来（防干），随用随取。

2. 制泥埙。将泥条捏成窝头状，罩在土制的埙胚上，用手把泥均匀赶开赶平，直到把泥胚包住，厚薄靠手感。埙壁厚薄要适中，薄了发音脆响轻飘，失去埙原有的古朴之风；厚了发音沉闷，灵敏度低。

3. 取模型。用刀顺着顶端（吹孔处）沿两边向下拉开（底部连在一起），再在缝上拉一个浅沟，把模型取出，像嗑瓜子一样就出来了。在缝上刷一层稀泥浆，把埙合上，用小泥条把浅沟补上，用刀抹平。

4. 整形。手指沾水把埙的表面磨光，然后阴晾起来。水分蒸发，其硬度加强，经得起敲打，这时就可以整形了。底座要出棱角，这部分比较难打，也很关键，拍打时得细心观察。整个过程要反复几次，使埙的基本轮廓定型。然后用大拇指和中指捏住埙的两端，在光滑的玻璃板或是木板上来回推动、滚压，直到把拍打过程中留下的棱角除去，表面变得光滑、发亮为止。整形中对其外观的把握，以古朴大方、典雅美观为原则；整形后的埙壁会变得光洁而坚实，烧制过程中不容易开裂。

5. 开孔。阴晾到七八成干的时候，埙就可以开孔了。先开吹孔，以确定胴音的音高，通过调节吹孔的大小和吹孔内壁的厚度来校对音准。然后两手自然将埙托住，用笔芯在需要开孔的手指第一节指肚自然按住的位置作一记号，用铁钉穿透，根据不同的音高依次使用不同粗细的钉子。埙音孔的音高与音孔的大小有关，与开音孔的位置无关。然后取出里面开孔时留下的泥渣，将埙的内膛清理干净。最后把印章、编号等内容印在埙的底部，不能过深，不然会影响音高。

6. 烧埙。埙阴干后，可以在煤炉里烧制，有条件的还可以在瓦窑里烧制。拿煤炉来说，烧制时炉火要旺，把煤向下压一节，留出一定内膛，用铁盖盖住，先把埙放在上面预热。过一段时间再把埙移放到炉膛内，用铁盖封住。埙烧透以后，夹出来再放在铁盖上预冷降温，最后才放在地上使其冷却。骤冷与骤热都极容易使埙破裂。烧制过程中，要注意把握火候与温度。最后，经过打磨修整、校音、上漆等工序，一个陶埙就做成了。

埙的种类很多，传统的埙多为卵形埙，现在则有葫芦埙、握埙、鸳鸯埙、子母埙等多种，样式美观，工艺精细。现在市面上常见的大多是葫芦埙、牛头埙、子弹头埙和卵形埙等，其他埙不多见。

埙的制作主要是靠工匠的双手，通常要完成一件作品，百分之八十要靠手上技巧。主要原料有土、沙子、盐、水、柴火、颜料、毛笔、亮光油等等。一般民间埙因体积小，基本是握在手中捏制，所用工具比较小巧多样。彩绘所用工具基本上与绘画工具一致。除大小不等的各种打底、添色、勾线的毛刷、毛笔外，还有用于调色的碟碗以及研磨石色的乳钵。

图 7-11　老艺人高吉录正在吹奏埙乐曲

敦煌埙的制作技艺，现只有阳关镇阳关村高吉录父子及其徒弟薛生平掌握，面临失传（图 7-11）。

独具特色的剪纸艺术

敦煌剪纸艺术源远流长。早在唐五代时期，敦煌地区便有剪纸艺术。如藏经洞出土的 P.4518 写卷中便保存一件剪纸艺术品，该作品为单层佛塔，刹顶作宝珠相贯，塔檐为人字披，双向上翘，檐上两边各悬风铎四只，檐楣以对称变形云纹作装饰；塔中心有门，两侧各有一窗，基座下亦作对称变形云纹（图 7-12）。该写卷中有两处题记："天寿二年五月宝胜状奏""辛卯年十二月十八日"。据学者考证，题记中的天寿二年约为公元 964 年，该剪纸为 10 世纪之作是毫无疑问的，距今已 1000 多年了。

图 7-12　P.4518 唐五代时期的剪纸佛塔

敦煌剪纸在清朝中期到民国时期逐渐

盛行。其取材宽广，日月星辰，山水花木，壁画飞天，人物鸟兽，故事传说都是剪纸的素材。特别是家庭院落内的男童女孩、牛羊骡马、猪狗猫兔，因为天天见，对它们观察深透，因而成了敦煌农村妇女剪刀下永久的题材。她们通过对这些题材的取舍剪制来装饰美化家庭环境，表达对生活的热爱和追求。

敦煌剪纸内容丰富多彩，既有表达吉祥喜庆、反映传统民俗的“二龙戏珠”“童子招财”“麻姑献寿”，也有反映敦煌文化的“敦煌飞天”“反弹琵琶”（图7-13）、“千手观音”“莫高神韵”（图7-14），反映生殖繁衍、美好爱情的“孔雀戏牡丹”“蝴蝶恋花”“喜鹊踏梅”“鱼儿钻莲”，期望平安康乐、祈求神兽降福的“老虎下山”“狮子滚绣球”“送福娃娃”，反映民间传说的“牛郎织女”“嫦娥奔月”“武松打虎”以及代表丰收成果的麦穗、谷穗、瓜果、桃杏等等，具有浓郁的乡土气息。

图7-13　敦煌民间艺术家何克风作品 反弹琵琶乐舞图

敦煌剪纸，表现手法灵活，剪纸技艺精巧。颜色以红、绿为主，有单色、套色、染色等。剪法上既有阳剪，即留下勾画形象的线条；也有阴剪，即剪去线条留下平面；还有二者结合的阴阳剪、折叠纸而剪的对称剪、阴影剪、图案剪等。为了线条丰富多变、多姿多态，艺人们还创造运用了梅花纹、云勾纹、锯齿纹、月牙纹、水纹、花纹等剪法，她们凭着一双灵巧的手，把生活剪裁得千姿百态、生动活泼、富有情趣和诗意。

图 7-14　敦煌民间艺术家何克风作品　莫高神韵

敦煌剪纸种类繁多，因用途不同而内容各异。大体有喜庆剪纸、礼仪剪纸、生活剪纸、福寿剪纸、婚禧剪纸、趣味剪纸、图案剪纸、底样剪纸等等。

敦煌剪纸图案优美、线条流畅、简单明快。与全国同类民间剪纸相比，独具特色。敦煌剪纸艺术想象丰富，善于夸张；不合透视，形体变形；不求物件形态毕肖，只讲简练传神；不求循规蹈矩，讲究随心达意。如剪纸《十二生肖》中的虎仅有三条腿，另一条腿被随意删掉了。在艺人们眼中，虎走路是三条腿着地，另一条腿是多余的，反映了敦煌人的大胆奇特构思和民间审美意识。

敦煌剪纸作者多是农村妇女，也有少数教师、企事业单位的干部职工。她们的手艺是从剪纸艺人和上辈人那里学来的。农村女孩从五六岁起就围着奶奶、妈妈学剪纸，到十五六岁就能执剪了。

淡淡清香的敦煌民歌

清雍正四年（1726年），川陕总督岳钟琪见敦煌土地肥沃，水源充足，宜于垦荒，于是奏请清政府，移甘肃56州县移民2405户来敦煌屯垦。这些移民来敦煌后兴修水利，新开垦良田12万亩，使荒芜百年的敦煌变为平畴沃野、树木繁茂的绿洲耕区。甘肃56州县2405户移民也带来了青海花儿、陇东道情、陕西秦腔、眉户等地方特色鲜明的戏曲、歌曲和民间小调，在生产生活中，这些戏曲、歌曲和民间小调融合荟萃、交流碰撞，形成了独特的敦煌民歌。

敦煌民歌是勤劳朴实的敦煌人民在长期的生产生活中创作的，生活气息浓厚，曲调优美动听，歌词朗朗上口。流传下来的作品主要有《闹王哥》《绣荷包》《等郎君》《送大哥》《放风筝》《担水》《对花》等，以歌唱爱情为主要题材，也有神话故事、历史传说、社会生活等。

敦煌民歌就地取材，和老百姓的日常生活息息相关，自然亲切。许多民歌的歌词都按照自然规律编排，如《闹王哥》就从一月唱到了十二月，自然流畅；《等郎君》就从晚上的一更唱到了五更，符合自然规律；《对花》中男女对唱则按一年四季变换一问一答。

敦煌民歌歌词精炼，从不拖泥带水。歌词都是从群众生活的日常用语中提炼出来的，其特点是顺畅自然，生动形象。

敦煌民歌是陕北民歌、青海花儿、陇东道情、陕西眉户等艺术形式交融荟萃的产物，集中了各类唱腔的精华，所以曲调悠扬婉转、韵味浓厚、俏丽飘逸、优美动听。

敦煌民歌具有民间艺术的自然美、质朴美，像一朵田野中开放的小花，散发着淡淡的清香。听唱调，委婉动听、隽永清新；听念白，字字珠玑，句句生辉。

富有生活哲理的民间谚语

谚语是民间集体创造、广为流传、言简意赅并较为定性的艺术语句，是民众的丰富智慧和普遍经验的规律性总结，而且一般都是口耳相传，多是口语形式的通俗易懂的短句或韵语。

敦煌方言中的谚语，既有形象化的特点，又有寓意深刻、以小见大的特点。如感叹时光稍纵即逝，敦煌人说："麦黄一时，人老一年。"感叹好心没得到好报，就说："把好心当了驴肝肺。"批评推诿过失，就说："驴乏了赖臭棍。"反驳别人说自己对某一事物没有经验时，就说："没吃过猪肉还没听过猪哼哼。"针对人丁不旺，就说："十亩地里一棵苗。"

敦煌人形容人与人之间的亲密关系，就说："我与他熟得像炒面一样。"批评人们之间的嫉妒之心，就说："卖石灰的见不得卖面的。"劝人要平心静气对待面前所发生的一切，就说："斗大的麦子都从磨眼里下呢。"批评人不听劝，就说："清风灌了驴耳朵。"

敦煌人自责放下自己的事不做，只看别人工作时，就说："打柴的跟上放羊的转呢，人家的羊放饱了，我的柴还没打下。"自责自己管不住晚辈，就说："猫老不逼鼠。"抱怨自己负担重，就说："罗锅账房都让我背上了。"指责某人张狂，就说："给上些颜色就想开染坊。"或说："给上点颜色当大红。"指责人狡猾，就说："他脚踩西瓜皮，手抓两把泥，能滑就滑，能墁就墁。"对比秃子骂和尚的事，就说："比猪骂狗。"

敦煌人形容人极度兴奋，就说："高兴得脚后跟打屁股蛋子呢。"谴责某人说话不实、虚假，就说："他大话泡天，旋天舞地。"对一些人无理还要强辩三分的行为，就说："马不跳了，鞍子还跳呢。"对不分是非、息事宁人的行为，就说："稀泥墁光墙。"批评那些遥遥无期、无法兑现的承诺，就说："指山卖磨。"自信自己或别人某些工作还有经验，就说："牛老了回头还在呢。"自信自己或别人还有些经验、实力，就说："瘦死的骆驼比马大。"指责人们只做表面文章以应付别人的欺骗行为，就说："那是驴放羊。"不想与人对抗时，就说："石头大了弯着走。"

敦煌人赞扬人的精神力量时，就说："虎瘦了尾巴还撅着呢。"比喻机会对人们的公平时，就说："太阳从家家门上都过呢。"说到人们之间的竞争，就说："有起五更的，还有睡半夜的。”对预期的目的没有达到，反而又造出恶果的事情，就说：“聋子治成了哑巴。”指责不高明的师傅，就说：“师傅不高，教下的徒弟凹腰。”批评领导作风不正，就说：“大梁不正二梁歪，三梁不支垮下来。”对未付出辛苦或钱财而得到好处、反而抱怨好处不大的人，即批评：“白吃的枣儿还嫌核核子大。”

敦煌人面对事业不成功，就安慰自己说：“命里有五升，不用起五更。”消极地总结人际关系经验时，就说：“脚大扫露水，嘴长惹是非。”对自己说的话没有被人接受，或自己做的事没有达到预期效果，就说：“雨下到碱滩上了。”蔑视困难，就说：“茄子树上还能把人吊死？”对人、物选择不当，旁观者就评论说：“跳过肉架子去吃豆腐。”评说某人的人缘不好，就说：“他已活得路断人稀。”提醒人们对自己的缺点、错误及失误没有觉察，就说：“鞋壳朗冒烟了还不知道。”懊悔自己事事不顺，就说：“喝凉水都塞牙。”

敦煌人批评人想干一件事但又不想付出劳动或钱财，就说：“想吃羊肉，又不想沾腥气。”评论别人或后悔自己事情没干成，反倒造成后果或损失时，就说：“没吃上羊肉，倒惹了一身的臊气。”批评人无情无义，就说：“那人对人用着了搂到怀里，用不着了就把你推到崖里。”借用别人的东西不是时候，就说：“腊月三十晚上借蒸笓子，你蒸去呢，让我烙去呢？”（是说农历除夕向别人借蒸馒头的笓子，当然不是时候了）针对本事不大却想办大事的人，就说：“那是指屁吹灯。”对合伙经营或共同生活相处时意见不合而散伙分道扬镳，就说：“没有好合，还有个好散呢。”

敦煌民间的方言谚语，具有浓郁的地方特色，厚重铿锵，妙趣横生，珠玉连连。仔细玩味，这些谚语寓意深邃，富有哲理，给人以启迪。

熙熙攘攘赶庙会

古代敦煌寺庙众多，据不完全统计，近代敦煌历年补修、重修和新建寺、宫、观、庙、堂祠者，达一百二十七座之多。其中城镇（含郊区）三十三座，农村九十四座，庙宇之多亦是河西诸县之首。究其原因可归纳为以下四点：（一）清雍正三年（1725 年）始，甘肃五十六州县迁户敦煌垦荒，随之便带来了各地的寺庙之神。五十六坊移民，在所居之地各建庙宇一座，有的坊不止一座，坊坊有庙，庙庙供神。而且他们带来了故乡特有的神，如金花仙姑（亦称金花娘娘）就是兰州移民到敦煌修建的一座庙宇且他们还把故乡特有的文化娱乐活动如长腿、旱船、灯笼、大头和尚、天平楸等也带入敦煌。（二）敦煌悠久的历史。莫高窟以其辉煌灿烂的古代文化艺术而闻名于世，是古丝绸之路的重镇，在历史发展的长河中，虽有起落，但仍是陕、甘、宁、青、新、藏等数省的交通要道，特别是临近青、藏地区，佛道教信徒每年农历四月初八都要来莫高窟焚香朝拜，商旅及工匠们受此影响，行善积德，也在敦煌修建起敬奉神像的庙宇。（三）自佛教传入中国后，各地供奉、崇拜神像者渐多，寺观庙堂也由此相继增多，于是供神建庙风气盛行。（四）与民间宗教信仰有关。人们祭祀以实用、功利为目的，敬神是为了要有所得，如财神、龙王、土地神、牛王、马王等，多为乡民所敬奉，这是农村建庙之多的一个重要原因。

图 7-15　庙会盛况

敦煌庙宇有其自身的特点：城镇内的庙宇寺院规模宏大，多是官吏、学士文人、商贾、各类工匠、市民集资所建；农村寺庙规模小，各坊移民多是希望通过供奉获得庇佑和帮助，得到美好的结果，或使已得到的美好结果不再失去，故集资建庙。

有庙必供神，也自然有庙会活动。庙会，敦煌人俗称“赶庙会”，也叫“逛庙会”（图 7-15）。庙会是我国集市商贸活动的一种形式，在寺庙节日或规定的日子举行。庙会期间，流动的小商贩届时赶来。席棚布帐，鳞次栉比，摆摊设点，销售各种货物。城乡人民不分年龄、不分行业、不分阶层前来逛庙会，选购各自所需货物。农历四月初八和五月端午节是敦煌人两个赶庙会的重要日子。农历四月初八是佛祖释迦牟尼诞辰，敦煌莫高窟举行盛大的浴佛节庙会，从四月初一开始，男男女女便陆续上山，到四月初八达到庙会高潮。庙会期间，九层楼大佛殿里洪钟齐鸣，和尚手敲木鱼，口诵佛经，香客游人熙熙攘攘来到大佛前敬香献贡，叩头还愿，默念心中的祈求，虔诚地沐浴佛恩。商贩、艺人则在树荫下、小溪旁演唱敦煌曲子戏、秦腔或敦煌民歌。在端午节，敦煌老百姓要赶月牙泉庙会。这天大清早，家家户户打扫庭院，在门上插柳枝、香艾，然后全家老小穿上新衣，提上粽子、油饼、雄黄酒来到月牙泉边。青年女子身戴亲手刺绣的香包。小孩的手腕、脚腕、脖子上系着用红、黄、绿、蓝、紫五色线合成的彩绳。大家围泉而坐，吃着香甜爽口的粽子，一边讲着五色沙、七星草、铁背鱼等有关月牙泉和鸣沙山的美丽传说。所以，从七八岁的孩童到七八十岁的老人没有一个不喜欢逛庙会的。庙会的实际价值在于起到信息交流、商贸流通的作用。所有寺庙，每月朔望及佛道教纪念日均开庙，供善男信女烧香还愿，即所谓“初一十五庙门儿开，烧香祈祷还愿来”（图 7-16、7-17）。

敦煌一年四季都有庙会，正月庙会为最多。从正月初九开始，“上九会”在大佛寺举行；正月十五元宵节是城隍庙会和岳王庙会，分别在城隍庙和靖远庙同时开庙；二月二龙抬头，是龙王庙会等等。其次是秋季，秋收后的庙会称之为秋台子（庙会），其特点是农忙务农，农闲便集会欢庆自乐。城隍庙会多演大戏（传统秦腔，当地人叫“大戏”)。农村各坊唱小戏(敦煌曲子戏，当地人叫“小戏”)。开庙演戏大都是民众自筹资金，自娱自乐，是人民群众创造的最好的民俗文化娱乐活动。

图 7-16 浴佛

敦煌现在的庙会主要指的就是千佛山(又称千佛洞、莫高窟)传统庙会，在 20 世纪 50 年代之前，每年农历四月初八举办一次。自改革开放后，每年举办两次，农历四月初八一次，公历五月一日国际劳动节一次，以五月一日最盛。

图 7-17 点油灯

敦煌千佛山庙会是以民间信仰为主要内容的民间群众性活动和民间文化活动，信仰佛教的香客和群众，趁春种结束后空闲时间，来到千佛山聚会，众人祭祀佛祖、菩萨，主要目的是为了祈福禳灾，求子嗣、祛病痛、求吉祥、保平安。

敦煌是一片戈壁绿洲，生活在绿洲上的人们将四月初八千佛山庙会视为本地最重要的庙会之一，无须组织，无须号召，群众自发地来千佛山赶庙会。

丰富多彩的社火活动

社火是民间传统的群众化妆舞蹈活动风俗，内容庞杂，风格多样化，具有明显的地方特点。近三百年来，社火在敦煌已成为影响最大的民间文娱活动。民国期间，敦煌表演的社火内容主要有：

高跷（俗称长腿子）：属于集体群舞，演员一般二三十人不等，演出者腿下绑有二尺多高的木腿。舞队由一白胡子老汉为首，率领全体演员载歌载舞，表现出欢度佳节、庆贺丰收的喜悦场面。演员的装扮有生、旦、净、丑的戏剧人物，也有男女老少的时装人物。高跷在演唱时，演员排成两行或圆形对唱，歌词随时代而变化。同时有的表演扑蝶、捉鱼等节目，有的表演耍手袖、抖髯须、颤蓬头等技巧动作，有的表演劈叉、拿鼎、扫腿、倒翻滚、乌龙绞柱等功夫，还穿插叠罗汉、搭龙桥等集体表演，气氛热烈，场面欢快。

秧歌（也称地蹦子）：表演者男的头裹毛巾，腰间系腰鼓，双手执鼓槌，人数八至十六人不等；女的身穿彩色袄裙，手执小手锣，人数与男同。队伍前有傻公子和丑婆子领头，表演时傻公子和丑婆子相对打诨。腰鼓在锣鼓点的配合下，作打鼓舞蹈，彩女敲锣穿插其间，活泼有趣而又婀娜多姿。有一个所谓的“膏药匠”，是贯穿全队总揽全局的人物，他一手执卖药标识（即用竹、纸编糊制作的伞状形灯笼），一手摇货郎鼓，穿插队伍之间，起着指挥表演的作用。在舞蹈进入尾声之际，膏药匠现编现唱几句赞词，内容大多为贺新春、颂太平、祝愿长寿、恭喜发财之类吉庆词语，但要求切合实际，具体生动，诙谐有趣。

耍狮子：由一人扮演武士，手执绣球，作驯狮、玩耍等翻滚、跳跃的动作。敦煌民间把狮子视为祥瑞之兽，因此，农村在春节期间要挨门串户耍狮子，表示吉利。20 世纪 40 年代的狮子高空表演，惊险奇妙，堪称一绝。下面用一张方桌，上面用条凳纵横交搭，高至三四丈，由执绣球的武士逗引狮子逐级翻滚而上，至绝顶处作各种扑跌、搏斗的动作，轻捷灵巧，奔跳自若。扮演的狮子也别于一般，用山羊皮制作，形象逼真，表演时配上链架，杂以喝声，并故作险情令观众惊心动魄。

跑旱船：跑船者化妆成美女模样，腰间扎布围的花船，在锣鼓配合下，由艄公手摇浆板，左右旋转，并用唢呐伴奏。艄公口吆喝哨，花船轻盈飘忽，气氛十分活跃。

打狗熊：打狗熊为武功表演。由一人穿特制的熊头熊皮服装，作熊在深山老林中觅食跳奔的动作；另一人扮作猎户，手拿哨棍发现狗熊展开搏斗。狗熊猛扑咆哮翻滚，猎户左敲右击，施展棍棒拳术，打滚配合，紧张热烈。

跑竹马：竹马是由儿童装扮，专供消夜表演的地摊舞蹈。多与铁蕊子联办，由白天表演蕊子的演员，晚上扮演竹马的角色。竹马的制作和装扮与现在的“跑驴”基本一样，不过全是纸糊的，前脊后背部分各有蜡板，以供插蜡照明之用。竹马的角色，多采用《封神榜》《三国演义》《杨家将》等历史故事中的人物，扮相英武俊秀，乘骑颜色怪异，表演列队行军和布阵冲锋的场面，前后交错，左右穿插，变化多端，形式不一。配奏唢呐、土号等，耀武扬威，很有观赏性，同时培养了儿童的尚武强健精神。

铁蕊子：用铁制成各式各样的架子固定在一张方桌上，用八人抬起谓之一台。然后用纸或彩绸做成各式各样的花朵、树叶等，衬托在架子底部，由十岁上下的男女儿童，穿上鲜艳的衣服，人上叠人。上面的人或立在下面人的翎毛上、马鞭上、剑把上、伞顶上……婆娑摆舞，惊险奇妙，令观者啧舌。每台铁蕊子便是一个戏剧场面，如两个角色的《霸王别姬》《吕布戏貂蝉》《曹福走雪》等，三个角色的如《三娘教子》《拾玉镯》《小姑贤》《三回头》等。

蚌壳舞：取材于“鹬蚌相争，渔翁得利”的寓言故事，是一个活泼优美富有寓意的舞蹈。由一位少女扮演蚌，另一位男童扮演鹬。早晨蚌出水面晒太阳，而鹬趁其张开蚌壳之时，猛啄其肉，蚌遂和壳钳其喙。你啄我钳，两者不肯相让，最后由渔人将两者一并擒获。

民国时期，敦煌演出社火的内容，除了以上项目外，每台社火队在演出中还穿插有大头和尚戏柳翠、跑驴、耍牦牛、跑洋车、张公背张婆等短小精悍的节目。特别是“耍牦牛”，剽悍粗犷，体现了西北少数民族的生活风貌，深受当地各族民众的喜爱。

璀璨壮美的打铁花

打铁花，是敦煌自古以来在春节期间举行的一项富有地方特色的民俗文化活

图 7-18　打铁花

动。打铁花，其实是古代工匠就地取材自制的“土烟花”。从前，每年春节都有打铁花、庆吉祥的活动。在老榆树下，将生铁在炉中融化，用勺盛出，甩打在树枝杆上，只见火花腾空四溅，展现出火树铁花的壮美景观。

“打铁花”，原本是民间铁匠在打铁锻件的过程中产生的铁花四溅的壮观景象。敦煌的历代铁匠聪明无比，从打铁锻件中产生联想，把铁花溅飞、星火璀璨的景观以小变大，从铁匠铺子里移到广场上，并不断地加工和改造革新，将工匠劳作逐渐演变成春节期间庆贺丰收、祈求平安、预测来年农事的一种民间习俗和民间土烟火表演活动（图 7-18）。

1953 年以前，敦煌每逢元宵佳节之际，有打铁花欢庆之习俗。从农历正月十四到十六日结束。正月十四夜幕降临后，县城东门外三官庙前，在一棵老榆树下，安置一个铁炉。夜幕中，风箱呼呼作响，炼铁熔炉，烈火熊熊。另外备一长木凳和一块木板，木板一端凿一臼窝，横放在木凳之上。然后将炉中熔化的铁水倒入臼窝，再用木凳猛击木板的另一端，顿时，臼内铁水飞向空中，撞击榆树枝条，火花四溅，火树银花美丽壮观的景色即刻在空中展现。此为土法打铁花。1953 年春节是打铁花民俗活动展现的最后一年。从此，该项活动便销声匿迹了。

直到 1991 年，敦煌民俗学会为活跃群众文化生活，增加节日气氛，各方筹集资金，恢复了这项失传已久的民俗活动，并对原土法打铁花的场地和工具作了改进革新。

打铁花首先要搭建花棚。旧时将花棚一般都选择在枝条繁茂的老榆树或老柳树下进行操作。铁水打上去遇树枝而飞溅成铁花状。但人群观赏有一定的局限性。改革后的花棚从狭小的榆树下移到开阔的广场。在广场中央架起三丈高的四方铁架。架顶部用铁丝网罩花，四面插上树枝备用。

打花师傅们认真探究土法打铁花工具的结构和杠杆基本原理，经多次反复试验，终于革新了打花的所有工具。革新后的打花工具由铁制打花凳、两架弹力钢板、两根拉力钢管、挂钩、铁臼窝等几部分组成。为了让打铁花不间断地进行，熔铁炉由以前的一个增加到二至三个。风箱改用为电动鼓风机。铁水炼化后，先在铁制打花凳上横向固定两架配套弹力钢板和两根拉力钢管。两架钢板首部各焊以臼窝，掺以少量镁、锌等原料后，即刻拉绳，使挂钩脱，用杠杆原理，将铁水猛地击向花棚铁网顶端，霎时火花在空中巨溅，喷射四方，形成了火树铁花、流星划过的壮美景观。

不过，打铁花专业技术性较强，一般人很难操作。敦煌的打铁花已经面临着后继乏人的境地。20 世纪 50 年代之前的打铁花艺人已全部谢世，在世的铁花艺人年事已高，体力不足，难以操作。同时，由于冶炼技术的发达，锻造技术的迅速提高，土熔铁炉，锻造铁件工具的手工操作已被机械化工具代替。随之，打铁花活动也就从人们的民俗活动中逐渐消失了。现在，春节期间搞这项活动必须组织专门培训才能进行。

传承千年的灌溉用水制度

敦煌地区自古干旱少雨，现代水文资料表明，全年降水量仅 37 毫米，而年蒸发量却高达 2400 多毫米。如果仅依靠天然降水，植物难以生长。敦煌之所以绿洲生机，全赖河渠维持。

因此，敦煌建郡之初，就开始兴建灌溉工程。汉元鼎六年修建的马圈口堰，是敦煌绿洲第一道水利枢纽工程。据 P.2005《沙州都督府图经》记载："其堰南北一百五十步，阔廿步，高二丈，总开五门，分水以灌田园。荷锸成云，决渠降雨。"此座堰坝，沿至唐代依然是敦煌重要的灌溉设施。

据《三国志·魏书》卷16记载，三国魏敦煌太守皇甫隆“教作耧犁，又教衍灌，岁终率计，其所省庸力过半，得谷加五”。“教衍灌”指提高改进灌溉用水技术，发挥水资源的利用潜力。

西晋时，敦煌太守阴澹在“都乡斗门上开渠灌田，百姓蒙利而安”，因而称为阴安渠。东晋前凉，沙州刺史杨宣在“州南造五石斗门，堰水灌田，人赖其利”，因而称为阳开渠。杨宣后来又以“家粟万斛，买石修理”，建成长四十步、宽三丈、高三丈的北府渠，更是造福地方。后凉吕光时，敦煌太守赵郡孟敏在“甘泉都乡斗门上开渠灌田，百姓蒙赖”，因而称为孟授渠。

北朝时，敦煌地区水利设施已趋完备，耕地与沟渠纵横相连，交错分布。到了唐宋时期，敦煌水利设施的兴修达到了高峰，形成了密集而有序的灌溉网络，分布覆盖绿洲区域。据P.2005《沙州都督府图经》记载，沙州城“四面水渠，侧流觞曲水，花草果园，豪族士流，家家自足”（图7-19）。

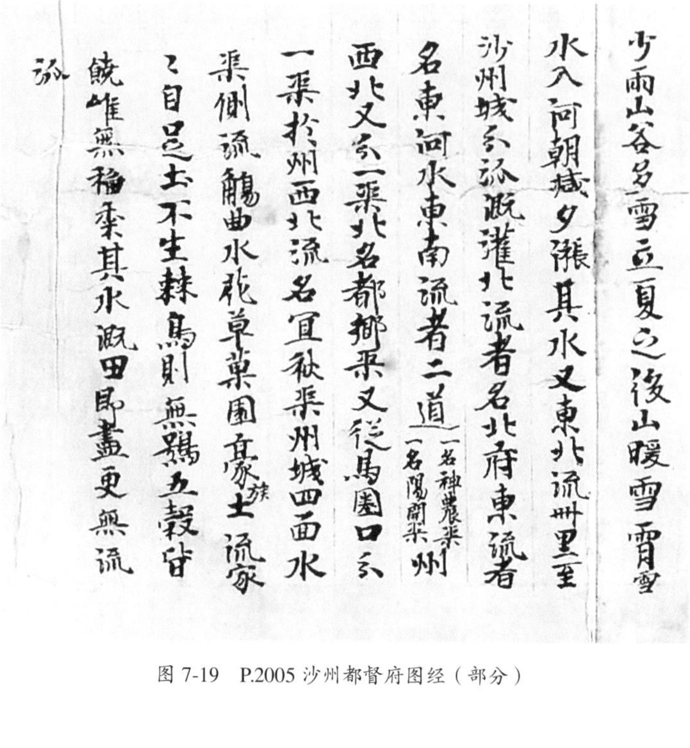

少雨山谷多雪立夏之後山暖雪消雪
水入河朝減夕漲其水又東北流卅里至
沙州城分派溉灌北流者名北府東流者
名東河水東南流者二道（一名神農渠 一名陽開渠）州
西北又分一渠北名都鄉渠又從馬圈口分
一渠於州西北流名宜秋渠州城四面水
渠側流觴曲水花草菓園豪族士流家
々自足土不生棘鳥則無鵶五穀皆
饒唯無稻黍其水溉田即盡更無流
派

图7-19 P.2005沙州都督府图经（部分）

图 7-20 P.3560 沙州敦煌县灌溉用水细则（部分）

必须与灌溉工程配套的是相应的灌溉用水制度，敦煌藏经洞出土的 P.2507《开元水部式残卷》，是迄今为止所知由中央政府作为法律正式颁布的第一部水利法典。其内容包括农田水利用水灌溉之处，安斗门造渠，设渠长、斗门长，差官巡察；浇田须预知顷亩，先下后上；碾硙用水不得妨碍灌溉；桥梁管理维修、渡口船只管理、渔业管理、城市水道管理等。里面特别提到“沙州用水浇田，令县官检校”。

当时在水政管理上，在州府设都渠泊使，县设平头，乡设渠头等职，专司水利事宜。筑堤堵坝用的白刺、柽柳等野生植物都列为征收专项。在民间则成立渠人社，系由水渠附近的百姓自发结集组成，推举德高望重且有丰富水利经验者担任社长、社官、录事等职，对于行水灌田、护理河渠及防洪抗灾所起作用甚大。由于上有专门的水司机构，下有广泛的渠社组织，协同管理，形成了一整套行之有效的灌溉管理机制。

为了防止因用水不均而发生争端，必须有一套严格的用水制度来约束规定。P.3560《沙州敦煌县灌溉用水细则》便详载了敦煌地区各条干渠、支渠、斗渠的引水次序，配水时间，斗门管制，以及浇伤苗、重浇水，更报重浇水、浇麻菜水、浇正秋水等具体规定（图 7-20）。

敦煌的历代政府和官员都非常重视当地的水利设施建设和灌溉用水管理制度。清雍正年间，从甘肃 56 州县移民来敦煌屯垦，多达 2405 户。官府组织移民开荒屯垦的同时在党河两岸还新修了水利设施，据《沙州卫志》（第 490 ~ 493 页）记载："户民到沙给地屯种，首以水利为重。查沙州前因开东大渠、西大渠、西小渠三道，因有流沙淤塞，未能多为蓄水，令复加开修。"共开永丰、普利、通裕、庆余、大有五条水渠（后增至十条），分别够 854 户、519 户、186 户、190 户、656 户灌溉，并"随时修浚，毋使壅塞。嗣后，地方官按照举行，足屯垦永利"。还特别规定："户民到沙，既经授以田亩，水分已定，若无专管渠道之人，恐使水或有不均，易以滋弊。是以于各户内选择熟知水利者，委充渠长、水利之任，每渠一道，渠长二名，水利四名，令其专管渠道，使水时刻由下而上，挨次轮流灌溉，俾无搀越、偏枯等弊，则良田千顷，均沾水利矣。"

民国时期的敦煌县政府也非常注重灌溉用水管理制度。《民国十六年朱恩荣县长修正的敦煌十渠水利规则》中第一条强调："本规则以规定水利平均灌溉，上裕国民，下利民生为宗旨。"第二条便强调要传承以前的管理制度："十渠排水应仍照旧例，按春、夏、秋、冬、雨水、清明、谷雨、立夏、白露、寒露、霜降、立冬四季八节轮流浇灌之。"该规则多达 40 条，内容详细具体，其中第 30 条至 36 条特别针对许多具体情况制定了惩罚措施，如"请托放水，受人酬宴者""串通卖水，翻板乱灌者""派水不公"的渠长、渠正之类的负责人要受除名、拘役等处罚，"当浇水吃紧之际，有暗决渠堤""聚众要挟，强霸灌溉者""不遵守时令重浇乱灌者"，要将所浇地亩全部充公，等等。

新中国成立以后，敦煌政府更为注重水利设施建设和灌溉用水管理制度。除了沿用民国留下来的十条渠道外，于 1951 年修建惠煌渠，全长 16.71 公里；1955 年修建北干渠，全长 25.12 公里；1958 年至 1978 年分三期修建党河总干渠，全长 37.745

公里；另外还修建了西干渠等。最为重大的水利工程是于1970年始建，至2004年竣工的党河水库，主坝高46米，坝顶长230米，宽11米。历经35年，经一期、复修、扩建、除险加固等工程，共计投资6603.3万元，完成工程总量达320.3万立方米，投入劳动工日470.95万个。另外还修建了南湖黄水坝水库等。

同时，更为注重水库和灌区的调蓄运行管理。要求按照库灌区灌溉范围内的各类灌溉面积、灌水次数、灌水定额，每年制定水库控制运用计划；详细制定了各水利专业机构的权限和管理职责；敦煌市农业灌溉和其他行业用水的单位必须实行计划用水申报制度；对随意弃水、抢坝截浇、私开口子、超范围灌水、利用水权敲诈勒索、行贿受贿等行为都按违反水法规论处。如对抢坝截浇、私开口子、冬春泡地水重灌的每亩罚款30～50元，夏秋灌溉中偷浇瓜菜的每亩罚款50～200元，等等。

两千年来延续不断的水利设施建设和灌溉用水管理制度，两者相互依存，缺一不可。它们不仅反映了敦煌历代政府和官员对民生问题的高度重视和行之有效的管理措施，同时也是敦煌这片绿洲赖以生存的基础。而如果没有这片绿洲，驰名中外的敦煌艺术是否存在，则是一个大大的问号，其历史意义和现实意义由此可见。

参考文献

中国社会科学院历史研究所、中国敦煌吐鲁番学会敦煌古文献编辑委员会、英国国家图书馆、伦敦大学亚非学院编《英藏敦煌文献》(汉文佛经以外部分)第1~15卷，四川人民出版社，1990~2009年。

上海古籍出版社、法国国家图书馆编《法藏敦煌西域文献》第1~34卷，上海古籍出版社1995~2005年。

敦煌文物研究所编《中国石窟·敦煌莫高窟》(全五卷)，文物出版社，1982~1987年。

敦煌研究院主办《敦煌研究》总第1~130期。

兰州大学敦煌学研究所主办《敦煌学辑刊》总第1~72期。

王尚寿、季成家等编著《丝绸之路文化大辞典》，红旗出版社，1995年。

季羡林主编《敦煌学大辞典》，上海辞书出版社，1998年。

敦煌研究院编《1983年全国敦煌学术讨论会文集》(文史·遗书编上、下)，甘肃人民出版社，1987年、1987年。

敦煌研究院编《1983年全国敦煌学术讨论会文集》(石窟·艺术编上、下)，甘肃人民出版社，1986年、1987年。

敦煌研究院编《1987年敦煌石窟研究国际讨论会文集》(石窟艺术)(石窟考古)，辽宁美术出版社，1990年。

政协甘肃省敦煌市委员会编《敦煌文史资料》第一辑，1991年印刷。

甘肃省敦煌市对外文化交流协会编《敦煌简史》，1990年印刷。

敦煌市地方志编纂委员会编《敦煌志》(上、下)，中华书局，2007年。

《阳关》编辑部编《敦煌》，1987年印刷。

敦煌石窟艺术开发公司编《敦煌古迹名胜》，甘肃人民美术出版社，1994年。

敦煌市文化馆编《敦煌曲子戏》，甘肃人民美术出版社，2010年。

道光辛卯版(校注本)《敦煌县志》。

段文杰《敦煌石窟艺术论集》，甘肃人民出版社，1988年。

姜亮夫《莫高窟年表》，上海古籍出版社，1985年。

颜廷亮主编《敦煌文学》，甘肃人民出版社，1989年。

赵以武《五凉文化述论》，甘肃人民出版社，1989年。

参考文献

张锡厚《敦煌文学》，上海古籍出版社，1980 年。

马继兴主编《敦煌古医籍考释》，江西科学技术出版社，1988 年。

萧默著《敦煌建筑研究》，文物出版社，1989 年。

胡同庆、王义芝《本色敦煌——壁画背后那些鲜为人知的事》，中国旅游出版社，2014 年。

敦煌市人民政府门户网站：http://www.dunhuang.gov.cn/